PADERBORNER GEOGRAPHISCHE STUDIEN
ZU TOURISMUSFORSCHUNG UND DESTINATIONSMANAGEMENT

Herausgegeben von
G. Fuchs, M. Hofmann, A. Kagermeier, A. Steinecke

Schriftleitung: G. Römhild

Band 15

Albrecht Steinecke (Hrsg.)

Tourismusforschung in Nordrhein-Westfalen

Ergebnisse - Projekte - Perspektiven

PGS

2002

Im Selbstverlag des Faches Geographie, FB 1
UNIVERSITÄT PADERBORN

Paderborn

Albrecht Steinecke (Hrsg.)

Tourismusforschung in Nordrhein-Westfalen
Ergebnisse - Projekte - Perspektiven

Umschlag:	P. Blank
Redaktion:	M. Krstevska, I. Saxowski, A. Steinecke, E. Wienhusen
Paderborn:	Selbstverlag des Faches Geographie, Universität Paderborn, 2002 (Paderborner Geographische Studien zu Tourismusforschung und Destinationsmanagement, Bd. 15) ISSN 0935-9621 ISBN 3-9804893-5-3
Copyright:	Fach Geographie, FB 1 Universität Paderborn D-33095 PADERBORN

Vorwort

Das Land Nordrhein-Westfalen verfügt über eine breite und vielfältige Hochschullandschaft im Bereich der tourismuswissenschaftlichen Forschung und Lehre: An den Universitäten und Fachhochschulen in Aachen, Bielefeld, Düsseldorf, Münster, Hagen, Paderborn, aber auch in Bad Honnef, Dortmund und Köln u. a. sind zahlreiche Hochschullehrer(innen) tätig, die sich in unterschiedlichen Fachdisziplinen - Geographie, Betriebswirtschaftslehre, Raumplanung, Kulturmanagement, Pädagogik - mit dem Querschnittsthema Tourismus beschäftigen.

Auf Initiative des Lehrstuhls für Wirtschafts- und Fremdenverkehrsgeographie an der Universität Paderborn haben sich mehrere dieser Fachvertreter(innen) im Sommersemester 1999 zum „Hochschulnetzwerk Tourismus Nordrhein-Westfalen" (hnt-nrw) zusammengeschlossen. Zu den Gründungsmitgliedern dieses interdisziplinären Netzwerks, das in Deutschland auf Landesebene bislang einzigartig ist, zählen:

- Prof. Dr. Monika Echtermeyer
  (Schwerpunkt Tourismus, Fachhochschule der Wirtschaft Bergisch Gladbach),
- Prof. Dr. Claudia Erdmann
  (Geographisches Institut, Rheinisch-Westfälische Technische Hochschule Aachen),
- Prof. Dr. Silke Landgrebe
  (Fachbereich Wirtschaft/Tourismus, Fachhochschule Gelsenkirchen/Bocholt),
- Prof. Dr. Norbert Meder
  (Fakultät für Pädagogik, Universität Bielefeld),
- Prof. Dr. Thomas Heinze
  (Weiterbildendes Studium „Kulturtourismus und Eventmanagement", FernUniversität Hagen),
- Prof. Dr. Peter Weber und Dr. Peter Schnell
  (Institut für Geographie, Westfälische Wilhelms-Universität Münster),
- Prof. Dr. Albrecht Steinecke
  (Lehrstuhl für Wirtschafts- und Fremdenverkehrsgeographie, Universität Paderborn).

Neben einem intensiven internen Austausch im Bereich der Lehre und Forschung hat sich das hnt-nrw das Ziel gesetzt, die interessierte (Fach-)Öffentlichkeit über die tourismuswissenschaftliche Kompetenz in Nordrhein-Westfalen zu informieren.

Ein erstes - und überaus erfolgreiches - öffentliches Projekt des hnt-nrw war die Ringvorlesung „Tourismusforschung in Nordrhein-Westfalen: Ergebnisse - Projekte - Perspektiven", die im Sommersemester 2000 an der Universität Paderborn stattfand. Im Rahmen dieser Ringvorlesung referierten die Gründungsmitglieder vor einem interessierten Fachpublikum über ihre aktuellen Forschungsvorhaben und Studienprojekte.

Der vorliegende Sammelband dokumentiert die Vorträge dieser Ringvorlesung; er enthält außerdem weitere Texte von nordrhein-westfälischen Kollegen mit tourismuswissenschaftlichem Schwerpunkt. Die Beiträge machen deutlich, dass sich die Tourismuswissenschaft in Nordrhein-Westfalen den Herausforderungen der Zukunft gestellt hat: Kreative Fragestellungen und regionale Anwendungsorientierung, innovative Methoden und gesellschaftliches Verantwortungsbewusstsein sind offensichtlich die gemeinsamen Leitbegriffe der beteiligten Autor(inn)en.

Vorwort

Der große Erfolg der ersten Ringvorlesung „Tourismusforschung in Nordrhein-Westfalen: Ergebnisse - Projekte - Perspektiven" an der Universität Paderborn hat dazu geführt, dass im Sommersemester 2001 an der Westfälischen Wilhelms-Universität in Münster eine zweite Ringvorlesung zum Thema „Zukunftsfähiger Tourismus in Nordrhein-Westfalen" stattfand, die innerhalb der Hochschule, aber auch darüber hinaus ebenfalls auf breites Interesse gestoßen ist (die Vorträge dieser Ringvorlesung werden ebenfalls als Sammelband publiziert).

Neben den Ringvorlesungen hat das hnt-nrw eine Reihe anderer Aktivitäten im Bereich der Öffentlichkeitsarbeit entwickelt; dazu zählen u. a.:

- die Darstellung der Forschungs- und Lehrtätigkeit der beteiligten Hochschullehrer(innen) auf einer eigenen Homepage (vgl. http://www.hnt-nrw),
- die Herausgabe einer gemeinsamen Informationsbroschüre,
- der Aufbau einer Datenbank mit den Bibliotheksbeständen der beteiligten Hochschulen zum Thema „Tourismus",
- die gemeinsame Präsentation der Forschungsschwerpunkte und der touristischen Ausbildungsgänge in Nordrhein-Westfalen im Rahmen der Internationalen Tourismus Börse (ITB) 2001 in Berlin.

Diese vielfältigen Aktivitäten des hnt-nrw, aber speziell auch der vorliegende Sammelband sind deutliche Belege für die Fähigkeit der Hochschulen zu flexibler und sachorientierter Zusammenarbeit.

Die Veröffentlichung dieser Publikation war nur durch den tatkräftigen Einsatz zahlreicher Beteiligter möglich: Zum einen bin ich natürlich den Autor(inn)en zu Dank verbunden, die sich freundlicherweise bereit erklärt haben, ihre Vorträge im Rahmen der Ringvorlesung für diese Publikation zu bearbeiten. Zum anderen ist aber auch die Leistung des Redaktionsteams zu würdigen: Frau M. Krstevska, Frau I. Saxowski und Frau E. Wienhusen haben die Korrekturen durchgeführt. Die Gestaltung des Umschlags lag in den Händen von Herrn P. Blank. Ihnen allen gilt mein herzlicher Dank für ihr Engagement und ihre Mühe bei der Druckvorbereitung.

Der Sammelband erscheint als erstes Heft der „Paderborner Studien zur Tourismusentwicklung und zum Destinationsmanagement". Mit dieser Schriftenreihe setzt das Fach Geographie an der Universität Paderborn zum einen die Tradition der bisherigen „Paderborner Geographischen Studien" fort, zum anderen reagiert es auf die geplante Umstrukturierung des bisherigen Magisterstudienganges „Geographie mit Ausrichtung Tourismus" zum künftigen spezialisierten Masterstudiengang „Tourism Development and Destination Management".

Paderborn, im Herbst 2001

Albrecht Steinecke

Inhaltsverzeichnis

Vorwort 3

Inhaltsverzeichnis 5

Monika Echtermeyer
Planung und Marketingstrategien für Verkehrsflughäfen 7

Claudia Erdmann
Kulturtourismus im Kreis Heinsberg: Eine Stärken-/Schwächenanalyse 22

Elke Freitag/Andreas Kagermeier
Multiplex-Kinos als neues Angebotssegment im Freizeitmarkt 43

Thomas Heinze
Besucherorientiertes Museumsmarketing 56

Silke Landgrebe
Qualitätsstrategien im Destinationsmanagement 69

Susanne Leder
Das neue Bild der Wanderer - wichtige Marktdaten 76

Norbert Meder
Die Bildungsreise - Tradition und Problemorientierung 85

Kai Pagenkopf
Eine innovative Synthese aus Erlebnistourismus und Freilandforschung:
Wissenschaftstourismus am Beispiel von PANGEA 98

Heinz-Dieter Quack
Konsum im inszenierten Raum. Strukturelle Wettbewerbsvorteile von
Kunstwelten und Herausforderung für das Innenstadtmanagement 106

Peter Schnell
Aktuelle Probleme der Tages- und Kurzzeittourismusforschung 126

Albrecht Steinecke
Industrieerlebniswelten zwischen Heritage und Markt:
Konzepte - Modelle - Trends 143

Karl Vorlaufer
Jagdtourismus und nachhaltige Entwicklung in Zimbabwe: Widerspruch
oder Komplementarität? 160

Peter Weber/Peter Neumann
Sozialgeographische Ansätze eines Tourismus für Menschen mit Behinderung 183

Planung von Marketingstrategien für Verkehrsflughäfen

Monika Echtermeyer

Deutsche Verkehrsflughäfen meldeten im Jahr 1999 bei Passagieraufkommen, Luftfracht und Flugbewegungen immer wieder neue Rekordzahlen, berichteten über neue Terminals, neue Bahnanschlüsse, neue Ausbaupläne und die Annäherung an Kapazitätsgrenzen. Insgesamt nahm das Passagieraufkommen auf den deutschen Verkehrsflughäfen in den ersten drei Quartalen des Jahres 1999 um 6,9 Prozent zu.[1] Doch wo Licht ist, ist auch Schatten.

Die nötige Infrastruktur zum Flughafenausbau hinkt vielerorts aufgrund schwerfälliger Genehmigungsverfahren der allgemeinen Entwicklung steigender Passagierzahlen hinterher. Beispiel: Den größten Erweiterungsdruck deutscher Flughäfen hat Frankfurt, wo 1999 fast 46 Mio. Passagiere[2] abgefertigt wurden und im Zeitraum 1998-2000 Investitionen von über einer Milliarde DM anstanden, zwecks Kapazitätserweiterung auf über 50 Mio. Fluggäste jährlich. Sollte die Anzahl der Flugpassagiere weltweit bis zum Jahr 2020 wirklich auf 8 Mrd. steigen, bräuchten wir in Europa - laut jüngster Prognose des Airport Council International - 30 neue Flughäfen von der Größe London-Heathrows.[3]

Bereits seit der Verwirklichung des Europäischen Binnenmarktes auf dem Luftverkehrssektor stehen die inzwischen größtenteils privatisierten Flughäfen als Verkehrszentren und Zellkerne der Städte und damit als maßgebliche Standortfaktoren für ihre Wirtschaftsregionen in einem unmittelbaren Wettbewerb. Der Wettbewerb um Passagiere und Fracht unter deutschen und europäischen Flughäfen wird immer stärker. Es mehren sich Rechtskonflikte und Proteste gegen weitere ehrgeizige Ausbaupläne im näheren Einzugsgebiet. Daraus ergeben sich vermehrte und stets neue Anstrengungen im Bereich des Flughafen-Marketing.

Doch was ist ein Flughafen bzw. ein Flugplatz? Laut Anhang 14 des Chicagoer Abkommens ist ein Flughafen ein festgelegtes Gebiet zu Lande oder zu Wasser.[4] Zum Flughafen gehören Gebäude, Anlagen und Einrichtungen, die entweder ganz oder teilweise für Start, Landung und Bergung von Luftfahrzeugen bestimmt sind. Flughäfen werden für den allgemeinen Verkehr (Verkehrsflughäfen) oder als Sonderflughäfen für besondere Zwecke genehmigt. Die Genehmigung eines Flughafens wird von der Luftfahrtbehörde desjenigen Landes erteilt, auf dessen Gebiet das entsprechende Gelände liegt.

Juristisch lässt sich folgende grobe Einteilung von „Flugplätzen" nach dem deutschen Luftverkehrsgesetz § 6 und der Luftverkehrszulassungsordnung §§ 38, 49 und 54 vornehmen: Der Oberbegriff ist Flugplatz. Flugplätze werden eingeteilt in Flughäfen, Landeplätze und Segelfluggelände. Flughäfen und Landeplätze werden nochmals in Verkehrs- und Sonderflughäfen bzw. Verkehrs- und Sonderlandeplätze unterteilt.

Ein Unternehmen wie ein Flughafen besteht in erster Linie aus Gebäuden, Technik, Wegen, Flug- und Fahrzeugen, aus Licht, Klang, Personal und Fluggästen. Doch ein Flughafen ist weit mehr als die Summe von Gegenständen und Menschen. Mit einem Flughafen verbinden sich vielfältige Gefühle: Für die dort arbeitenden Menschen ist er im besten Sinne ein berufliches Zuhause. Für die Region stellt er ein Wirtschaftszentrum dar und für Fluggäste bedeutet er Urlaub, Fernweh, Status oder aber Stress, Ausgeliefertsein und Flugangst: „Tatsächlich ist der moderne Flughafen nicht mehr nur Ankunft- oder Abflugort, sondern selbst zum Ziel geworden. So hat der Münchner Flughafenneubau das

Schloß Neuschwanstein als Bayerns Touristenattraktion Nummer eins überholt. Der Flughafen von Kopenhagen wirbt damit, der ‚non-airport airport' zu sein."[5]

„Ein Flughafen reift im Laufe der Zeit zu einer Persönlichkeit. Und die braucht eine eigenständige langfristige Identität und ein dazu passendes Erscheinungsbild, was sich in gewissen Bandbreiten ändern darf und muss. Nur so wird der Flughafen zu einer Marke, die aktuell bleibt, und zu der man immer wieder vertrauensvoll greift."[6] Damit wären wir bereits bei der ersten Aufgabenebene des Flughafenmarketing - wie auch des Marketing allgemein, dessen Aufgabenspektrum sich grob in drei Ebenen unterscheiden lässt:
1. die normative,
2. die strategische und
3. die operative Ebene (insbesondere mit Angebots-, Preis-, Kommunikations- und Distributionspolitik).

Im Wettbewerb der Flughäfen untereinander ist Marketing ein entscheidender Erfolgsfaktor und eine Herausforderung für das Flughafenmanagement. Ein Flughafen muss seine Funktion als Verkehrsstation und Bündler von Dienstleistungen möglichst flexibel, schnell und optimal erfüllen. Der Produktionsfaktor Zeit wird immer knapper; die Zielgruppen werden immer anspruchsvoller und kritischer. Im beschaffungsgerichteten Marketing lassen sich folgende Zielgruppen unterscheiden: Luftverkehrsgesellschaften, Bund/Land/Kommunen/Behörden und flughafenansässige Unternehmen. Im absatzgerichteten Marketing sind es Privatkunden, Geschäftskunden, Absatzmittler und die allgemeine Öffentlichkeit.

Die Erarbeitung einer Marketingkonzeption[7] zwecks Ableitung flughafenspezifischer Marketingziele, -strategien und -maßnahmen setzt eine detaillierte Situationsanalyse voraus, in der externe Daten zum Umfeld (Analyse der Boom- und Hemmfaktoren des Tourismus) und zum Markt (Analyse der Konkurrenten und Kunden) als auch interne Daten zum Potenzial des Flughafens heute und in Zukunft gesammelt, strategisch analysiert und diagnostiziert werden müssen. Die Diagnose und Ableitung entsprechender Strategien kann mittels einer SWOT-Analyse erfolgen (d. h. Stärken-/Schwächen-Analyse - kombiniert mit einer Chancen-Risiken-Analyse).

Am Beispiel des Flughafens Münster/Osnabrück soll im Folgenden in Kurzfassung das Vorgehen zur Entwicklung einer Flughafenmarketingkonzeption geschildert werden. Das Erkennen der spezifischen Marketingsituation mittels einer „Situationsanalyse" bildete den Ausgangspunkt. Hierzu gehörten:
- Analyse der landschaftlichen Eignung,
- Analyse der allgemeinen Infrastruktur,
- Analyse der touristischen Infrastruktur,
- Gästeanalyse,
- Gästepotenzialanalyse,
- Imageanalyse,
- Wettbewerbsanalyse (aufbauend auf einer Chancen-Risiken-Analyse und einer Stärken-/Schwächen-Analyse).

Das zentrale Ergebnis einer von der Universität Münster[8] durchgeführten Studie war: Neben dem Flugangebot des Flughafens stellten sich vor allem zeitbezogene Kriterien als Schlüsselfaktoren heraus:
- geographische Nähe,
- verkehrstechnische Anbindung,
- Check-in- und Check-out-Zeiten,
- Parkplatzangebote.

Daraufhin erfolgte die Ableitung von Marketingzielen und -zielgruppen. Ausgangspunkt eines in sich geschlossenen und hierarchisch geordneten Zielsystems ist dabei die Formulierung einer Marketingphilosophie: die Flughafenphilosophie bzw. das Marketingleitbild. Dieses ist neben anderen sehr gut aufbereiteten Informationen zum Flughafen Münster/Osnabrück im Internet unter der Adresse www.flughafen-fmo.de zu finden. Das Leitbild umfasst die Bestimmung einer globalen Wachstumsrichtung, Aussagen zum Selbstverständnis des Flughafens und eine Beschreibung des angestrebten Verhältnisses zur Umwelt. Es ist allerdings kein starres Dogma, sondern muss sich immer wieder den veränderten Umwelt-/Umfeldbedingungen und den Ansprüchen der Kunden anpassen. So spiegelt sich in den neueren Imagebroschüren (z. B. Jahr 2000) des Flughafens nicht mehr vorrangig der Zeitfaktor als wichtigstes Marketingargument wider, sondern „Ziel war es, einen neuen Leitbegriff zu finden, der in erster Linie kundenorientiert ist. Und dieser lautet Entspannung für den Fluggast."[9] Dieser neue Leitbegriff wurde nun zum Leitgedanken für alle Aktivitäten in Kommunikation und Service.

Weitere Schritte der Marketingkonzeption umfassten:
1. Festlegung des Leitbilds (normative Ebene des Marketing),
2. Formulierung der Ziele,
3. Abgrenzung zukünftiger Strategien (strategische Ebene des Marketing),
4. sämtliche Maßnahmen im Bereich des Marketingmix (operative Ebene des Marketing - unter Beachtung dieses Leitgedankens).

Pastellfarben im neuen Erscheinungsbild sollten den Entspannungsgedanken transportieren. Hinsichtlich der Frage nach der Wachstumsrichtung des Leistungsangebotes positionierte sich der Flughafen, in Abhängigkeit seiner Ressourcen, aktuell und zukünftig als europäischer Direkt- bzw. Zubringerflughafen. Ein neuer Name (Münster Osnabrück International Airport), eine neue Bildmarke und Schrift sowie ein neuer IATA Code rundeten das neue Erscheinungsbild ab.

Weitere erfolgreich umgesetzte Maßnahmen waren u. a.:
- im Bereich Kommunikationspolitik die Steigerung des Bekanntheitsgrades und Weiterentwicklung des positiven Images,
- im Bereich Angebotspolitik eine Steigerung des Flugangebotes und Verbesserung der Servicequalität,
- im Bereich Preispolitik eine Stabilisierung des moderaten Preisniveaus,
- im Bereich Distributionspolitik die Verbesserung der Verkehrsanbindung und Optimierung der Reisebürobetreuung.

Inzwischen weist der „Münster Osnabrück International Airport" das größte Wachstum aller internationalen deutschen Verkehrsflughäfen auf. 1.577.468 Fluggäste[10] wurden im Jahr 1999 am Flughafen gezählt. Dies entspricht einem Wachstum von 22,3% im Vergleich zum Vorjahr. Das erst 1996 in Betrieb genommene Terminal stößt schon jetzt an seine Kapazitätsgrenzen. Damit schließt sich der Kreis und die Marketingplanung darf erneute Anstrengungen starten.

Für jeden Vielreisenden spielt die Frage nach Zeit und Effektivität, aber auch nach Komfort und Wohlbefinden eine zentrale Rolle. Die großen Flughäfen weltweit kommen diesen Forderungen in immer stärkerem Maße entgegen, indem sie verschiedene Serviceeinrichtungen, darunter auch immer häufiger Spaßbereiche (Massage-, Sauna- und Badelandschaften) und Wellnessbereiche (mit Whirl-pool, Beautysalon, Solarium, Aromatherapie etc.) im Flughafen anbieten (z. B. Hongkong Airport „Elemis Day Spa"; London Gatwick „Shower Suites"; Flughafen Mailand „Portofino's Ben Essere"; Calgary Airport „Massage Garage").[11]

Das „Flughafenprodukt" ist ein zunehmend komplexer werdendes Dienstleistungsbündel. Der Bezugsrahmen des Flughafenmarketing wird immer vielfältiger und Flughafen-Marketing ist somit weit über seine ursprüngliche Funktion hinausgewachsen. Flughäfen sind heutzutage nicht mehr „nur" Zellkerne einer Stadt und wichtige Wirtschaftsstandorte, sondern auch „Jahrmärkte einer mobilen Gesellschaft" mit Ruhemöglichkeiten für gestresste Vielflieger.

---

[1] DIE WELT (Hrsg., 1999): Deutsche Verkehrsflughäfen auf Rekordkurs. S. 11.
[2] http://www.frankfurt-airport.com/de/info.
[3] Airport Council International (Hrsg., 2000): International Airport Statistic.
[4] Am 01.11.1944 nahmen 54 Staaten an einer Konferenz der International Civil Aviation Organisation (ICAO)-Konferenz teil. Ergebnis war ein Abschlussprotokoll „Chicagoer Abkommen" bzw. „convention on civil aviation", das seither die friedliche Entwicklung der Beziehungen zwischen den Vertragsstaaten auf dem Gebiet der Zivilluftfahrt regelt. Vgl. LUFTHANSA (Hrsg., 1990): Begriffe und Definitionen im Lufthansa-Konzern.
[5] DIE WELT (Hrsg., 1996): Jahrmärkte der mobilen Gesellschaft. Ausgabe 6. Nov. 1996, S. 10.
[6] FLUGHAFEN MÜNSTER/OSNABRÜCK (Hrsg., 2000): Atmosphair. Ausgabe 01/2000.
[7] MEFFERT, H. [Hrsg.] (1989): Flughafenmarketing. Münster
[8] Die Studie wurde von Prof. Dr. Heribert Meffert (Universität Münster) durchgeführt.
[9] FLUGHAFEN MÜNSTER/OSNABRÜCK (Hrsg., 2000): Atmosphair. Ausgabe 01/2000.
[10] FLUGHAFEN MÜNSTER/OSNABRÜCK (Hrsg., 2000): Verkehrsergebnisse 1999.
[11] DIE WELT (Hrsg., 2001): Wohlbefinden zwischen den Flügen. S. R 5.

Hochschulnetzwerk Tourismus
Ringvorlesung zum Thema:
Flughafen-Marketing

Veranstaltung: 4. Mai 2000

FHDW b.i.b. Bergisch Gladbach
Prof. Dr. Monika Echtermeyer

Marketingkonzeption für einen Verkehrsflughafen am Bsp. Münster/Osnabrück

- ✈ <u>Flughafenmarketing</u>
- ✈ <u>Entwicklung einer Marketingkonzeption für FMO</u>
- ✈ Situationsanalyse
- ✈ Ableitung von Marketingzielen und Zielgruppen
- ✈ Entwicklung von Marketingstrategien
- ✈ Umsetzung in Marketingmaßnahmen
- ✈ Kommunikationspolitische Maßnahmen
- ✈ Angebotspolitische Maßnahmen
- ✈ Distributionspolitische Maßnahmen
- ✈ Preispolitische Maßnahmen
- ✈ Flankierende Maßnahmen des Flughafenmanagements

Flughäfen rüsten sich für den Wettbewerb

- Privatisierung und harter Wettbewerb
- Starkes Passagierwachstum an Airports weltweit (Ausnahmen USA)
- Infrastruktur hinkt hinterher, schwerfällige Genehmigungsverfahren

- Facts and Figures oder Horrorszenario?:

  > „Bis zum Jahr 2020 brauchen wir in Europa 30 neue Flughäfen von der Größe London Heathrows" (Quelle: Airport Council Intl., Jan. 2000)
  > - weltweit 1998: 3,4 Mrd. Flugpassagiere
  > - Prognose 2010: 5,5 Mrd.
  > - Prognose 2020: 8,0 Mrd.

- Wirtschaftsunternehmen, Zellkern der Städte oder Jahrmärkte der mobilen Gesellschaft?

Im Wettbewerb der Flughäfen untereinander ist „Marketing" heutzutage ein entscheidender Erfolgsfaktor und eine Herausforderung für das Flughafenmanagement

- Produktionsfaktor Zeit wird immer knapper
- Funktion als Verkehrsstation und Bündler
- komplexes Dienstleistungsunternehmen für flugtechnischen und nicht-flugtechnischen-Bereich
- Flughafenmarketing = beschaffungsgerichtetes M. + absatzgerichtetes M.
- Wer sind die drei Zielgruppen im Beschaffungsmarketing?

Die Inanspruchnahme des Flughafens durch seine Endnutzer kann das Flughafenmanagement durch ein aktives endverbraucherorientiertes Absatzmarketing beeinflussen

- Indirekte Einflußnahme auf Vertrieb von Linien- und Charterflügen
- Direkte Einflußnahme in Richtung potentieller Nutzer
- Wer sind die Zielgruppen im absatzgerichteten Marketing?
- Aktionsparameter im endverbraucherorientierten Flughafenmarketing

| A | K | P | D |

Das Flughafenmarketing ist im Gegensatz zur Vermarktung von Sachgütern durch eine Reihe von Besonderheiten gekennzeichnet

- „Flughafenprodukt" = kein monostrukturiertes Sachgut, sondern ein komplexes Dienstleistungsbündel
- Umfangreicher Bezugsrahmen des Flughafenmarketing (Abb. 1)
- Das Produkt „Flughafendienstleistung" fließt in das Gesamtprodukt Reise ein.
- Einfluß auf Angebotspolitik der Partner (Airl./Reisev./Reisem.) nur bedingt möglich = „Henne-Ei-Problematik"
- Gestaltung der Aktionsparameter unterliegt erheblichen staatlichen Regulierungen und Einflußnahmen
- Entscheidungs-Problematik: Flughafen = Anbietergemeinschaft

Planung und Marketingstrategien von Verkehrsflughäfen

Für die Ausgestaltung des Flughafenmarketing unter Beachtung der genannten Besonderheiten, ist die Erarbeitung einer umfassenden Marketing-Konzeption erforderlich

- **Marketing-Konzeption**: aufbauend auf einer **Situationsanalyse** zur Ableitung flughafenspezifischer
  - Marketingziele
  - Marketingstrategien
  - Marketingmaßnahmen
- **Fallbsp. FMO**:
  - einer der 12 internationalen Verkehrsflughäfen in Deutschland
  - 175 ha großes Areal östl. von Greven
  - ca. ? Ferienfluggäste, ? Linienfluggäste
  - 1991 =   300.00 Passagiere
  - 1998 = 1,3 Mio. Fluggäste
  - 1999 = 1,6 Mio. Fluggäste
  - Prognose für das Jahr 2001: 3 Mio. Passagiere/Jahr
- Bitte schauen Sie im Internet unter **www.flughafen-fmo.de**

Marketingkonzeption für einen Verkehrsflughafen am Bsp. Münster/Osnabrück

- → **Flughafenmarketing**
- → **Entwicklung einer Marketingkonzeption für FMO**
- → Situationsanalyse
- → Ableitung von Marketingzielen und Zielgruppen
- → Entwicklung von Marketingstrategien
- → Umsetzung in Marketingmaßnahmen
- → Kommunikationspolitische Maßnahmen
- → Angebotspolitische Maßnahmen
- → Distributionspolitische Maßnahmen
- → Preispolitische Maßnahmen
- → Flankierende Maßnahmen des Flughafenmanagements

Das Erkennen der spezifischen Marketingsituation mittels „Situationsanalyse" bildet den Ausgangspunkt jeder Marketing-Konzeption

- → **Mögliche Arbeitsschritte einer Situationsanalyse**
  1. Analyse der landschaftlichen Eignung
  2. Analyse der allgemeinen Infrastruktur
  3. Analyse der touristischen Infrastruktur
  4. Gästeanalyse
  5. Gästepotentialanalyse
  6. Imageanalyse
  7. Wettbewerbsanalyse aufbauend auf einer Chancen-Risiken-Analyse

- → **Ableitung von Marketingzielen**

Eine Checkliste zur Situationsanalyse, die als Arbeitsrahmen für eine Markt- und Marketinganalyse dienen soll, wird grob strukturiert nach: Markt, Angebot und Wettbewerb, Nachfrage, Absatzmittler, Unternehmen, exogene Faktoren

→ **Komplexe des internen Datenkranzes**
- Das Unternehmen und seine Leistungsbasis
- Der bisherige Marketing-Mix des Unternehmens
- Die Ergebnisse bisheriger Marketingaktivitäten

→ **Komplexe des externen Datenkranzes**
- Der Markt. Potential und Struktur (bisherige Entwicklung, Prognose)
- Der Wettbewerb, seine Marketingaktivitäten und deren Ergebnisse
- Die Zielgruppen: Strukturen, Wissen, Motive, Einstellungen, Verhalten (Privat- und Geschäftsreisende)
- Der Vertrieb. Strukturen, Einstellungen, Anforderungen und Verhalten (bisherige Entwicklung, Prognose)
- Rahmenbedingungen: Konjunktur, Trends, Technologie, Gesetze

---

Im Rahmen der Situationsanalyse für FMO bietet es sich an, als Systematisierungsraster einer Chancen-Risiken-Analyse die zentralen strategischen Herausforderungen getrennt herauszuarbeiten nach:

→ Flughafenwettbewerbern,

→ Fluggesellschaften,

→ staatlichen Entscheidungsträgern,

→ alternativen Verkehrsdienstleistern,

→ den Flughafennutzern

Diesen globalen Chancen und Risiken für die Verkehrsflughäfen sind die FMO-spezifischen technischen und wirtschaftlichen Ressourcen im Rahmen einer Stärken-Schwächen-Analyse gegenüberzustellen

Stärken	Schwächen
+ Technisch-infrastrukturelle Ausstattung	- Nicht-Ausschöpfung des Marktpotentials
+ Attraktive räumliche Lage	- Defizite im Flugangebot
+ Erweiterungspotential	- Ergänzungsbedürftige Verkehrsanbindung
+ Förderung durch Luftverk.konzept NRW	- Termineinhaltung (Pünktlichkeit)
+ Offene Slots	- Flugausfälle
+ Kurze Check-in/Check-out-Zeiten	- Bekanntheitsgrad
+ Übersichtliche Flughafenanlage	
+ Parkplatzsituation	
+ Imagevorteile (persönl./überschaubar)	
+ Hohes Involvement und Good-will in Bev.	

Solide techn.-infrastrukturelle Basis | Unausgeschöpftes Marktpotential

Marketing-Handlungsbedarf

Zur Ursachenanalyse eines geringen Marktanteils des FMO führte die Universität Münster eine Imageanalyse durch

→ Befragt wurden: 250 Fluggäste, 150 Firmen, 50 Reisebüros zum Image und zur Servicequalität, wodurch zahlreiche praktische Marketingerfahrungen empirisch belegt werden konnten.

→ Ergebnis: FMO zeigt Mängel in den Kriterien „Verkehrsanbindung", „attraktives Flugangebot", „Termineinhaltung". Hingegen können in dem Bereich „Serviceangebot", „Übersichtlichkeit", „Atmosphäre", „wahrgenommene Umweltqualität", „positives Image", „Personalkompetenz" und „gute Parkmöglichkeiten" die Ansprüche der Nutzer erfüllt bzw. sogar übertroffen werden.

Welches sind die Schlüsselfaktoren der Flughafenwahl laut empirischer Studie?

Ergebnis:

Neben dem Flugangebot des Flughafens sind Schlüsselfaktoren vor allem zeitbezogene Kriterien:

→ geographische Nähe
→ verkehrstechnische Anbindung
→ Check-in-Zeiten, Check-out-Zeiten
→ Parkplatzangebote

Marketingkonzeption für einen Verkehrsflughafen am Bsp. Münster/Osnabrück

→ <u>Flughafenmarketing</u>
→ <u>Entwicklung einer Marketingkonzeption für FMO</u>
→ Situationsanalyse
→ Ableitung von Marketingzielen und Zielgruppen
→ Entwicklung von Marketingstrategien
→ Umsetzung in Marketingmaßnahmen
→ Kommunikationspolitische Maßnahmen
→ Angebotspolitische Maßnahmen
→ Distributionspolitische Maßnahmen
→ Preispolitische Maßnahmen
→ Flankierende Maßnahmen des Flughafenmanagements

Slide 16

Aufbauend auf den Ergebnissen der Situationsanalyse, kann das Flughafenmanagement die Marketingziele und daraus die Marketingstrategien und Marketingmaßnahmen ableiten.

→ **Ausgangspunkt** = die Formulierung einer *Flughafen-Philosophie*, bzw. eines Flughafen-**Marketingleitbildes**
→ **Das Marketingleitbild** umfaßt die Bestimmung einer globalen Wachstumsrichtung, Aussagen zum Selbstverständnis des Flughafens und eine Beschreibung des angestrebten Verhältnisses zur Umwelt.

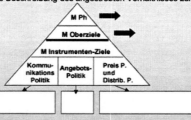

Slide 17

Bei der Frage nach der Wachstumsrichtung des Leistungsangebotes muß sich der Flughafen in Abhängigkeit seiner Ressourcen aktuell und zukünftig positionieren

→ Regionalflughafen
→ nationaler Verkehrsflughafen
→ europäischer Direkt- bzw. Zubringerflughafen oder
→ internationaler Großflughafen

Die technisch-wirtschaftliche Ausstattung und die regionale Lage bieten FMO solide Ausgangsposition sich zu einem mittleren europäischen Zubringerflughafen weiterzuentwickeln.

Marketing-Oberziele: Stärkung heimischer Wirtschaft in ihren Standortfaktoren durch Verbesserung der Verkehrsqualität.
Marketing-Instrumenteziele: z.B. „Bekanntheit steigern", „Ausweitung Luftfrachtaufkommen/Flugangebot Linie/Charter", müssen nach Inhalt, Ausmaß, Zeitbezug präzisiert werden. Die Ziele sind zielgruppenspezifisch zu präzisieren! ⟶ Identifizierung primärer absatzgerichteter Zielgruppen

Slide 18

Marketingkonzeption für einen Verkehrsflughafen am Bsp. Münster/Osnabrück

→ <u>Flughafenmarketing</u>
→ <u>Entwicklung einer Marketingkonzeption für FMO</u>
→ Situationsanalyse
→ Ableitung von Marketingzielen und Zielgruppen
→ Entwicklung von Marketingstrategien
→ Umsetzung in Marketingmaßnahmen
→ Kommunikationspolitische Maßnahmen
→ Angebotspolitische Maßnahmen
→ Distributionspolitische Maßnahmen
→ Preispolitische Maßnahmen
→ Flankierende Maßnahmen des Flughafenmanagements

Ausgangspunkt einer Marketingstrategie
(als situativ bedingter, langfristiger, globaler Verhaltensplan zur Erreichung der Marketingziele) sollte die Identifikation von *flughafentypischen* Wettbewerbsvorteilen sein.

Die im Konsumgütersektor bewährten Wettbewerbsstrategien (Differenzierung vs. Preisführerschaft) lassen sich nicht sinnvoll auf das Flughafenmarketing anwenden.

Strategische Wettbewerbsvorteile im Flughafensektor:
- Angebotsvorteile und Dienstleistungs b r e i t e
- hoher Erlebnisbeitrag
- Abwicklungsvorteile
  (zwei zentrale Komponenten = Zeitvorteil + Personalisierungsvorteil)

Angesichts zunehmender Überlastung des Luftraums und der weiteren Aufnahme neuer Flugverbindungen ⟶ Frage: Werden Großflughäfen zukünftig in der Lage sein, ihre Angebotsvorteile ohne die gleichzeitige Inanspruchnahme von Abwicklungsnachteilen zu realisieren?

Am Flughafen FMO konnten drei flughafentypische Erfolgsfaktoren als strategische Wettbewerbsvorteile identifiziert werden

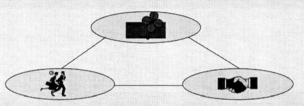

Drei strategische Stoßrichtungen:
1. Abbau von Zeithemmnissen (Flughafenanreise/Flughafennutzung/(Ab-)Flugphase)
2. Personalisierungsstrategie (im „Hardware"-Bereich und „Software"-Bereich)
3. Natur- und Umweltstrategie

Marketingkonzeption für einen Verkehrsflughafen am Bsp. Münster/Osnabrück

- **Flughafenmarketing**
- **Entwicklung einer Marketingkonzeption für FMO**
- Situationsanalyse
- Ableitung von Marketingzielen und Zielgruppen
- Entwicklung von Marketingstrategien
- Umsetzung in Marketingmaßnahmen
- Kommunikationspolitische Maßnahmen
- Angebotspolitische Maßnahmen
- Distributionspolitische Maßnahmen
- Preispolitische Maßnahmen
- Flankierende Maßnahmen des Flughafenmanagements

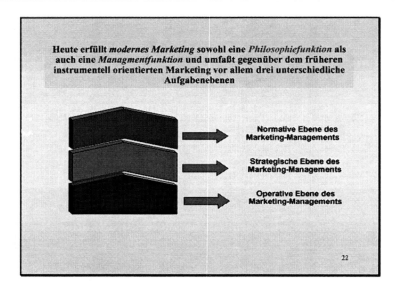

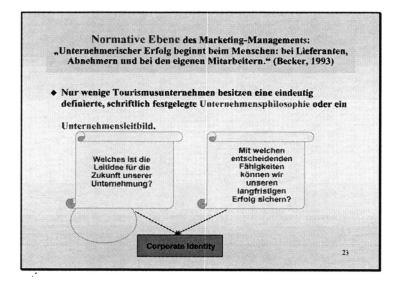

Strategische Ebene: Die Marketingstrategie gibt zunächst eine Route vor, auf welcher sich der Marketinginstrumente-Einsatz bis zur Zielerreichung schrittweise zu vollziehen hat.

- Abgrenzung: Strategie und Taktik
- ZIELE ⟹ geben vor, wohin sich das U. entwickeln möchte;
- STRATEGIEN ⟹ legen den Weg fest, der zur Zielerreichung eingeschlagen werden muß;
- Im Rahmen des MARKETING-MIX ⟹ werden die Instrumente ausgewählt, die strategiegerecht kombiniert und eingesetzt die Zielerreichung herbeiführen müssen.

Planung und Marketingstrategien von Verkehrsflughäfen

**Die entwickelten Ansätze der
Zeitvorteils-, Personalisierungs- und Natur-/Umweltstrategien
sind durch ein Bündel in sich abgestimmter
Marketingmaßnahmen am Flughafen umzusetzen**

<u>Kommunikationspolitische Maßnahmen:</u>
Ziel = Beeinflussung von Einstellungen und Verhaltensweisen
Zielgruppen = Allgemeine Öffentlichkeit, Absatzmittler, Fluggäste

Instrument: WERBUNG	ÖFFENTLICHKEITSARBEIT
→ Streugebiet 60 A-Min. Radius, → Kontaktfrequenz verdreifacht, → neue Serie zielgruppenger. Info, → Anzeigenschaltung synchron zum Buchungsverlauf, zeitgleich → Rundfunkspots flankierende Maßn., → Flugplan als Imageträger, → Sales Guide für Zielgruppe der Reisemittler	→ Ausbau der Berichterstattung in lokalen/regionalen Medien, → Einbeziehen der Medien im erweiterten Einzugsbereich → Veranstaltungen am Flughafen VERKAUFSFÖRDERUNG und PERSÖNLICHER VERKAUF → Dekopakete → Reisebürobetreuung → Trainingsprogramme → Direkt-Marketing-Aktionen

---

**Marketingkonzeption für einen
Verkehrsflughafen am Bsp. Münster/Osnabrück**

- → <u>**Flughafenmarketing**</u>
- → <u>**Entwicklung einer Marketingkonzeption für FMO**</u>
- → Situationsanalyse
- → Ableitung von Marketingzielen und Zielgruppen
- → Entwicklung von Marketingstrategien
- → Umsetzung in Marketingmaßnahmen
- → Kommunikationspolitische Maßnahmen
- → Angebotspolitische Maßnahmen
- → Distributionspolitische Maßnahmen
- → Preispolitische Maßnahmen
- → Flankierende Maßnahmen des Flughafenmanagements

**Während der Flughafen bei den flughafenbezogenen DL für
die Zielgruppe „Linien- und Chartergäste" großen
Gestaltungsspielraum besitzt, hat er auf das Flugangebot
selbst nur bedingte Einflußmöglichkeiten**

<u>Flughafenbezogene DL:</u>
- → An-/Abreisephase
- → Aufenthaltsphase
- → Flugphase

<u>Airline spezifische DL:</u>
- → Flugangebot (Linie/Charter)

Marketingkonzeption für einen Verkehrsflughafen am Bsp. Münster/Osnabrück

- **Flughafenmarketing**
- **Entwicklung einer Marketingkonzeption für FMO**
- Situationsanalyse
- Ableitung von Marketingzielen und Zielgruppen
- Entwicklung von Marketingstrategien
- Umsetzung in Marketingmaßnahmen
- Kommunikationspolitische Maßnahmen
- Angebotspolitische Maßnahmen
- Distributionspolitische Maßnahmen
- Preispolitische Maßnahmen
- Flankierende Maßnahmen des Flughafenmanagements

Zur **Distributionspolitik** zählen im absatzgerichteten Flughafenmarketing alle Maßnahmen, die auf eine Erhöhung der Vermittlungsbereitschaft der Absatzmittler zielen sowie Maßnahmen zur besseren Erreichbarkeit des Flughafens

- Gestaltungsmöglichkeiten im Reisebüromarketing:
  - eigenständige Reisebürobetreuer
  - Einrichtung von weiteren Reisebüro-Dependancen am Flughafen
  - kooperative Flugangebote
  - Werbemaßnahmen
  - vermittlungsgebundene Incentives
- Logistische Entscheidungsspielräume
  - Verbesserung der verkehrstechnischen Anbindung
  - Kostenloser Parkraum, Mietwagensystem „Haus-zu-Haus-Service"

Marketingkonzeption für einen Verkehrsflughafen am Bsp. Münster/Osnabrück

- **Flughafenmarketing**
- **Entwicklung einer Marketingkonzeption für FMO**
- Situationsanalyse
- Ableitung von Marketingzielen und Zielgruppen
- Entwicklung von Marketingstrategien
- Umsetzung in Marketingmaßnahmen
- Kommunikationspolitische Maßnahmen
- Angebotspolitische Maßnahmen
- Distributionspolitische Maßnahmen
- Preispolitische Maßnahmen
- Flankierende Maßnahmen des Flughafenmanagements

Preispolitische Spielräume bieten sich vor allem im „Beschaffungsmarketing", auf der Absatzseite kann der Flughafen nur Einfluß nehmen auf Parkgebühren und indirekt auf das Preisniveau der Servicebetriebe am Flughafen

Flankierende Maßnahmen des Flughafenmanagements:

→ Fragen der Marketingorganisation

→ Fragen der Unternehmenskultur

→ Fragen der Flughafenarchitektur

Was hat Joschka Fischer mit einem Flughafen wie FMO gemeinsam?

Eigenständige Identität
und ein dazu passendes Erscheinungsbild, das im Laufe der Jahre heranreift

sowie

Neue Nadelstreifen!!

Kulturtourismus im Kreis Heinsberg:
Eine Stärken-/Schwächen-Analyse

Claudia Erdmann

Überblick

Während der einjährigen Projektstudie[1] wurden mit Hilfe von eigenen Befragungen die (kultur)touristischen Stärken und Schwächen im Kreis Heinsberg erfasst. Die vielfältige kulturelle Angebotspalette ist derzeit zu wenig bekannt, die Nutzungsmöglichkeiten des voll ausgebauten Radwanderwegenetzes sind keineswegs ausgeschöpft und der Einzugsbereich sowie die Aufenthaltsdauer der sehr zufriedenen Gäste (vornehmlich Familien mit Kindern) müssen als gering bezeichnet werden. Zudem existiert ein unzureichendes Angebot für Kinder und Jugendliche. Die Empfehlungen beziehen sich daher auf eine künftig bewusstere Marktorientierung an der Zielgruppe Familien mit Kindern.

1 Rahmenbedingungen im Kreis Heinsberg

Der im äußersten Westen Deutschlands befindliche Kreis Heinsberg gehört zum Bundesland Nordrhein-Westfalen und grenzt unmittelbar an die Niederlande an. Seine Entfernung zur südlichen Stadt Aachen beträgt ca. 20 km, und auch für die an der Rheinschiene gelegenen Oberzentren Düsseldorf, Köln und Bonn ist er über ein gut ausgebautes Straßennetz günstig erreichbar.

Der ländliche Kreis, in dem 246.848 Personen[2] leben, verfügt über eine hohe Anziehungskraft als Wohnstandort, insbesondere für Familien mit Kindern, so dass die Einwohnerzahl allein zwischen 1990 und 1997 um knapp 10% ansteigen konnte. Dieser Vorzug geht allerdings mit einer klar erkennbaren Strukturschwäche einher. Man musste nämlich erhebliche Beschäftigungseinbußen vor allem im Steinkohlenbergbau und im verarbeitenden Gewerbe hinnehmen. Der dynamisch wachsende, jedoch auf niedrigem Niveau stehende Dienstleistungsbereich hat diese Verluste bislang nur unzureichend ausgleichen können. Folglich stiegen die Arbeitslosenzahlen weiter an. Einem PROGNOS-Gutachten[3] zufolge zieht es somit kaum jüngere Arbeitskräfte in das Kreisgebiet.

Angesichts dieser Situation soll die Wachstumsbranche "Dienstleistung" und dabei auch der Tourismus gezielt ausgebaut werden. Besonders günstige Chancen bestehen für das Marktsegment Kulturtourismus.

2 Kulturtourismus in der Bundesrepublik Deutschland

Der Kulturtourismus erfreut sich hierzulande seit einigen Jahren steigender Beliebtheit. Abnehmende Wochenarbeitszeiten bei hinreichenden Einkommensverhältnissen führen zu häufigeren, aber auch zeitlich begrenzteren Urlauben. Daher werden vor allem während der Kurzurlaube zunehmend kulturelle Einrichtungen und Veranstaltungen beachtet.

"Der Kulturtourismus nutzt Bauten, Relikte und Bräuche in der Landschaft, in Orten und Gebäuden, um dem Besucher die Kultur-, Sozial- und Wirtschaftsentwicklung des jeweiligen Gebietes durch Pauschalangebote, Führungen, Besichtigungsmöglichkeiten und spezifisches Informationsmaterial nahe zu bringen. Auch kulturelle Veranstaltungen dienen häufig dem Kulturtourismus" (BECKER 1993, S. 8). Er setzt sich aus den regionalen Elementen Objekt, Ensemble und Gebiet sowie aus den sie kennzeichnenden soziokulturellen Merkmalen Tradition, Event und Gastronomie zusammen (vgl. Abb. 1). Zur wirkungsvollen Übermittlung dieser Inhalte bedarf es einer zielgruppenspezifischen Ausrichtung. Dabei spielt das räumliche Wahrnehmungsvermögen eine entscheidende Rolle. Prinzipiell ist der Tourist über ein Zielgebiet in der Nähe seines Wohnstandortes ("Heimatkultur") am genauesten informiert. In der nächsten Stufe ("Nachbarkultur") nimmt der Vertrautheitsgrad ab. Auf der Ebene der "Fernkultur" schließlich befindet sich der Informationsstand auf einem relativ niedrigen Niveau. Die Lage der verschiedenen Kulturkreise wird jedoch individuell bestimmt, denn sie richtet sich nach dem Bewusstsein eines jeden Besuchers. Somit handelt es sich um keine absolute, sondern um eine relative Distanz.

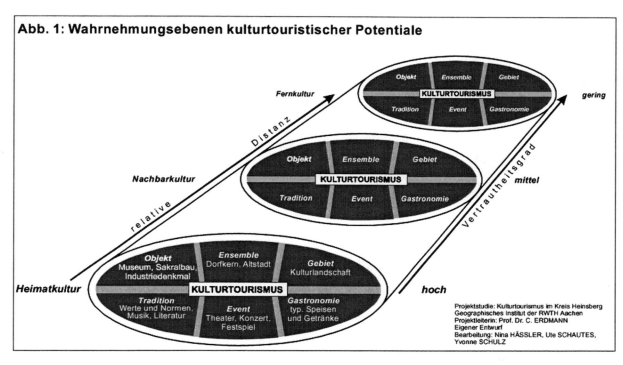

Darüber hinaus muss selbstverständlich betont werden, dass sich manche Menschen mehr für kulturelle Belange interessieren als andere. Generell kann jedoch ein hoher Stellenwert dieses Bewusstseins festgestellt werden, denn im Jahre 1999 waren "landestypische Umgebung/Sehenswürdigkeiten" für 42% der über 14-jährigen Deutschen bei der Auswahl ihres Urlaubszieles entscheidend (vgl. OPASCHOWSKI 2000, S. 24 und 57). Allerdings dürfte bei den meisten letztlich ein Kriterienbündel den Ausschlag gegeben haben, wie die Mehrfachnennungen erkennen lassen. Aber auch die Zahl der eigentlichen "Kulturbegeisterten" ist beachtlich groß: In Deutschland umfasst diese Gruppe ca. 11 Mio. Menschen (vgl. Abb. 2). Das entspricht immerhin 16% der Gesamtbevölkerung. Diese Personen schätzen naheliegender Weise vor allem Bildung und Lernen sowie Kultur. Außerdem gehen Kulturbegeisterte gerne ins Kino und mögen klassische Musik. Dazu passt auch, dass sie auf Prestige und Exklusivität bedacht sind und sich vor dem Einkauf gut informieren (vgl. INSTITUT FÜR FREIZEITWIRTSCHAFT 1998). Die meisten Kulturbegeisterten sind schließlich zwischen 25 und 54 Jahre alt und verfügen über ein überdurchschnittliches Monatsnettoeinkommen von 2.840 DM (+ 4,7% gegenüber dem nationalen Mittelwert).

Dieses hohe Nachfragepotential bietet für die besuchten Kulturlandschaften sowohl wirtschaftliche als auch soziokulturelle Chancen (vgl. Abb. 3). Der Kulturtourismus hat den großen Vorteil, weitgehend witterungsunabhängig zu sein (vgl. VON MOLTKE 1993, S. 3.). Daher besteht für das Zielgebiet die

Möglichkeit der Saisonverlängerung. Das damit verbundene erhöhte Besucheraufkommen löst wesentliche positive ökonomische und soziale Regionaleffekte aus. Auf der wirtschaftlichen Ebene kommt es zur Schaffung und Sicherung von Arbeitsplätzen. Daraus resultiert eine Steigerung der Wertschöpfung. Auf der sozialen Ebene wird das Regionalbewusstsein gestärkt. Durch eine größere Nachfrage sind die Bewohner eher motiviert, ihr kulturelles Erbe zu bewahren. Es entwickelt sich somit ein endogenes Interesse an nachhaltiger Regionalentwicklung. Damit schließt sich der Kreislauf: Lediglich Akteure, die sich der Einzigartigkeit ihres Gebietes bewusst sind und diese pflegen, vermögen langfristig Touristen anzuziehen. Deren Ausgaben kommen dann der Regionalwirtschaft zugute.

Abb. 2: Der Kulturbegeisterte in Deutschland...

ca. 11 Mio. Menschen, d. h. 16% der Bevölkerung

...schätzt *Bildung, Kultur, Lernen* (82%*)

...geht häufig ins *Kino* (88%*)
hört gerne *klassische Musik* (73%*)

...ist *25-54 Jahre* alt (55%)

...ist bedacht auf *Prestige und Exklusivität* (20%*)

...verfügt über ein überdurchschnittliches *monatl. Nettoeinkommen* von 2.840 DM

...achtet beim *Einkauf* auf hohe Qualität (62%*) und günstigen Preis (63%*)

...informiert sich *vor dem Einkauf* in den Printmedien (14%*) oder auf Messen (15%*)

* positive Abweichung vom Bevölkerungsdurchschnitt

Projektstudie: Kulturtourismus im Kreis Heinsberg
Geographisches Institut der RWTH Aachen
Projektleiterin: Prof. Dr. C. ERDMANN
Quelle: Institut für Freizeitwirtschaft 1998
Bearbeitung: Nina HÄSSLER, Ute SCHAUTES, Yvonne SCHULZ

Der Kulturtourismus stellt also ein durchaus positives Marktsegment dar - allerdings nur dann, wenn es gelingt, die latent vorhandenen Risiken auszuschließen. Zum einen besteht bei einem erhöhten Besucheraufkommen die Gefahr der Übernutzung. Gut durchdachte Maßnahmen der Besucherlenkung, z. B. mit Hilfe von beschilderten Rundwegen oder durch den Einsatz öffentlicher Verkehrsmittel mit akzeptablen Taktzeiten, zeigen bereits vielerorts die gewünschten Erfolge. Zum anderen besteht die Gefahr der Überprägung durch fremde Einflüsse, die sog. "Überfremdung". Bei einer um sich greifenden kulturellen Kommerzialisierung fühlen sich die Menschen bald in ihrer eigenen Heimat nicht mehr wohl, es kommt zu Spannungen zwischen ihnen und den Gästen. Die lokale Bevölkerung muss also gezielt in den touristischen Entscheidungsprozess einbezogen werden. Dies sollte auch die Maßgabe für den Kreis Heinsberg sein.

3 Touristisch relevantes Dienstleistungsangebot von Ortskernen im Kreis Heinsberg

Die Attraktivität eines touristischen Zielgebietes wird durch das vorhandene Dienstleistungsangebot wesentlich mitbestimmt. Tages- oder Übernachtungsgäste nutzen nämlich außer den Gastronomie- und Beherbergungsbetrieben auch Geschäfte etc. (vgl. HARRER/ZEINER 1995). Sind diese Angebote für sie reizvoll, dann ergeben sich hieraus erhebliche wirtschaftliche Regionaleffekte.

Abb. 3: Chancen und Risiken des Kulturtourismus

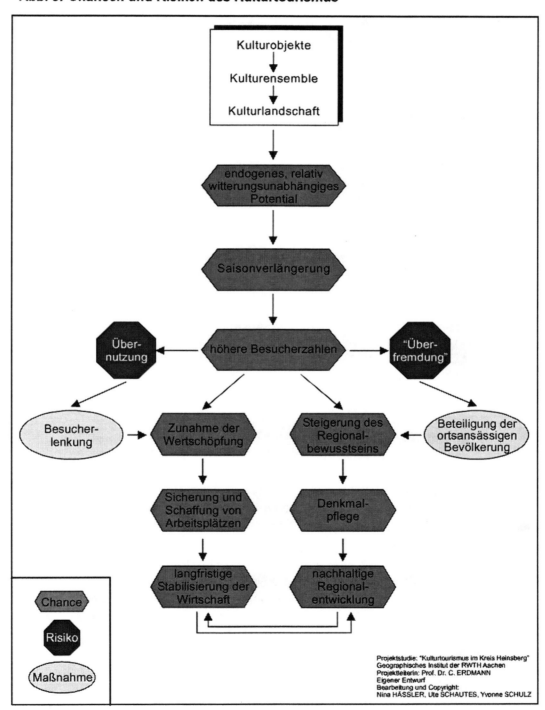

Geprägt ist der ländliche Kreis Heinsberg durch eine dezentrale Siedlungsstruktur mit sieben mittleren und kleineren Städten, in denen knapp 88% der Bevölkerung leben. Generell gilt, dass diese Zentren wegen nahe gelegener Parkhäuser bzw. Parkflächen leicht zugänglich und fußläufig erreichbar sind. Nutzungskartierungen zeigen deren unterschiedliche Attraktivität.

Die Innenstadt des Mittelzentrums Erkelenz (rd. 43.000 Einwohner) wird begrenzt von den Promenadenstraßen, die sich am Verlauf des mittelalterlichen, teilweise noch erhaltenen Mauerrings orientieren. Infolge der Zerstörungen während des Zweiten Weltkrieges ist der Nordwesten durch moderne öffentliche Gebäude geprägt. Ansonsten blieb aber die kleinteilige Gliederung der gemischt gewerblichen Bausubstanz mit ihren drei Plätzen und dem ursprünglichen Straßennetz weitgehend erhalten. Das am Franziskanermarkt stehende "Haus Spiess", dessen spätbarocker Dreiflügelbau mit klassizistischen Ornamenten Ende der 1970er Jahre restauriert wurde, bietet bei städtischen Kulturveranstaltungen ein eindrucksvolles Ambiente. Für Touristen reizvoll ist zudem das vielfältige Angebot an freizeitorientierten Dienstleistungen und Spezialgeschäften. Zahlreiche Cafés, Restaurants sowie drei Hotels erwarten ihre Gäste.

In die Gemeinde Gangelt (rd. 11.000 Einwohner) kommen Ortsfremde vor allem wegen des nahe gelegenen Hochwild-Freigeheges. Der ländliche Charakter wird selbst im Ortskern mit seinen landwirtschaftlichen Betrieben deutlich. Ansonsten bestimmt reines Wohnen die Nutzung. Daher fällt das Gewerbe sowohl bezüglich seiner Vielfalt als auch seines Niveaus stark hinter das von Erkelenz zurück. Neben Einzelhandelsgeschäften mit Waren des täglichen Bedarfs existieren nur wenige freizeitrelevante Einrichtungen. Auf diese Schwächen hat mit dem zu gering besetzten und stark rückläufigen Gastronomie- und Beherbergungsgewerbe auch das Tourismusbüro Kreisel aufmerksam gemacht (vgl. TOURISMUSBÜRO KREISEL 1/2000). Daher wird der Gemeinde die Weiterentwicklung und Qualitätsverbesserung bestehender sowie die Schaffung neuer Betriebe empfohlen.

Die Rahmenbedingungen für einen touristischen Aufenthalt sind in den beiden größten Städten Heinsberg und Erkelenz günstig.

4 Kulturelle Einrichtungen und Veranstaltungen im Kreis Heinsberg

Der Kreis Heinsberg verfügt über eine große Anzahl kultureller Einrichtungen, die aus verschiedenen historischen Zeiten stammen und nahezu über das gesamte Kreisgebiet verteilt sind (vgl. Abb. 4).

Bodendenkmäler reichen mit einer bandkeramischen Siedlung bis in das 6. Jahrtausend v. Chr. zurück. Zu ihnen gehören aber auch die den Raum besonders prägenden Motten. Die künstlich aufgeschütteten, mit einem Graben umzogenen Hügel wurden während des Mittelalters aus Verteidigungsgründen angelegt. Die größten - mit einem Durchmesser von 100 Metern - besaßen eine hölzerne oder steinerne Burg sowie eine Vorburg. Heute sind die meisten allerdings kaum noch mit dem bloßen Auge erkennbar. Entweder wurden sie eingeebnet oder später z. B. durch Wasserburgen überbaut. Weiterhin sind zahlreiche Burgen, Schlösser, Kirchen und Stadtbefestigungsanlagen erhalten, die von der bewegten Territorialgeschichte zeugen (vgl. PINZEK 1998). Neben den Herren von Geilenkirchen, Heinsberg, Randerath und Wassenberg machten die Grafen von Geldern und Jülich ihre Machtansprüche geltend (vgl. SCHREIBER 1998, S. 177-262). Leider befinden sich heute einige Einrichtungen in schlechtem Zustand oder sind aus anderen Gründen der Öffentlichkeit nicht zugänglich. Den ländlichen Raum prägen zudem zahlreiche Wind- und Wassermühlen. Bekannt waren sie zwar bereits im Mittelalter, doch die meisten stammen aus dem 19. Jahrhundert.

Kulturtourismus im Kreis Heinsberg

Abb. 4: Kulturelle Einrichtungen und Veranstaltungen im Kreis Heinsberg (1999)

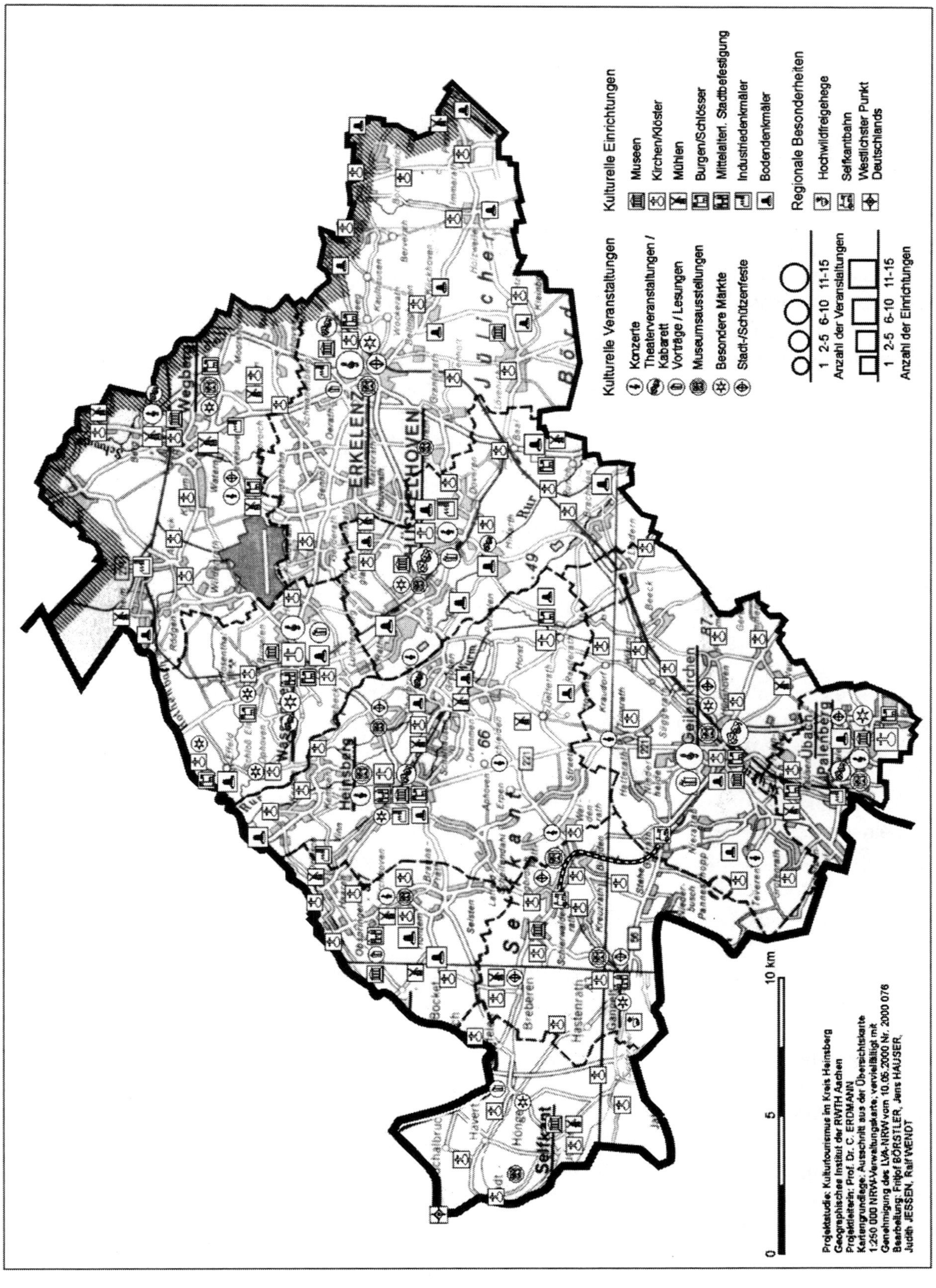

Sie wurden zum Getreidemahlen oder für gewerbliche Zwecke eingesetzt. Als Ölmühlen z. B. pressten sie Leinsamen aus dem Flachsanbau (vgl. FORSCHUNGSGRUPPE TOURISMUS AACHEN 1994). Zu den jüngsten Kulturdenkmälern gehören schließlich die auf den Steinkohlebergbau zurückgehenden Industriedenkmäler. Den Lagerstätten entsprechend sind sie auf den Raum Hückelhoven, wo 1997 die letzte Zeche des Kreisgebietes stillgelegt wurde, sowie auf Übach-Palenberg konzentriert. In diesem Zusammenhang muss auch die privat betriebene Museumseisenbahn, die sog. Selfkantbahn, genannt werden. Sie verkehrt zu speziellen Terminen auf einer 5,5 km langen Trasse und ist eine der vier in Nordrhein-Westfalen noch vorhandenen Schmalspurbahnen.[4]

Außerdem können die Besucher zwischen elf staatlichen Museen und privaten kulturhistorischen Sammlungen wählen. Auch sie sind recht gleichmäßig über das gesamte Kreisgebiet verteilt. Acht der meistbesuchten Einrichtungen[5] wurden nach verschiedenen Kriterien untersucht. Für alle gilt, dass sie ihre Objekte auf klassisch-konservative Weise in gepflegten Räumlichkeiten präsentieren. Erfreulich ist zudem das durchgängige Angebot von Führungen. Einige gefielen wegen ihrer Überschaubarkeit und gemütlichen Atmosphäre, andere wegen ihrer Authentizität, wechselnder Ausstellungen oder ihrer günstigen Erreichbarkeit für Fahrradfahrer. Wenig zufriedenstellend sind jedoch die Bedingungen für Körperbehinderte, denn - bis auf eine Ausnahme - sind alle anderen für diese Personengruppe ungeeignet. Auch dürfte die Hälfte dieser Sammlungen für Kinder wenig attraktiv sein. Entweder sind die Objekte nicht gesichert oder es fehlen Gegenstände zum Anfassen bzw. Ausprobieren. Verbesserungen in dieser Hinsicht erscheinen durchaus möglich, denn die meisten Interviewteilnehmer (70%) wären ohne weiteres zur Zahlung von Eintrittsgeldern bereit.

Der Pflege von Tradition und Brauchtum kommt besonders in ländlichen Räumen ein hoher Stellenwert zu. Im Kreis Heinsberg wird dieses Bewusstsein im Rahmen der regionaltypischen und vielbesuchten Märkte gut sichtbar. Zu nennen sind das Spargelfest, der Historische Flachsmarkt sowie der Schlemmermarkt. Hinzu kommen zahlreiche Stadt- und Schützenfeste in vielen Orten des Kreisgebietes, im Jahr 2000 sogar das Bundesschützenfest in Erkelenz. Zudem haben 1999 diverse Museumsausstellungen, Konzert- und Theaterveranstaltungen sowie Vorträge bzw. Lesungen das Spektrum kultureller Veranstaltungen abgerundet.

Um das Kulturangebot des Kreises Heinsberg quantitativ besser einschätzen zu können, wurden die nordrhein-westfälischen Nachbarkreise in die Untersuchung mit einbezogen. Allerdings lassen diese Ergebnisse, das sei ausdrücklich betont, keinerlei Rückschlüsse auf die Qualität der jeweiligen Einrichtungen und Veranstaltungen zu.

5 Kulturelle Einrichtungen und kulturelle Veranstaltungen in benachbarten Regionen

Generell gilt, dass die Arten der Heinsberger Kultureinrichtungen durchaus mit denen benachbarter Räume in Nordrhein-Westfalen vergleichbar sind. Zahlreiche Burgen, Schlösser, Kirchen, Mühlen sowie Bodendenkmäler kennzeichnen auch den Erftkreis sowie die niederrheinischen Kreise. Diese Gunstlage hat der Kreis Heinsberg z. B. im Jahr 1999 genutzt, als der Radwanderweg, die sog. "Niederrheinroute" in sein Gebiet verlängert wurde. Damit findet eine sinnvolle kulturräumliche Vernetzung statt. Industriedenkmäler treten besonders in den Kreisen Viersen und Wesel hervor. Reste mittelalterlicher Stadtbefestigungen sowie Museen sind dagegen relativ gleich verteilt.

Darüber hinaus sollte das regionale Museumsangebot im Bundesvergleich betrachtet werden (vgl. Abb. 5). Mit Abstand die meisten Sammlungen entfallen auf die Bundesländer Baden-Württemberg und Bayern. Mit 602 Einrichtungen rangiert Nordrhein-Westfalen an dritter Stelle. Diese Reihenfolge ändert sich jedoch, wenn man das Angebot mit der Nachfrage vergleicht. Dann zeigt sich nämlich für Nordrhein-Westfalen eine überdurchschnittliche Akzeptanz, die lediglich von den Stadtstaaten Berlin und Hamburg übertroffen wird.

Abb. 5: Museen in Deutschland (1998)

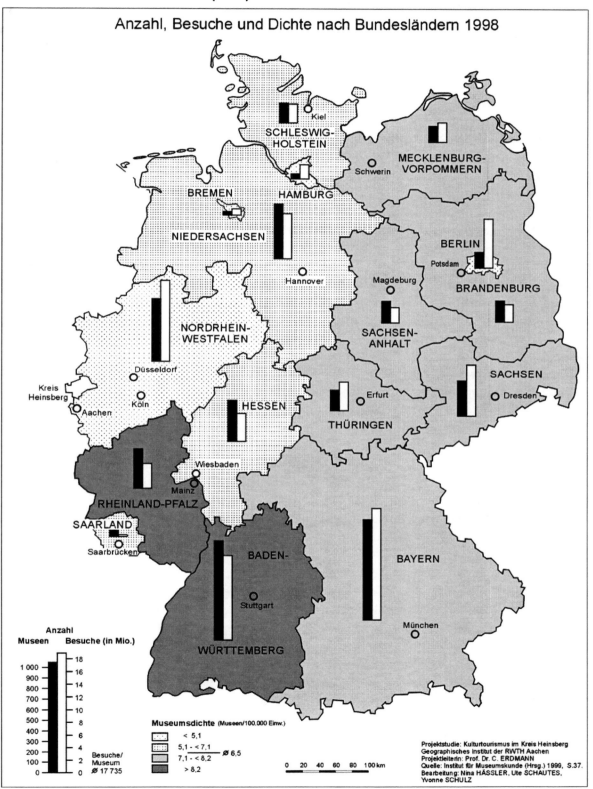

Bezüglich der Museumsdichte, d. h. der Relation zwischen Anzahl der Museen und Einwohnern, rangiert Nordrhein-Westfalen unter den Flächenländern an letzter Stelle. Demnach existiert in diesem Bundesland ein erfolgversprechender Markt für weitere attraktive Museen.

Betrachtet man die Anzahl der kulturellen Veranstaltungen im Kreis Heinsberg, dann wird das geringe Aufkommen im Vergleich zu den Nachbarkreisen offensichtlich. Da sich gerade kulturelle Ereignisse - zusätzlich zur touristischen Nachfrage - an die Bewohner richten, wurde flächenmäßig die Veranstaltungsdichte, d. h. Zahl der Veranstaltungen je 1.000 Einwohner, untersucht. Und auch hier wird offensichtlich, dass Heinsberg mit weniger als eins den niedrigsten Wert erreicht. Die Stadt Aachen z. B. hatte dagegen das Zehnfache zu bieten. Es stellt sich also für Heinsberg die Frage, ob man nicht künftig häufigere Kulturevents anstreben sollte.

Es sollte jedoch auf die eingeschränkte Aussagekraft dieser Erhebung hingewiesen werden. Meistens mussten die einzelnen Gemeinden kontaktiert werden, und nicht immer handelte es sich um vollständige Angaben. Bei gänzlich fehlenden Antworten blieb nichts anderes übrig, als auf andere Quellen wie Internet oder Informationsbroschüren zurückzugreifen. Die Nachteile einer viel zu geringen Koordination kommen also zum Ausdruck. Und diese ist, wie man weiß, für einen erfolgreichen Tourismus eine (wenn nicht sogar die entscheidende) Voraussetzung.

6 Angebot und Nachfrage des Beherbergungsgewerbes im Kreis Heinsberg und in nordrhein-westfälischen Nachbarregionen

Das Beherbergungsgewerbe lässt sich nach Anzahl, Größe, Art sowie Auslastung seiner Betriebe differenzieren.[6] Mehr als 100 Betriebe (ab 9 Betten) entfallen auf die Kreise Aachen, Kleve sowie auf den Erftkreis, während die kreisfreien Städte Aachen, Mönchengladbach, Krefeld und Duisburg nur halb so viele Unternehmen verzeichnen (vgl. Abb. 6). Allerdings verweist die unterschiedliche Säulenbreite, die durch die mittlere Bettenzahl bestimmt wird, auf die Tatsache, dass die kreisfreien Städte in der Regel über größere Betriebseinheiten verfügen als die Landkreise. Damit verbunden ist eine zumeist höhere Auslastung. Mit weit über 50% der Betten dominieren - wie generell in Deutschland - die Hotels bzw. Hotels Garni. Darüber hinaus entfällt ein erheblicher Anteil der Kapazität in den ländlichen Kreisen auf Erholungsheime bzw. Jugendherbergen. In Bad Aachen spielen zudem die Sanatorien eine wichtige Rolle. Der Kreis Heinsberg zeigt klare Angebotsschwächen. Seine geringe Betriebszahl geht mit niedrigen Betriebsgrößen einher. Nach dem Kreis Düren (24%) verzeichnet er mit knapp 30% die geringste Bettenauslastung.

Diese ungünstige Position bestätigt sich bei der Nachfragestruktur (vgl. Abb. 7). Die Heinsberger Übernachtungszahlen waren die geringsten im Untersuchungsraum. Im Unterschied zu den generell recht gleichmäßig verteilten ausländischen Gästen (mit einem Anteil von ca. 20%) schwankt die durchschnittliche Aufenthaltsdauer, wobei der Kreis Heinsberg mit 2,4 Tagen im oberen Feld liegt. Dasselbe betrifft allerdings nicht die Fremdenverkehrsintensität, die sich aus dem Verhältnis der Übernachtungen zu den Einwohnerzahlen errechnet. Hier lässt der Kreis Heinsberg wieder den mit Abstand niedrigsten Wert erkennen (49,4 Übernachtungen/100 Einwohner). Da die amtliche Statistik zwar wesentliche, aber längst nicht alle tourismus- und freizeitrelevanten Aspekte klärt, wurden spezielle Befragungen durchgeführt.[7]

Abb. 6: Kapazität und Auslastung der Beherbergungsbetriebe im Kreis Heinsberg und in benachbarten Regionen (1998/99)

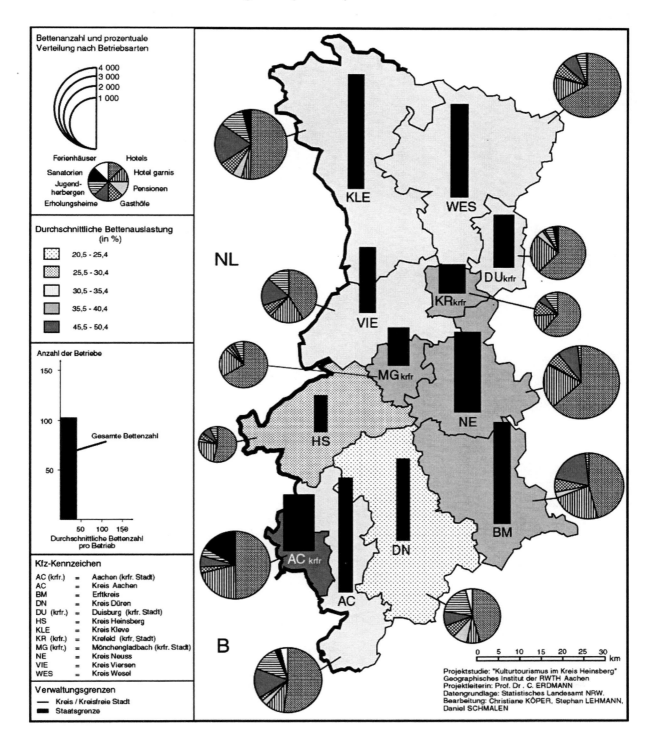

Abb. 7: Fremdenverkehrsintensität und Übernachtungen im Kreis Heinsberg und in benachbarten Regionen (1998/99)

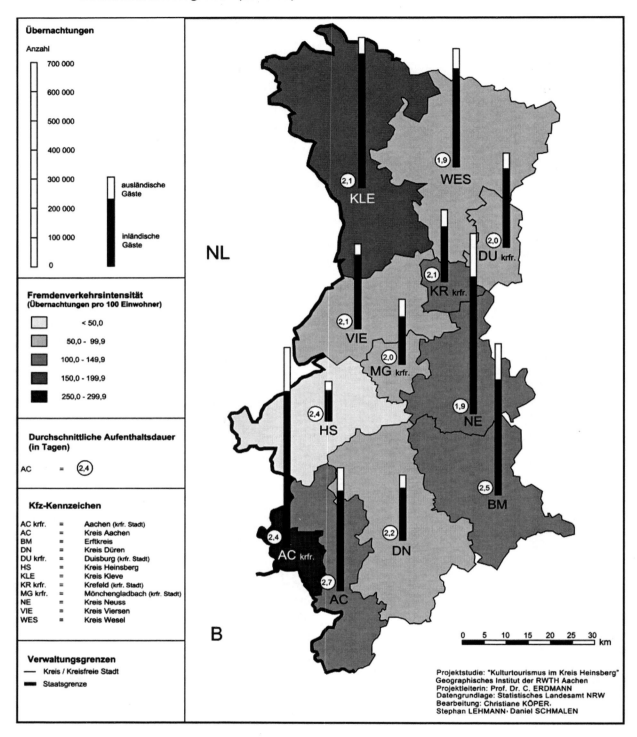

7 Profil von Touristen und Bewohnern im Kreis Heinsberg

Die Touristen kamen zu 86% aus Deutschland und hier insbesondere aus den benachbarten Regionen (vgl. Abb. 8). Weitere 11% stellten die grenznahen Niederländer. Der enge räumliche Einzugsbereich kennzeichnet den Kreis Heinsberg vorrangig als Halbtages- bzw. Tagesausflugsziel. Daher fielen lediglich knapp 17% der Befragten in die Kategorie der Übernachtungsgäste, so dass die amtliche Statistik in diesem Falle nur einen kleinen Teil der touristischen Nachfrage widerzuspiegeln vermag.

Der kurzen Aufenthaltsdauer entsprechen die geschätzten Tagesausgaben, denn sie wurden mehrheitlich mit unter 50 DM pro Person angegeben (ohne Fahrt- und Beherbergungskosten).

Der enge räumliche Einzugsbereich, aber auch der hohe Zufriedenheitsgrad erklären, dass sich nur einige Gäste (22%) dort zum ersten Mal aufhielten. Mehrheitlich kannten sie also bereits ihr Ausflugsziel, viele sogar so gut, dass sie die Besuche gar nicht mehr zu zählen vermochten.[8] Sie dürfen somit als Stammgäste bezeichnet werden, denen entweder das Gebiet seit langem vertraut ist oder die durch eine Mund-zu-Mund-Propaganda darauf aufmerksam wurden. Das Marketing über die Medien zeigt offensichtlich noch eine geringe Wirkung.

Die meisten reisten im Familienverband mit Kindern oder in Begleitung des Partners bzw. von Freunden an (vgl. Abb. 9). Nur wenige kamen alleine, blieben dann aber länger. Lediglich drei Mitglieder von Reisegruppen konnten erfasst werden, so dass die individuelle Planung offenbar überwiegt.

Dazu passt, dass mehr als 90% der Touristen den eigenen Pkw für die Anreise benutzten. Davon mochte man auch bei künftigen Besuchen nicht abweichen. Denn es herrschte allgemeine Zufriedenheit mit den vorgefundenen Verkehrsverhältnissen, obwohl sich einige über Radarfallen, die schlechte Beschilderung und die Parkplatzsituation ärgerten. Im Zielgebiet angekommen, ließ aber dann doch rund ein Viertel das Auto stehen. Während die öffentlichen Verkehrsmittel so gut wie gar keine Rolle spielten - sowohl Taktzeiten als auch Preise erhielten die Schulnote "noch befriedigend" -, bewegten sie sich stattdessen zu Fuß fort oder nutzten ihr Fahrrad. Immerhin kannten knapp 30% das Radwegenetz aus eigener Erfahrung. Sie zeigten sich durchaus beeindruckt und verteilten der Beschilderung gute Noten.

Besonders aufschlussreich sind die Aufenthaltsgründe der Gäste. Heraus ragten die besonderen Märkte. Mit deutlichem Abstand folgten Besuche bei Freunden und Verwandten, das Hochwild-Freigehege in Gangelt sowie die Selfkantbahn. Kulturelle oder sportliche Gründe sind dagegen kaum erwähnenswert.

Beim Freizeitverhalten der Bewohner zeigen sich auffällige Ähnlichkeiten. Die befragten Heinsberger leben in der Regel seit ihrer Geburt oder seit mehr als zehn Jahren im Kreisgebiet. Ihr regionaler Kenntnisstand beruht also auf langjähriger Erfahrung und ist entsprechend zuverlässig.

Fast alle bewegen sich innerhalb des Kreisgebietes generell mit dem eigenen PKW fort, denn mit den öffentlichen Verkehrsmitteln sind auch sie wenig zufrieden. Lediglich Schüler und Jugendliche steigen häufig auf das Fahrrad. Aber auch die übrigen Altersklassen nutzen dieses Verkehrsmittel zumindest gelegentlich. Hierin äußert sich eine relativ hohe Akzeptanz des weit verzweigten Radwegenetzes, dessen Beschilderung immerhin von zwei Dritteln mit mindestens "gut" bewertet wurde. Zum Zeitpunkt der Interviews - sowie bei sonstigen Ausflügen - waren auch sie mehrheitlich mit dem Partner oder im Familienverband mit Kindern unterwegs.

Abb. 8: Einzugsbereich von Touristen im Kreis Heinsberg

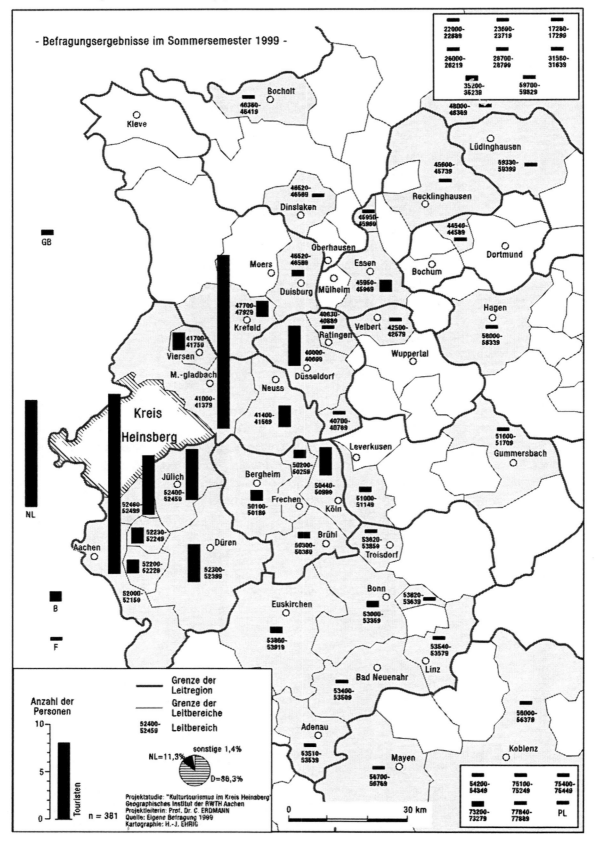

Abb. 9: Begleitung und Verkehrsmittel der Touristen

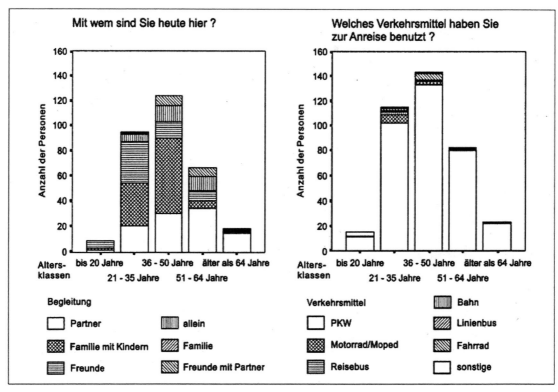

Quelle: Eigene Erhebung 1999

Von den jährlich stattfindenden Märkten zeigten sich die Heinsberger ebenfalls beeindruckt. Offenbar sind diese Ereignisse fest in ihrem Bewusstsein verankert, denn sie waren ihnen entweder "immer schon" bekannt oder wurden durch Verwandte bzw. Freunde darauf aufmerksam. Die Marketinginstrumente zeigen also auch in diesem Fall keine nennenswerte Wirkung.

Abschließend wurden die Bewohner um ihre persönliche Einschätzung bezüglich der touristischen Attraktivität des Kreises Heinsberg gebeten. 44% äußerten sich klar positiv, 38% deutlich negativ und lediglich 2% entschieden sich für "teilweise". Allerdings scheinen 16% bislang noch gar nicht darüber nachgedacht zu haben, denn sie wollten oder konnten keine Meinung äußern. Aufschlussreich ist jedoch eine differenziertere Betrachtung nach Altersgruppen (vgl. Abb. 10). Hier zeigt sich eine steigende Wertschätzung mit dem Lebensalter. 54% der Schüler bzw. Jugendlichen und weitere 41% der bis zu 35-Jährigen hielten das Gebiet aufgrund eigener schlechter Erfahrungen für uninteressant. Sie bemängelten die für sie zu geringe Angebotspalette, waren der Meinung, es wäre "nichts los" und überhaupt wäre alles viel zu langweilig. Die nächsten Altersgruppen dagegen schätzten mehrheitlich das Gebiet als touristisch attraktiv ein und begründeten diese Aussage vor allem mit den Radwander- sowie Wandermöglichkeiten in der ruhigen Natur. Nur wenige erwähnten kulturelle Anziehungspunkte.

Zur Überprüfung des generellen Bekanntheitsgrades touristisch relevanter Angebote sollten beide Gruppen ihnen bekannte Einrichtungen bzw. Veranstaltungen benennen. Dargestellt werden die jeweils drei Bestplatzierten (vgl. Abb. 11). Allenfalls 30% der Touristen konnten sich überhaupt dazu äußern und dies trotz häufiger Aufenthalte. Deutlich besser fiel das Ergebnis bei den Bewohnern aus. Wenn man allerdings bedenkt, dass sie mehrheitlich seit über zehn Jahren dort leben, dann ist der höchste Wert von 67% auch nicht allzu überzeugend. Die räumliche Verteilung der Nennungen zeigt markante Schwerpunkte (vgl. Abb. 12).

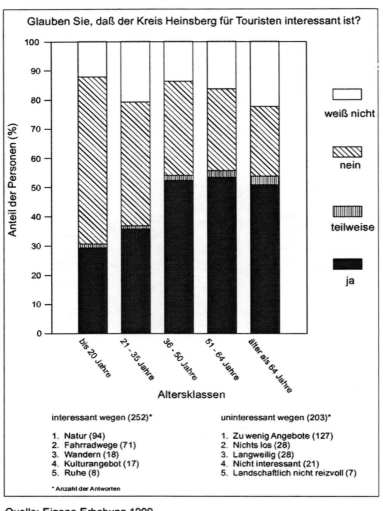

Abb. 10: Touristische Attraktivität des Kreises Heinsberg aus der Sicht der Bewohner

Quelle: Eigene Erhebung 1999

Das Geschäfts-, Gastronomie- und Kinoangebot der Städte Heinsberg und Erkelenz wird offenbar gleichermaßen geschätzt. Dagegen nehmen in Geilenkirchen die Geschäfte und gastronomischen Betriebe zweite und dritte Plätze ein. Die favorisierten kulturellen Einrichtungen und Veranstaltungen zeigen eine breitere Streuung. Bei den Burgen führen Wassenberg, Wegberg und Trips.

Burg Wassenberg ist wegen ihres angeschlossenen Tagungshotels überregional bekannt. Ähnliches gilt für die Wasserburg Wegberg mit ihrer gepflegten Gastronomie. Die imposante, aber leider baufällige Wasserburg Trips liegt inmitten eines beliebten Ausflugsgebietes.

Unter den kulturhistorischen Sammlungen nehmen die Kreismuseen in Heinsberg und Geilenkirchen sowie das Flachsmuseum in Beeck und das Feuerwehrmuseum in Lövenich obere Plätze ein. In einem Falle - nämlich in Beeck - ergibt sich sogar ein erfreulicher Synergieeffekt mit dem jährlich stattfindenden Flachsmarkt, den vor allem Touristen schätzen. Aber auch der Erkelenzer Lambertusmarkt mit seinem Volksfestcharakter, das Spargelfest in Effeld sowie die Selfkantbahn zwischen Schierwaldenrath und Gillrath stehen in ihrer Gunst. Von den Naturgebieten favorisieren beide Gruppen den im nördlichen Kreisgebiet gelegenen Schwalm-Nette-Naturpark. Die Teverner sowie Wester-Heide gehören im südlichen Kreisgebiet zu den weiteren bekannten Naturausflugszielen. Außerdem entschieden sich Touristen und Bewohner für das Hochwild-Freigehege in Gangelt. Sporteinrichtungen, zu denen sich generell die wenigsten äußerten, wurden zwar angegeben, aber nicht lokalisiert.

Abb. 11: Einrichtungen und Veranstaltungen im Kreis Heinsberg aus der Sicht von Touristen und Bewohner

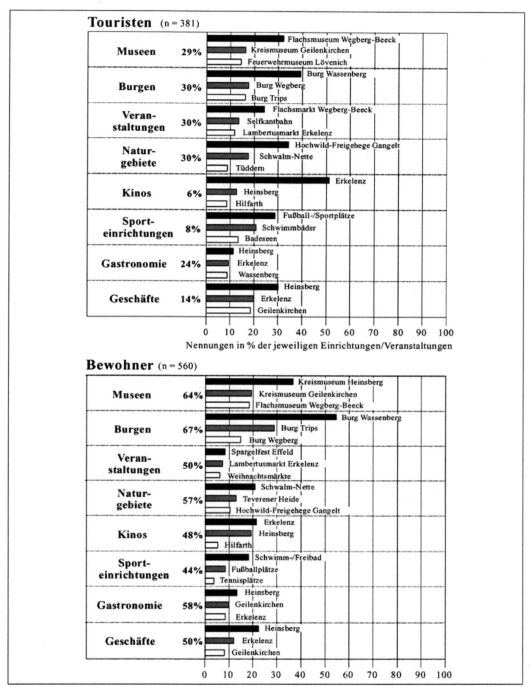

Quelle: Eigene Erhebung 1999

Abb. 12: Beliebtheitsgrad von Einrichtungen und Veranstaltungen im Kreis Heinsberg

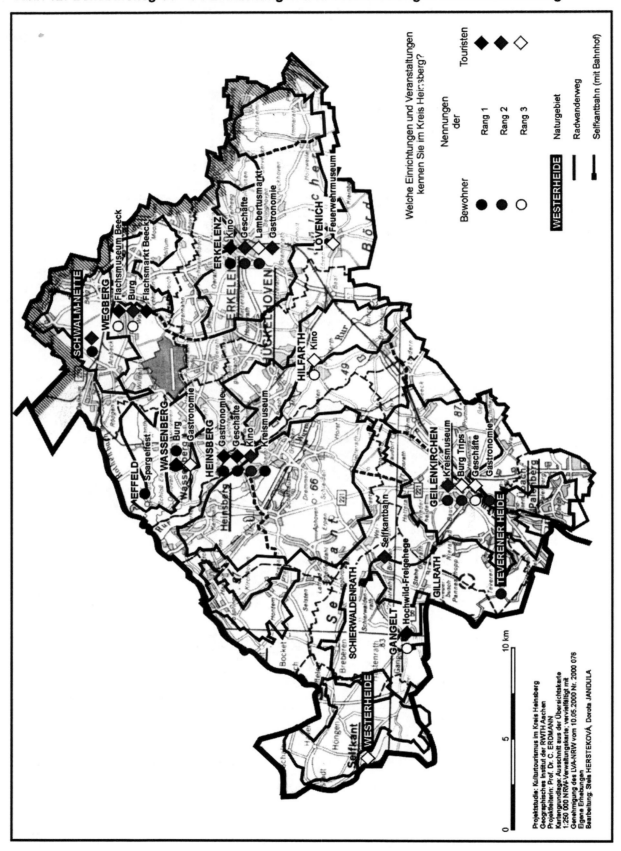

Welches Image hat nun der Kreis Heinsberg aus der Sicht seiner Gäste und seiner Bewohner? Zu Beginn der Befragung sollten solche Stichworte genannt werden, die man mit der Region verbindet. Erfreulich war, dass nur wenige Interviewteilnehmer (15%) mit dieser Frage überhaupt nichts anzufangen wussten.

Tab. 1: Welche Stichworte fallen Ihnen spontan zum Kreis Heinsberg ein?

Bewohner*	%	Touristen*	%
1. Ländlich	15	1. Spargel	12
2. Natur	10	2. Ländlich	9
3. Nähe zu NL/ Grenzgebiet	8	3. Selfkantbahn	8
4. Landschaft	8	4. Flaches Land	8
5. Spargel	7	5. Flachsmarkt	6

* Anteil der Nennungen
Quelle: Eigene Erhebung. Projektstudie des Geographischen Instituts der RWTH Aachen

Generell dominieren allgemeine Äußerungen - also solche Merkmale, die auf sehr viele Gebiete in Deutschland zutreffen dürften (vgl. Tab. 1). Lediglich der regionaltypische Spargel wurde von beiden Gruppen genannt. Den Touristen ist er offenbar sehr wichtig, den Bewohnern wohl vertrauter. Die Heinsberger nannten zwar zusätzlich die Nähe zu den Niederlanden, aber keine kulturellen Charakteristika. Den Touristen dagegen fielen immerhin zwei derartige Highlights ein - die Selfkantbahn und der Flachsmarkt. Es zeigt sich also, dass das Image des Kreises Heinsberg doch eher die vage Vorstellung des ländlichen Raumes als dessen zweifellos vorhandene kulturlandschaftliche Eigenart betrifft. Hier sollte das touristische Marketing künftig noch stärker ansetzen.

8 Empfehlungen für einen langfristig erfolgreichen Kulturtourismus im Kreis Heinsberg

Den vielseitigen Vorzügen stehen weiterhin zahlreiche Defizite gegenüber. Künftig sollte es darum gehen, unter Minimierung der Schwächen die Stärken maximal zu nutzen.

Aufgrund der generell bislang viel zu geringen Beachtung des Kulturerbes besteht in dieser Hinsicht vorrangiger Handlungsbedarf. Eine künftig effektivere Inwertsetzung lässt nämlich durchaus eine entsprechende Akzeptanz erwarten. Dafür spricht der heute schon vorhandene hohe Beliebtheitsgrad, den einige kulturelle Einrichtungen und Veranstaltungen bei Touristen und Bewohnern gleichermaßen genießen. Aber dies ist noch viel zu wenig angesichts der quasi im Verborgenen schlummernden Vielfalt.

Momentan führt der Heinsberger Tourist Service im Rahmen seines Projektes "Kulturtouristische Erschließung des Kreises Heinsberg" eine bewertende Inventarisierung für das gesamte Kreisgebiet durch. Nach deren Abschluss wird man genauer wissen, welche Bau- und Bodendenkmäler oder sonstige Einrichtungen unter den gegebenen Möglichkeiten stärker gefördert und vermarktet werden können.

Grundsätzlich sollten die kulturellen Angebote stärker an der Zielgruppe "Familie mit Kindern" orientiert werden. Hier besteht ein großes Potential, da sich - wie erwähnt - der Kreis Heinsberg zu einem bevorzugten Wohnstandort gerade für junge Familien entwickelt hat und zudem die nachgewiesenen Gästestrukturen in dieselbe Richtung weisen. Es wird also vornehmlich darauf ankommen, Kultur auch für Kinder und Jugendliche erlebbar zu machen. Das heißt aber auch, dass das kulturlandschaftliche Bewusstsein und Interesse bei Gästen und Bewohnern gleichermaßen geweckt werden muss. Nur dann, wenn alle beteiligten Akteure künftig gemeinsame Strategien konsequent verfolgen, wird eine effektive Zielumsetzung gelingen können.

Damit ist der Rahmen für die übergreifenden Maßnahmen gesetzt. Sie beginnen bei der noch zu leistenden systematisch bewertenden Bestandsanalyse, führen über eine zusätzliche Entwicklung attraktiver Angebote mit hohem Erlebniswert zur Schaffung weiterer regionaltypischer, auch für Busunternehmen nutzbarer Pauschalangebote. Neben der fortzuführenden thematischen Vernetzung von Einzelobjekten durch Lehrpfade und Kulturrouten bietet sich insbesondere eine häufigere Verbindung von kulturellen Einrichtungen und Veranstaltungen an. Denn nicht nur Kinder und Jugendliche lassen sich von "lebendigen historischen Gebäuden" faszinieren. Dafür spricht das schnell wachsende Teilsegment der Kultur-Events (vgl. FREYER 1996, S. 211).

Prinzipiell sollten nach ROMEIß-STRACKE[9] im Kulturtourismus "Emotionalisierung und Thematisierung, Transzendenzerfahrung und spiritueller Mehrwert, Inszenierung und Ironie, Interaktion und Kommunikation, Mischung von Alt und Neu sowie eine sinnvolle Kommerzialisierung" miteinander verknüpft werden.

Im Kreis Heinsberg sind generell vermehrte Anstrengungen zur Reduzierung des absolut vorherrschenden Individualverkehrs erforderlich. Neben einer Verbesserung der Taktzeiten und auch für Familien akzeptabler Tickets im ÖPNV wäre eine vermehrte Nutzung des optimal ausgestatteten Radwandernetzes sehr wünschenswert. Dies könnte beispielsweise durch eine generelle Mitnahme von Fahrrädern in Linienbussen, aber auch durch kulturelle Pauschalangebote für individuell sowie in Gruppen reisender Radfahrer erreicht werden.

Zudem erscheint derzeit das Angebot für Wanderreiter, die häufig den Kulturbegeisterten zuzurechnen sind, ausbaufähig. Ein eigenes Reitwanderwegenetz könnte in Verbindung mit der erforderlichen Infrastruktur bei Gastronomie und Beherbergung dem Heinsberger Kulturtourismus zusätzliche Attraktivität verleihen.

Denkt man an die Einzelobjekte, dann würde es Familien sicher freuen, wenn typische Motten mit solchen Informationstafeln versehen wären, die Kinder und Jugendliche noch mehr ansprechen. In diesem Zusammenhang wäre auch die Rekonstruktion einer Motte mit Burg und Vorburg als sinnvolle Maßnahme vorstellbar. Restaurierte Burgen bzw. Schlösser dürften für Tourismus und Freizeit reizvoller sein, wenn deren qualitativ hochwertige Gastronomie oder Beherbergung den Rahmen für Tages- und Abendfeste in territorialhistorischem Kontext bieten würde. Dass derartige Veranstaltungen eine große Resonanz finden, dafür gibt es zahlreiche Beispiele. Die im Kreisgebiet hauptsächlich auf den Bergbau bezogenen Industriedenkmäler bedürfen ebenfalls der Restaurierung und könnten im Rahmen von Bergmannsfesten stärker touristisch akzeptiert werden.

Die zweifellos authentischen Museen würden ihre Wirkung mit einer computeranimierten, systematischen Präsentation ebenso steigern wie mit einer deutsch-niederländischen Beschriftung der Exponate. Darüber hinaus sollte man sich stärker bemühen, die Sammlungen auch für Körperbehinderte zugänglich zu machen. Und schließlich wäre über die Eröffnung eines Kindermuseums nach dem Motto "Learning-by-Doing" nachzudenken. Eine solche Einrichtung fehlt nämlich bislang im weiten Umfeld.

In Berlin z. B. genießt das Kindermuseum eine hohe Besucherakzeptanz. Grundsätzlich gilt es nämlich, „das Museumsangebot nicht nur für den gelehrten Kenner, den Connaisseur zu schaffen, sondern das Museum auch für den konsumorientierten und konsumerprobten Flaneur zu öffnen" (JACOBS 1999, S. 29). Dass sich derartige Anstrengungen lohnen, dafür liefert z. B. das Zeppelin Museum Friedrichshafen einen eindrucksvollen Beweis (vgl. MEIGHÖRNER 2000, S. 251-263).

Bei den kulturellen Veranstaltungen wird es wohl in Zukunft vor allem auf vermehrte Angebote für Kinder und Jugendliche - wie Konzerte und Theater - ankommen. Zudem könnten die bestehenden regionaltypischen Märkte durch gelungene Abendveranstaltungen ihre Gäste zu einer verlängerten Aufenthaltsdauer bewegen. Aber auch weitere jährlich stattfindende Märkte mit regionalem Bezug - wie Inszenierungen territorialhistorischer Ereignisse - sind durchaus denkbar.

Die genannten, sicher noch erweiterbaren Einzelmaßnahmen sind dann besonders erfolgreich, wenn sie in ein gesamtkulturtouristisches Konzept eingebunden werden. SCHILD (1999, S. 25) fordert nachdrücklich das Vorhandensein permanenter und fließender Schnittstellen zwischen Kultur und Tourismus. In diesem Zusammenhang sollte zudem die grenzüberschreitende Zusammenarbeit - eines der wesentlichen Handlungsfelder der NRW-Tourismuspolitik[10] - gestärkt und intensiviert werden.

Eine konsequente Weiterverfolgung der aufgezeigten Strategien sowie eine am Markt orientierte systematische Umsetzung der Maßnahmen dürfte dem Kreis Heinsberg jene positiven Regionaleffekte eröffnen, die generell für den eingangs dargestellten Kulturtourismus gelten.

Literatur

BECKER, Chr. (1993): Kulturtourismus: Eine Einführung. In: BECKER, Chr./STEINECKE, A. (Hrsg., 1993): Kulturtourismus in Europa: Wachstum ohne Grenzen? Trier. S. 8. (= ETI-Studien. Bd. 2).

FORSCHUNGSGRUPPE TOURISMUS AACHEN, Leitung: Werner Kreisel (1994): Fremdenverkehrs- und Freizeitmöglichkeiten im Kreis Heinsberg. Aachen. Unveröffentlichtes Gutachten.

AACHENER ZEITUNG (15.02.2000): Fortschreibung des Struktur- und Entwicklungsgutachtens für den Kreis Heinsberg. Nach der Kohle geht es weiter: Dienstleister schaffen neue Jobs.

FREYER, W. (1996): Event-Management im Tourismus - Kulturveranstaltungen und Festivals als touristische Leistungsangebote. In: DREYER, A. (Hrsg., 1996): Kulturtourismus. München/Wien. S. 211-242.

HARRER, B./ZEINER, M. u. a. (1995): Tagesreisen der Deutschen. Struktur und wirtschaftliche Bedeutung des Tagesausflugs- und Tagesgeschäftsreiseverkehrs in der Bundesrepublik Deutschland. München. (= Schriftenreihe des DWIF. H. 46).

INSTITUT FÜR FREIZEITWIRTSCHAFT (Hrsg., 1998): Zielgruppen in der Freizeit bis 2005. München.

INSTITUT FÜR MUSEUMSKUNDE (Hrsg., 1999): Statistische Gesamterhebung an den Museen der Bundesrepublik Deutschland für das Jahr 1998. Berlin. (= Materialien aus dem Institut für Museumskunde. H. 52).

JACOBS, H. M. (1999): Zusammenfassung - Kultur als Kulisse für den Tourismus. In: Sport und Kultur im touristischen Fokus. Chancen und Perspektiven des Sport- und Kulturtourismus in Nordrhein-Westfalen. Arbeitsbericht. 7. Tourismustag NRW. 26.09.99 in Wesel. Düsseldorf. S. 29.

LANDESAMT FÜR DATENVERARBEITUNG UND STATISTIK NORDRHEIN-WESTFALEN (Hrsg., 1999): Bevölkerung der Gemeinden Nordrhein-Westfalens am 30. Juni 1999. Düsseldorf. (= Statistische Berichte).

LANDESAMT FÜR DATENVERARBEITUNG UND STATISTIK NORDRHEIN-WESTFALEN (Hrsg., 1998/99): Beherbergungsstatistik. September 1998/August 1999. Düsseldorf.

MEIGHÖRNER, W. (2000): Zeppelin Museum Friedrichshafen - ein traditionelles Museum auf neuen Wegen. In: STEINECKE, A. (Hrsg., 2000): Erlebnis- und Konsumwelten. München/Wien. S. 251-263.

MINISTERIUM FÜR WIRTSCHAFT, MITTELSTAND UND TECHNOLOGIE DES LANDES NORDRHEIN-WESTFALEN (Hrsg., 1994): Tourismus in Nordrhein-Westfalen. Leitlinien und Handlungsfelder. Düsseldorf.

OPASCHOWSKI, H.W. (2000): Qualität im Tourismus. Erwartungen, Angebote und Realität. Hamburg. S. 57.

PINZEK, E. (1998): Kostbares und Schönes im Kreis Heinsberg. Kunstwerke und Baudenkmäler. Heinsberg.

SCHILD, H.H. (1999): Die Verknüpfung von Kultur und Tourismus in der Region Bonn. In: Sport und Kultur im touristischen Fokus. Chancen und Perspektiven des Sport- und Kulturtourismus in Nordrhein-Westfalen. Arbeitsbericht. 7. Tourismustag Nordrhein-Westfalen. 26.09.99 in Wesel. Düsseldorf. S. 25.

ROMEIß-STRACKE, F. (1999): "Renaissance" - Ein innovatives Tourismusprodukt für Deutschland und Europa. Vortrag im Rahmen des Städte- und Kulturforums 1999 des Deutschen Tourismusverbandes. 08./09.11.1999 in Hannover.

SCHREIBER, T. (1998): Der Kreis Heinsberg. In: KREISSPARKASSE HEINSBERG (Hrsg., 1998): 1898 bis 1998 Kreissparkasse Heinsberg. Die Sparkasse und ihr Jahrhundert. Erkelenz.

TOURISMUSBÜRO KREISEL, Leitung: Bettina Kreisel (2000): Gemeinde Gangelt. Touristisches Konzept. Aachen (unveröffentlichtes Gutachten).

VON MOLTKE, H. (1993): Vorwort. In: BECKER, Chr./STEINECKE, A. (Hrsg., 1993): Kulturtourismus in Europa: Wachstum ohne Grenzen? Trier. S. 3-4. (= ETI-Studien. Bd. 2).

WEISSENBORN, B. (1997): Kulturtourismus. Trier. (= Trierer Tourismus Bibliographien. Bd. 10).

---

[1] Ergebnisse einer Projektstudie im Rahmen des Studienschwerpunktes "Tourismus", die auf dem Stand des Geographischen Institutes der RWTH Aachen im Wissenschaftszentrum während der Internationalen Tourismusbörse (ITB) in Berlin vom 11.-15.03.2000 vorgestellt wurden. Diese einjährige Lehrveranstaltung wurde auf Anregung und unter substantieller Beteiligung von Frau Patricia MEES, Geschäftsführerin des Heinsberger Tourist-Service e. V. und von Frau Dr. Rita MÜLLEJANS-DICKMANN, Leiterin der Heinsberger Kreismuseen durchgeführt. Studentische TeilnehmerInnen waren: Dror BAR-LEV, Angelika BÖHM, Fritjof BÖRSTLER, Nina HÄßLER, Jens HAUSER, Stela HERSTEKOVÁ, Anne-Kathrin HÖLSCHER, Dorota JANDULA, Judith JESSEN, Norbert KNUR, Christiane KÖPER, Daniela KREGENOW, Stephan LEHMANN, Thomas MÜLLER, Silke RAß, Ute SCHAUTES, Daniel SCHMALEN, Yvonne SCHULZ und Ralf WENDT. - Kartographisch betreuten das Projekt Herr Dipl.-Ing. Hans-Joachim EHRIG und Herr cand. phil. Holger KLIMCZAK. Frau Gabriele TEUTEBERG, wissenschaftliche Mitarbeiterin des Heinsberger Tourist-Service e. V. gab während der Lehrveranstaltung zahlreiche wertvolle Anregungen. Frau Ruth DECKERS, Herr Matthias DECKERS, Herr Helmut ENGELEN, Herr Theodor REUß, Herr Wilhelm SCHRAMM und Frau Liesel WIEGER-SCHLUNGS erklärten sich bereit, die Schülerbefragungen durchzuführen. Für die tatkräftige Unterstützung danke ich herzlich allen am Projekt Beteiligten. - Dieser Beitrag erscheint mit Genehmigung des Verlages ebenfalls im Tourismus Jahrbuch Heft 2.2000.

[2] LANDESAMT FÜR DATENVERARBEITUNG UND STATISTIK NRW [Hrsg.]: Bevölkerung der Gemeinden Nordrhein-Westfalens am 30.06.99.

[3] AACHENER ZEITUNG (15.02.2000): Fortschreibung des Struktur- und Entwicklungsgutachtens für den Kreis Heinsberg.

[4] Weitere 1.000mm-Schmalspurbahnen: Historische Eisenbahn Rommerskirchen - Oekoven und Museums-Eisenbahn Minden, Gillbachbahn (Schmalspur 600mm).

[5] Kreismuseen (Heinsberg, Geilenkirchen), Rheinisches Feuerwehrmuseum (Erkelenz-Lövenich), Historisches Klassenzimmer (Geilenkirchen), Bergbaumuseum Hückelhoven, Bauernmuseum Selfkant (Tüddern), Gerhard-Tholen-Stube (Waldfeucht) und Flachsmuseum Beeck.

[6] LANDESAMT FÜR DATENVERARBEITUNG UND STATISTIK NRW (Hrsg., 1998/99): Beherbergungsstatistik. September 1998 bis August 1999.

[7] Befragung von 381 Touristen, d. h. außerhalb des Kreisgebietes wohnende Personen, sowie 560 Bewohnern an acht ver-schiedenen Terminen zwischen Mai und September 1999: 13.05.99 (Christi Himmelfahrt mit Spargelfest in Effeld), 23.05.99 (Pfingstsonntag mit Pfingstkirmes in Geilenkirchen), 03.06.99 (Fronleichnam mit Lambertusmarkt in Erkelenz), 08.06.99 (Ausstellungseröffnung im Kreismuseum Heinsberg), 12.06.99 (Samstag) sowie anlässlich der besonderen Märkte: 01.08.99 (Schlemmermarkt in Wassenberg), 25. und 26.09.99 (Historischer Flachsmarkt in Wegberg-Beeck). - Außerdem fanden an drei verschiedenen Schulen unterschiedlicher Typen 394 schriftliche Interviews mit Schülern statt. Deren Ergebnisse fließen ebenso wie die Meinungen von 61 Bewohnern in Seniorenheimen in die Untersuchung mit ein.

[8] 29,7% mit mehr als zehn Besuchen und weitere 9,2% ohne Angaben zur Besuchshäufigkeit.

[9] "Renaissance" - Ein innovatives Tourismusprodukt für Deutschland und Europa. Vortrag im Rahmen des Städte- und Kulturforums 1999 des Deutschen Tourismusverbandes. 08./09.11.1999 in Hannover.

[10] MINISTERIUM FÜR WIRTSCHAFT, MITTELSTAND UND TECHNOLOGIE DES LANDES NORDRHEIN-WESTFALEN (Hrsg., 1994).

Multiplex-Kinos als neues Angebotselement im Freizeitmarkt

Elke Freitag/Andreas Kagermeier

Einleitung: Trends im Freizeitmarkt

Von Musical-Theatern und multifunktionalen Großveranstaltungshallen über Spaß- und Erlebnisbäder, Freizeitparks und Brand Lands bis hin zu Alpin-Ski-Hallen reicht das Angebot kommerziell ausgerichteter Freizeitgroßeinrichtungen, die in den letzten Jahren einen deutlichen Zuwachs erfahren haben. Zu diesen neuen Angebotsformen im Freizeitmarkt gehören auch die seit Anfang der 1990er Jahre in Deutschland entstandenen Multiplex-Kinos, durch die ein Strukturwandel in der Kinolandschaft eingeleitet wurde, so dass nach mehr als drei Jahrzehnten rückläufiger Entwicklungstendenzen in der deutschen Kinobranche eine Trendumkehr bei den Besucherzahlen stattfand.

Dabei entsprechen die Multiplex-Kinos dem Mega-Trend im Freizeitmarkt. Dieser ist auf der Angebotsseite gekennzeichnet von:
- einer verstärkten Tendenz zur Kommerzialisierung des Angebotes,
- einer Internationalisierung und Professionalisierung verbunden mit
- einer Veränderung der Betreiberstrukturen (hin zu Filial- und Franchiseformen),
- Schaffung neuer bzw. Modifikation bestehender Angebotsformen und
- Ausrichtung der Anlagen an thematischen Konzepten sowie der
- Trend zur Multifunktionalität der Einrichtungen durch Anreicherung mit zusätzlichen Unterhaltungs- und Konsumangeboten zur Erhöhung der Erlebnisqualität und der Attraktivität (vgl. z. B. bei FRANCK 1999).

Gleichzeitig entsprechen Freizeitgroßeinrichtungen auch Trends auf der Nachfrageseite, wie
- einer verstärkten Erlebnisorientierung,
- dem Wunsch nach Produktsicherheit verbunden mit einem ausgeprägten Markenbewusstsein sowie
- einer Verkürzung von Freizeitinteressenszyklen (vgl. auch den Beitrag von STEINECKE in diesem Band bzw. STEINECKE 2000).

Multifunktionale Angebotsformen mit einem hohen internen Koppelungspotential, die es einerseits ermöglichen, an einem Ort unterschiedlichste Freizeit- und Konsumbedürfnisse nachzufragen und gleichzeitig dem Bedürfnis nach reproduzierbaren, immer wieder in gleicher Qualität erfahrbaren Erlebnissen nachzukommen, werden inzwischen von einer großen Zahl der Konsumenten nachgefragt und aus Nachfragersicht überwiegend positiv bewertet (vgl. Tab. 1), so dass die von STEINECKE (2000) formulierte Prognose, diese Einrichtungen würden zu den neuen Bühnen des freizeitorientierten Konsums im 21. Jahrhundert, durchaus berechtigt erscheint.

Ziel des Beitrages ist es, die Ausbreitung der Multiplex-Kinos als einer dieser neuen Angebotsformen im Freizeitmarkt und deren aktuelle Marktposition bzw. -situation zu skizzieren. Anhand von Ergebnissen einer Besucherbefragung in drei Multiplex-Kinos werden einerseits Implikationen für die Stadtentwicklung diskutiert und andererseits anhand eines Besucherprofils zentrale Aspekte des Nachfragemusters herausgearbeitet.

Tab. 1: Nutzung und Bewertung künstlicher Freizeit- und Erlebniswelten

	Besucheranteil in %	Durchschnittsnote
Open-Air-Event	19	1,5
Musical	21	1,6
Großkino (Multiplex)	26	1,7
Erlebnisbadelandschaften	34	1,8
Freizeit-/Erlebnispark	37	1,9
Erlebniseinkaufscenter	41	2,2

Quelle: OPASCHOWSKI 1998, S. 34

1 Die Diffusion der Multiplex-Kinos im Kinomarkt

Unter Multiplex-Kinos werden zumeist Kinos mit mindestens sieben Sälen (vgl. BÄHR 1996, S. 1) und einer Mindestsitzplatzkapazität von 1.500 (vgl. BÄHR 1997, S. 60) verstanden. Neben der reinen Größendimension zeichnen sich Multiplex-Kinos auch durch qualitative Ausstattungsmerkmale wie Bestuhlung, Vorführtechnik und Service aus. Ein weiteres wichtiges Kriterium sind ergänzende gastronomische und andere Freizeitangebote im gleichen Haus, die darauf abzielen, den Kinobesuch mit einem multifunktionalen Erlebnischarakter zu versehen und die Aufenthaltsdauer der Besucher zu verlängern (vgl. Junker und Kruse/RMC medien consult 1998, S. 9f.). So werden z. B. vom Ministerium für Arbeit, Soziales und Stadtentwicklung, Kultur und Sport des Landes Nordrhein-Westfalen (MASSKS) folgende qualitative Elemente für ein Multiplex-Kino genannt:

- zusammenhängend geplanter und verwalteter Kinokomplex,
- mit mehreren unterschiedlich dimensionierten Kinosälen, (...)
- mit täglich mehreren Filmvorführungen und gestaffelten Anfangszeiten,
- mit ergänzenden gastronomischen und anderen dienstleistungsbezogenen Nutzungen,
- mit Komfortbestuhlung in einem Mindestabstand von 1,10 m, die wie in einem Amphitheater im Neigungswinkel von 15 Grad angeordnet ist,
- mit großen gekrümmten Leinwänden, die für die gängigen Projektionsformate geeignet sind,
- mit Vorhang, Bildrandabdeckung (Kasch), Bühnen- und Vorhangbeleuchtung, Gong und
- mit einer Tonwiedergabe von hoher Qualität (MASSKS 1999, S. 12).

Abb. 1: Neueröffnungen von Multiplex-Kinos in Deutschland (1990 bis 30.6.2000)

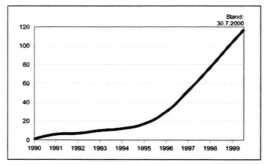

Quelle: FFA 2000b

Nachdem in den USA im Jahr 1976 die ersten Kinos dieser Art gebaut worden sind und die europäische Markteinführung 1985 in Großbritannien erfolgte, eröffnete der amerikanische Kinokonzern UCI 1990 in Hürth bei Köln das erste Multiplex-Kino Deutschlands (vgl. WEISS 1998, S. 21).

Nach einer zunächst etwas zögernden Ausbreitung dieser Angebotsform ist seit Mitte der 1990er Jahre ein regelrechter Boom zu beobachten, ohne dass bislang Abschwächungstendenzen festzustellen sind (vgl. Abb. 1). Insgesamt hatten bis Ende Juli 2000 117 Multiplex-Kinos in Deutschland eröffnet.

In Abb. 2 ist die räumliche Verteilung der Kinos in der Bundesrepublik - differenziert nach dem Eröffnungszeitpunkt - dargestellt. In der ersten Phase bis 1994 nahm die Diffusion im Ruhrgebiet und einigen wenigen weiteren Großstädten (Frankfurt, Hannover, Berlin, Leipzig, München) ihren Anfang.

Abb. 2: Räumliche Verteilung der Multiplex-Kinos in Deutschland und Eröffnungszeitpunkte

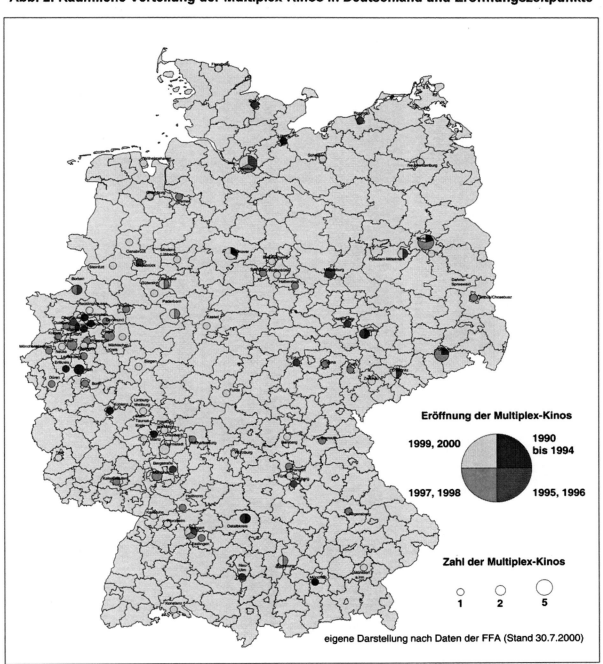

Die Jahre 1995 und 1996 sind (neben Erweiterungen des Angebots in Städten, in denen bereits mindestens ein Multiplex vorhanden war) vor allem durch die Eröffnung von Multiplexen in ostdeutschen Großstädten gekennzeichnet. Charakteristisch für die beiden Jahre 1997 und 1998 ist die verstärkte Entstehung von Multiplex-Kinos in kleineren Großstädten. In den Jahren 1999 und 2000 werden auch Mittelstädte wie Konstanz oder Mühldorf am Inn für den Multiplex-Markt geöffnet.

Damit folgt die Ausbreitung einem klassischen Innovations-Diffusions-Prozess. Ausgehend von den attraktivsten Standorten mit dem größten Besucherpotential werden mehr und mehr auch weniger attraktive Standorte erschlossen. Da inzwischen auch die Potentiale in Mittelstädten als zum großen Teil erschlossen gelten können, ist absehbar, dass die Wachstumsgeschwindigkeit des Multiplex-Marktes in den nächsten Jahren deutlich zurückgehen dürfte.

Neueröffnungen werden mehr und mehr auch zu Konkurrenten für bereits bestehende Multiplexe, so dass der in den ersten Jahren beim Umschichten von ehemaligen Besuchern konventioneller Kinos zum Tragen gekommene Konkurrenzvorteil an Bedeutung verliert.

Die Entwicklung der Besucherzahlen in Abb. 3 dokumentiert den Erfolg der neuen Angebotsform am Kinomarkt. Die Besucherzahl wuchs von 3,8 Mio. im Jahr 1991 auf mehr als 51 Mio. im Jahr 1999 an. Im Vergleich zum Gesamtmarkt haben die Multiplex-Kinos im Laufe ihrer Entwicklung enorm an Bedeutung gewonnen. Ihr Anteil stieg von 3,2% im Jahr 1991 auf 34,4% im Jahr 1999. Erstaunlich ist dabei, dass entgegen den Befürchtungen, die Multiplex-Kinos würden zu einem großflächigen Aussterben der klassischen Kinos führen, deren Besucherzahlen nicht im gleichen Umfang zurück gingen. Dies bedeutet, dass mit den Multiplex-Kinos in beachtlichem Maß auch Neukunden gewonnen werden konnten. Allerdings zeigt bereits die rein summarische Betrachtung, dass ein merklicher Teil der Multiplex-Besucher von anderen Kinos umgeschichtet werden.

Abb. 3: Besucher in Multiplex-Kinos und sonstigen Kinos zwischen 1991 und 1999

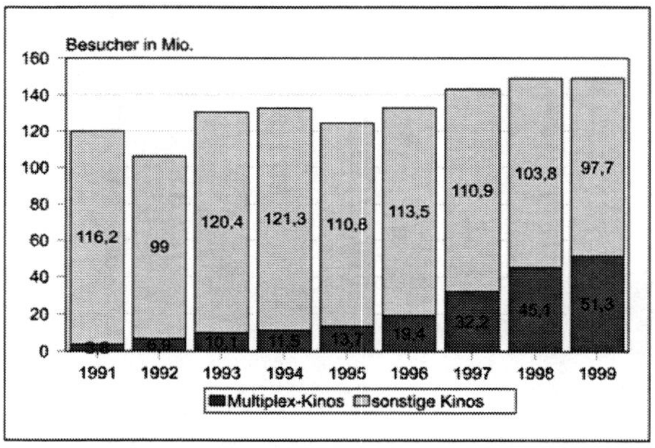

Quelle: FFA 1999, FFA 2000a

2 Marktposition und -situation der Multiplex-Kinos

Bei den Multiplex-Kinos handelt es sich - wie auch bei einer Reihe anderer kommerzieller Freizeiteinrichtungen - um einen hochgradig konzentrierten Markt, der im Wesentlichen von sechs Betreibern abgedeckt wird. Auf vier deutsche und zwei amerikanische Ketten entfallen 80% des Angebotes (vgl. Tab. 2).

Tab. 2: Multiplex-Kinos nach Betreibern

Unternehmen	Name	Bestand	Säle	Sitzplätze	erste Multiplex-Eröffnung
Flebbe	Cinemaxx	27	251	66.724	Hannover 1991
Kieft&Kieft	CineStar	21	197	47.176	Lübeck 1993
UCI	UCI Kinowelt	17	160	39.332	Köln 1990
UFA	UFA-Palast	11	108	29.250	Erfurt 1995
Theile	Kinopolis	9	81	19.951	Sulzbach 1994
Warner Brothers/ Village Roadshow	Village Cinema	8	70	16.234	Gelsenkirchen 1991
Omniplex	Omniplex	4	29	6.709	Aalen 1995
Rehs/ Leipzig	Bofimax	2	15	3.790	Leipzig 1996
andere Einzelbetreiber	Diverse	18	159	32.606	
Gesamt		**117**	**1.070**	**261.772**	

Quelle: FFA 2000b; Stand: Juli 2000
Anmerkung: Die aufgeführten Zahlen können von den Angaben der Betreiber abweichen, da nur die Multiplex-Kinos aufgenommen wurden, welche die Mindestkriterien der FFA erfüllen.

Nach den wirtschaftlichen Erfolgen der ersten Multiplex-Kinos war in der Phase der Marktdurchdringung fast eine Art Goldgräberstimmung zu verzeichnen. Nachdem in vielen Großstädten bereits früher eröffnete Multiplex-Kinos durch die Eröffnung weiterer Großkinos ihre Alleinstellung verloren haben, zeichnet sich inzwischen nicht nur eine Konkurrenzkonstellation zu den traditionellen Kinos, sondern mehr und mehr auch innerhalb des Multiplex-Segments ab. Darüber hinaus werden inzwischen auch Multiplex-Kinos an Standorten eröffnet, deren Einzugsbereich nur knapp ausreichend ist, die Rentabilitätsschwelle zu erreichen. Festzumachen ist diese Tatsache an der inzwischen tendenziell sinkenden Auslastung der Multiplex-Kinos (vgl. Abb. 4). Die Zahl der Besucher pro Sitzplatz hatte ihren Höhepunkt im Jahr 1993 mit knapp 350 Besuchern pro Sitzplatz, ist seither tendenziell rückläufig und nähert sich inzwischen der Schwelle von 200 Besuchern. Bei einer Differenzierung nach Eröffnungszeitpunkten in Abb. 5 zeigt sich, dass die ersten Multiplex-Kinos inzwischen bereits deutlich niedrigere Besucherzahlen aufweisen als die zwischen 1992 und 1995 eröffneten.

Aufgrund der Neueröffnungen sind zwar die Besucherzahlen für alle Multiplex-Kinos zwischen 1998 und 1999 noch um 13,7% angestiegen, während die einzelnen Kinos (v. a. die älteren) zumeist rückläufige Besucherzahlen zu verbuchen hatten. Am stärksten fiel die rückläufige Tendenz bei den 1990/1991 eröffneten Kinos aus. Diese mussten zwischen 1998 und 1999 knapp 15% Besucherrückgang hinnehmen. Aber auch die 1992 bis 1997 eröffneten Multiplex-Kinos konnten 1999 gut 10% weniger Besucher als noch 1998 anziehen (nach FFA 2000a). Während die Rückgänge bei den bis Mitte der 90er Jahre eröffneten Multiplex-Kinos dabei noch auf relativ hohen Auslastungswerten basieren, d. h. die Rentabilität noch nicht gefährdet ist, betreffen die rückläufigen Besucherzahlen im Fall der 1996 und 1997 eröffneten Kinos bereits solche, die sich nur knapp oberhalb, in manchen Fällen wohl auch bereits unterhalb des Break-Even bewegen.

In vielen Städten ist es durch die Eröffnung von zusätzlichen Multiplex-Kinos mittlerweile zu einem Überangebot an Leinwänden bzw. an Sitzplätzen im Vergleich zur Nachfrage, einem sog. „Overscreening", gekommen. Damit mehren sich inzwischen die Befürchtungen, dass in absehbarer Zeit das erste Multiplex-Kino mangels Wirtschaftlichkeit schließen muss (vgl. KÜHLING 1998, S. 157). Bei Investitionskosten, die zumeist zwischen 10.000 und 15.000 DM pro Sitzplatz liegen, wird der Break-Even ab einer Auslastung von 275 bis 350 Besuchern pro Sitzplatz und Jahr erreicht (vgl. Tab. 3), während erst ab deutlich höheren Besucherzahlen auch eine angemessene Rendite bzw. eine - gemessen am Risiko - als gut anzusehende Rendite erzielt wird.

Abb. 4: Auslastung der Multiplex-Kinos in Deutschland 1991 bis 1999*

Abb. 5: Auslastung der Multiplex-Kinos 1999 nach Eröffnungszeitpunkt

* der Wert für 1999 ist etwas verzerrt, da einige Multiplexe erst im Laufe des Jahres eröffnet wurden)

Quelle: Eigene Berechnungen nach FFA 2000a

In diesem Zusammenhang gilt, dass ein erheblicher Teil der Multiplex-Kinos wohl inzwischen nur noch knapp den Break-Even erreichen bzw. sich nur über unternehmensinterne Querfinanzierungen am Markt halten kann. Auch dies ist ein weiteres Anzeichen dafür, dass inzwischen ein harter Verdrängungswettbewerb innerhalb des Multiplex-Segments abläuft, bei dem abzusehen ist, dass sich finanzschwächere Unternehmen mittelfristig zurückziehen müssen und die Konzentration auf wenige Anbieter noch weiter zunehmen dürfte. Erstes Anzeichen hierfür ist die Ende 2000 erfolgte Übernahme von Warner durch einen Mitbewerber.

Tab. 3: Rentabilitätsschwellen als Funktion der Auslastung (= Besucher pro Platz und Jahr) nach Investitionshöhe

Kosten/Platz	Break-Even	angemessen	gut
bis 8.000 DM	250	280	320
bis 10.000 DM	275	300	350
bis 12.000 DM	300	340	400
bis 15.000 DM	350	400	450

Quelle: PINTZKE/KOCH 1998, S. 108

3 Stadtentwicklungspolitische Implikationen von Multiplex-Kinos

Aus stadtentwicklungspolitischer Perspektive werden Freizeitgroßeinrichtungen oftmals ambivalent bewertet. So sieht z. B. HATZFELD (1997, S. 304) aus stadt- und regionalplanerischer Sicht folgende mögliche negative Auswirkungen von Freizeitgroßeinrichtungen mit ihrer Affinität zu peripheren, oftmals nicht integrierten Standorten:
- Beeinträchtigung zentrenorientierter Siedlungsentwicklung,
- Konkurrenz zu wohnungsnahen (oftmals öffentlichen) Freizeiteinrichtungen,
- interkommunale Ansiedlungskonkurrenz,
- stark ausgeprägte MIV-Affinität,
- Gefahr der Entstehung von Brachen aufgrund kurzer Erneuerungszyklen.

Entgegen den Befürchtungen, dass Multiplex-Kinos sich vorzugsweise an peripheren Standorten (z. B. in der Nachbarschaft von großflächigen Einzelhandelseinrichtungen) ansiedeln würden, ist festzustellen, dass etwa zwei Drittel in integrierten Innenstadt(rand)lagen entstanden sind (vgl. MASSKS 1999, S. 27 oder HDF 1999). In NRW ergaben sich dabei teilweise sogar positive stadtentwicklungspolitische Effekte, indem innerstädtische Industriebrachflächen wieder in Wert gesetzt werden konnten und damit das Gesamterscheinungsbild der Innenstadt gewann.

Multiplex-Kinos an innerstädtischen Standorten in Großstädten sind in der Regel auch durch den ÖPNV erschlossen, wodurch im Vergleich zu den peripheren Lagen die Option besteht, dass ein Teil der Besucher des Kinos öffentliche Verkehrsmittel benutzt. Allerdings überwiegt auch hier meist der Anteil der Pkw-Nutzer, und der ÖPNV-Anteil am Modal Split bewegt sich zumeist in der Größenordnung von einem Fünftel bis zu einem Viertel (vgl. MASSKS 1999, S. 45). Umgekehrt ist wahrscheinlich, dass ein Teil der Kinokunden auch als zusätzliche Nachfrager in anderen Freizeit- und Einkaufseinrichtungen der Innenstadt auftauchen und so zu einer Stabilisierung der innerstädtischen Strukturen beitragen. Allerdings liegen über diese wechselseitigen Synergieeffekte bislang noch kaum empirische Befunde vor.

Während die verschiedenen Multiplex-Betreiber anfangs unterschiedliche Standortpräferenzen aufwiesen und dabei die deutschen Investoren Citylagen als Standorte für ihre Kinos bevorzugt wählten, wohingegen sich die amerikanischen Investoren (UCI, Warner) eher auf dezentrale Standorte in Verbindung mit Einkaufszentren konzentrierten, hat sich dieses Bild in den letzten Jahren stark relativiert. So setzen mittlerweile auch deutsche Unternehmen auf periphere Lagen der Großstädte (Berlin, Hamburg, Ruhrgebiet) und im Gegenzug haben amerikanische Unternehmen teilweise auch Innenstadtstandorte als lukrativer gewählt (vgl. Junker und Kruse/RMC medien consult 1998, S. 11). Die Erfahrungen zeigen, dass Multiplex-Kinos in Innenstadtlagen generell stärker frequentiert werden als solche an peripheren Standorten. Allerdings sind in den Randlagen die Investitionskosten zumeist geringer, so dass auch bei niedrigeren Besucherzahlen die Rentabilität gewährleistet ist (vgl. PINTZKE/ KOCH 1998, S. 108).

4 Besucherbefragung in drei ostwestfälischen Kinos

Im Rahmen einer Studienabschlussarbeit (FREITAG 2000) wurde eine Besucherbefragung an drei exemplarischen Multiplex-Kinos in Ostwestfalen durchgeführt, dem *Kinopolis* in Paderborn und Bad Oeynhausen sowie dem *Cinemaxx* in Bielefeld. Während es sich beim *Kinopolis* in Paderborn um eine Innenstadtlage handelt (integriert in eine innerstädtische Einkaufspassage, die *Libori-Galerie*), ist das Multiplex in Bielefeld in einer Innenstadtrandlage auf einer innerstädtischen Brachfläche entstanden und stellt den ersten Baustein eines Urban Entertainment Center „Neues Bahnhofsviertel" dar (vgl. Abb. 6). Das dritte Fallbeispiel in der Mittelstadt Oeynhausen liegt peripher zum Stadtzentrum an einer Ausfallstraße in unmittelbarer Nachbarschaft zum Einkaufszentrum *Werre-Park* und ist Teil eines kleineren Entertainment Centers. Während die beiden ersten großstädtischen Fallbeispiele auch an das jeweilige ÖPNV-Netz (Bus bzw. Stadtbahn) angebunden sind, ist der Standort *Werre-Park* als klassischer MIV-affiner Standort zu charakterisieren.

In allen drei Fällen handelt es sich um Standorte, die erst in jüngerer Zeit eröffnet worden sind (Paderborn: 12/1999; Bielefeld: 12/1998; Bad Oeynhausen: 8/1999) und mit jeweils acht Sälen sowie einer Sitzplatzkapazität zwischen 1.819 und 2.648 Plätzen typisch für die Ende der 1990er Jahre entstandenen kleineren Multiplex-Kinos in kleineren Großstädten bzw. Mittelstädten sind.

Insgesamt wurden im Mai und Juni 2000 an den drei Standorten 450 Besucher (etwa 150 pro Kino) befragt, wobei die Befragungstage für jedes Kino sowohl die Wochenendsituation als auch (besucherschwächere) Werktage abdeckten.

Abb. 6: Modell des geplanten UEC „Neues Bahnhofsviertel"

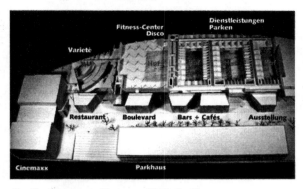

Quelle: GOLDBECK MAGAZIN 2000, S. 19

5 Stadtentwicklungsrelevante Ergebnisse der Befragung

Wie bei anderen Multiplex-Standorten auch (vgl. MASSKS 1999, S. 37) entspricht der Haupteinzugsbereich der drei ostwestfälischen Multiplexe im wesentlichen der 30-Minuten-Isochrone um den Standort.

Bei der in Abb. 7 dargestellten Verkehrsmittelwahl der Besucher pausen sich die unterschiedlichen ÖV-Erschließungsqualitäten der drei Standorte zwar durch, d. h. in Bielefeld, das über ein ausgebautes Stadtbahnsystem verfügt, ist dieser am höchsten und im MIV-orientierten Standort Bad Oeynhausen fast vernachlässigbar.

Abb. 7: Verkehrsmittelwahl der Besucher

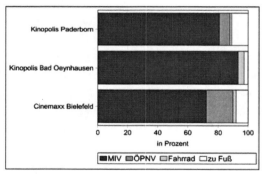

Quelle: Eigene Erhebung 2000

Allerdings kommt auch in Bielefeld lediglich jeder sechste Besucher mit dem ÖPNV. Die Innenstadt(rand)lagen in Paderborn und Bielefeld schlagen sich darüber hinaus auch in merklichen Fußgängeranteilen nieder. Der insgesamt relativ hohe MIV-Anteil resultiert dabei zum Teil aus dem im Vergleich zu traditionellen Kinos vergrößerten Einzugsbereich von Multiplexen. An allen drei Standorten sind vor allem die auswärtigen Besucher stark auf das Auto orientiert, während z. B. in Paderborn immerhin ein Viertel der vor Ort wohnenden Besucher zu Fuß kommt und in Bielefeld ein gleich großer Anteil die Stadtbahn benutzt (wobei es sich allerdings zum großen Teil um Captive Riders handelt).

Unter dem Blickwinkel der Ausnutzung von Koppelungsmöglichkeiten und den damit verbundenen belebenden Effekten von Multiplex-Kinos für andere städtische Angebote ist zu konstatieren, dass der überwiegende Teil der Befragten direkt von zu Hause ins Kino gekommen ist. Allerdings sind auch hier wieder deutliche Unterschiede zwischen den drei Standorten festzustellen (vgl. Abb. 8). Im nicht integrierten Standort Oeynhausen gab nur ein Fünftel an, von anderen Aktivitäten aus ins Kino gekommen zu sein, während insbesondere in Paderborn mehr als jeder vierte Besucher vorher schon etwas unternommen hatte.

Abb. 8: Aktivitäten vor dem Kinobesuch

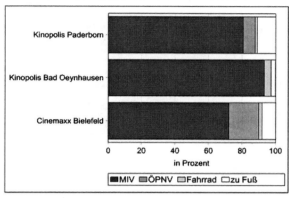

Quelle: Eigene Erhebung 2000

Deutlich stärker ausgeprägt ist die Intention, nach dem Kinobesuch noch etwas zu unternehmen (vgl. Abb. 9). In Bielefeld hat jeder dritte Befragte und in Paderborn haben sogar mehr als 40% fest vor, nach dem Kinobesuch noch etwas zu unternehmen.

Abb. 9: Aktivitäten nach dem Kinobesuch

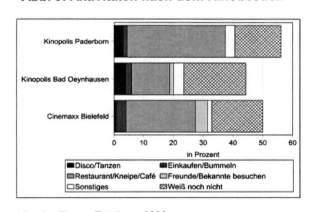

Quelle: Eigene Erhebung 2000

Deutlich geringer ist wiederum die Koppelungsintention nach dem Kinobesuch in Bad Oeynhausen: Bei der Art der intendierten Aktivitäten dominiert erwartungsgemäß der Besuch von Gaststätten und Kneipen, wobei vor allem auch jüngere Besucher gerne eine Diskothekenbesuch anschließen. Erwähnenswert ist auch die Tatsache, dass in Bad Oeynhausen nur ein knappes Drittel der intendierten Besuche einer Gaststätte die Innenstadt von Bad Oeynhausen zum Ziel haben. Die restlichen Nennungen entfallen auf den benachbarten *Werre-Park* bzw. Einrichtungen im Multiplex-Kino selbst oder dem Entertainment Center, in dem das Multiplex liegt. Ein erheblicher Anteil der Befragten gab an allen drei Standorten an, noch nicht entschieden zu haben, ob und ggf. welche Aktivitäten nach dem Multiplex-Besuch ausgeführt würden. Auch von diesen Befragten dürfte ein Teil nachher noch zur Belebung der Innenstädte beitragen. Die höchsten Koppelungsquoten ergeben sich dabei für die Befragten, die am Standort selbst wohnen, wobei unter diesen erwartungsgemäß die Altersgruppe der 20- 29-Jährigen wiederum die höchsten Quoten aufweist.

Festzuhalten ist, dass sich die beiden integrierten Standorte sowohl hinsichtlich der verkehrsinduzierenden Wirkung als auch unter dem Blickwinkel der Synergieeffekte mit anderen städtischen Funktionen deutlich vom nicht integrierten Standort in Bad Oeynhausen unterscheiden.

6 Besucherprofile

Hinsichtlich der Alterstruktur der befragten Besucher (vgl. Abb. 10) paust sich in Paderborn der hohe Anteil an Studierenden in einem entsprechend hohen Wert der 20-29-Jährigen durch. Im Vergleich zu den Ergebnissen der GfK-Panelstudie aus dem Jahr 1998 (NECKERMANN 1999), in der repräsentativ Besucher aller Kinotypen in Deutschland befragt wurden, zeigt sich, dass in allen drei Multiplex-Kinos das jüngere Publikum deutlich überdurchschnittlich vertreten ist. Damit bestätigt sich auch bei dieser Untersuchung die Tendenz, dass Jüngere eine stärkere Orientierung auf erlebnisorientierte Freizeitangebote aufweisen.

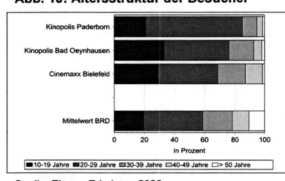

Abb. 10: Altersstruktur der Besucher

Quelle: Eigene Erhebung 2000

Mit der Altersstruktur verändert sich auch die explizit geäußerte Affinität zum Kinotyp Multiplex. Auf die Frage, welcher Kinotyp präferiert wird (vgl. Abb. 11), gaben zwei Drittel der unter 30-Jährigen an, Multiplexe anderen Kinos vorzuziehen. Bei den älteren Befragten sind die Präferenzen für kleinere Kinos demgegenüber deutlich stärker ausgeprägt.

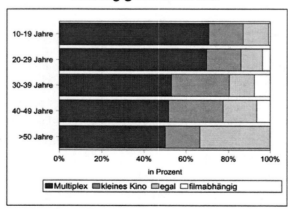

Abb. 11: Präferierte Kinotypen in Abhängigkeit vom Alter

Quelle: Eigene Erhebung 2000

Gleichzeitig zeichnen sich die jüngeren Befragten durch eine überproportionale Besuchshäufigkeit aus. Während sie im Mittel einmal pro Monat ins Kino gehen, ergibt sich für die 30-50-Jährigen im Mittel ein Zweimonatsrhythmus und bei den älteren Befragten eine noch geringere Frequenz (vgl. Abb.

12). Gleichzeitig ist die Besuchshäufigkeit der jüngeren Befragten durch die Eröffnung der Multiplex-Kinos am stärksten beeinflusst worden. Auf die Frage, ob sich die Frequenz, mit der sie Kinos besucht haben, seit der Eröffnung des entsprechenden Multiplex-Kinos verändert habe, gaben knapp 40% der unter 19-Jährigen an, sie würden nun häufiger ins Kino gehen. Bei den 20-29-Jährigen war es noch ein Viertel, die diese Position vertraten und bei den 30-39-Jährigen nur noch jeder achte Befragte.

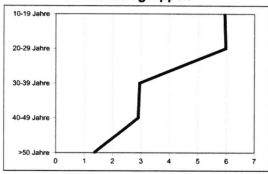

Abb. 12: Mittlere Besuchsfrequenz in den letzten sechs Monaten nach Altersgruppen

Quelle: Eigene Erhebung 2000

Dabei verändert sich insbesondere die Besuchsfrequenz von intensiven Kinogängern. Werden nur die 115 (überwiegend jüngeren) Besucher berücksichtigt, die häufiger als ein Mal pro Monat ins Kino gehen, ergeben sich bei diesen die stärksten Veränderungen durch die Eröffnung der jeweiligen Multiplex-Kinos. Von den intensiven Kinogängern gab mehr als die Hälfte an, seit der Eröffnung des Multiplex-Kinos häufiger ins Kino zu gehen. Konsequenterweise geben in dieser Gruppe auch mehr als vier Fünftel an, Multiplex-Kinos anderen Kinotypen vorzuziehen.

Multiplexe sprechen dabei nicht nur ein überproportional junges Publikum an. Besondere Attraktivität üben sie auf intensive Kinogänger in dieser Altersgruppe aus, deren Besuchsfrequenz nochmals erheblich gesteigert wird. Dieser *Heavy User*-Typ zählt aber gleichzeitig zu den Hauptzielgruppen anderer Freizeitangebote und steigt möglicherweise bei der nächsten Freizeitangebotsinnovation genauso schnell wieder auf diese um. Diese Befunde der Besucherbefragungen werden durch eine im Herbst 2000 durchgeführte Haushaltsbefragung in Paderborn gestützt. Von 513 Befragten, die Angaben zum Kinobesuch gemacht hatten, gaben 60% an, seit der Eröffnung noch nie das *Kinopolis* besucht zu haben. Darüber hinaus bestätigte sich auch bei der Haushaltsbefragung die Tendenz, dass vor allem schon vorher intensive Kinogänger seit der Eröffnung des Multiplex ihre Besuchsfrequenz nochmals gesteigert haben.

Unter dem Blickwinkel der Entwicklungsperspektiven für Multiplex-Kinos ist damit festzuhalten, dass die durch Multiplex-Kinos induzierten Zunahmen der Besucherzahlen zum erheblichen Teil auf eine Klientel zurückzuführen ist, die gleichzeitig als Zielgruppe für alle neuen Formen erlebnisorientierter Freizeitangebote einzustufen ist. Auch wenn in den nächsten Jahren sicherlich noch eine Reihe von Multiplexen (vor allem in mittel- und kleinstädtischen Kontexten) entstehen wird, spricht auf der Basis dieser Befunde vieles dafür, dass die Sättigungsgrenze bereits dann erreicht wird, wenn das Umschichtungspotential von konventionellen Kinos ausgeschöpft ist. Da es bislang nur in sehr begrenztem Umfang gelungen ist, neue Zielgruppen anzusprechen und die in den letzten Jahren erzielten Zuwachszahlen zum großen Teil darauf beruhen, dass intensive Kino-Nutzer durch die Multiplexe noch öfter ins Kino gehen, erscheint es nicht plausibel, dass sich künftig in erheblichem Maß noch Neukunden gewinnen lassen werden. Ob die *Heavy User* dann auch mittelfristig treue Kunden der Multiplexe bleiben werden oder bei der nächsten Innovationswelle von Freizeitangeboten ihre Besuchsfrequenzen wieder reduzieren, lässt sich auf der Basis der vorliegenden Befunde allerdings noch nicht abschätzen.

7 Zusammenfassung

Vor dem Hintergrund des sich rapide verändernden Freizeitmarktes wurde mit dem Beitrag für den Teilmarkt der Multiplex-Kinos als einer neuen Angebotsform dessen Entwicklung und aktuelle Situation skizziert. Nach einer dynamischen Entwicklungsphase in der zweiten Hälfte der 1990er Jahre mehren sich inzwischen die Anzeichen, dass in absehbarer Zeit eine Marktsättigung eintreten und sich (bei weiterhin geplanten Neueröffnungen) die Konkurrenzverhältnisse innerhalb des Multiplex-Segments deutlich verschärfen dürften.

Anhand von Ergebnissen einer Besucherbefragung in drei Multiplex-Kinos konnte u. a. aufgezeigt werden, dass integrierte Innenstadtstandorte für die Stadtentwicklung auch merkliche positive Effekte besitzen können.

Ein Ergebnis der Analyse der Besucherstrukturen war, dass ein Teil der Multiplex-Besucher sich aus einer Klientel rekrutiert, die möglicherweise keine hohe Kino-Treue zeigt. Auch wenn sich Multiplexe durch die Substitution des klassischen Kino-Angebotes sicherlich am Markt halten werden, ist denkbar, dass die durch Multiplexe induzierte Nachfrageintensitätssteigerung wieder zurückgeht, wenn sich der Neuigkeitswert verzehrt hat bzw. die heutigen *Heavy User* in einiger Zeit auf eine andere Innovation im Freizeitmarkt umschwenken.

Literatur

BÄHR, R. (1996): Fünf Jahre Multiplexe - Angst essen Säle auf? Berlin.

BÄHR, R. (1997): 7 Jahre Multiplexe - Die unendliche Geschichte? Großkinosituation in Deutschland. Berlin.

FFA (= Filmförderungsanstalt; Hrsg.): FFA Intern Nr. 1/1999. Berlin (URL: http://www.ffa.de/FFAIntern/Ausgaben/1-99/index.html vom 10.2.1999).

FFA (= Filmförderungsanstalt; Hrsg.): FFA Intern Nr. 1/2000. Berlin 2000(a) (URL: http://www.ffa.de/FFAintern/Ausgaben/1-00/Navigation.html vom 9. Februar 2000).

FFA (= Filmförderungsanstalt; Hrsg.): FFA Intern Nr. 2/2000. Multiplexe in Deutschland. Berlin 2000(b) (URL: http://www.ffa.de/FFAintern/Ausgaben/22-00/Seite4.html vom 31.August 2000).

FRANCK, J. (1999): Urban Entertainment Center. Entwicklung nationaler und internationaler Freizeitmärkte. In: THOMAS-MORUS-AKADEMIE BENSBERG (Hrsg., 1999): Musicals und urbane Entertainmentkonzepte. Bensberg. S. 75-123 (= Bensberger Protokolle 90).

FREITAG, E. (2000): Die Bedeutung von Multiplex-Kinos und ihre Auswirkungen auf das Freizeitverhalten der Besucher. Paderborn (unveröffentlichte Magisterarbeit an der Universität Paderborn).

Goldbeck Magazin: Bielefelder Bahnhofsviertel nimmt Gestalt an. In: Goldbeck Magazin, Ausgabe 21, April 2000, S. 19.

HATZFELD, U. (1997): Die Produktion von Erlebnis, Vergnügen und Träumen. Freizeitgroßanlagen als wachsendes Planungsproblem. In: Archiv für Kommunalwissenschaften. S. 282-308.

HDV (= Hauptverband Deutscher Filmtheater; Hrsg.): Geschäftsbericht 1998/1999. Berlin 1999 (URL: http://www.kino-hdf.de/public/report.htm; Stand: 6. Januar 2001).

Junker und Kruse/RMC medien consult GmbH (1998): Multiplex-Kinos. Untersuchung zur stadtverträglichen und tragfähigen Dimensionierung von Multiplex-Kinoansiedlungen in Deutschland am Beispiel ausgewählter Städte/Regionen. Dortmund, Wuppertal.

KÜHLING, D. (1998): Verkehrsauswirkungsprüfung von Multiplex-Kinos. In: Raumplanung 82, S. 157-164.

MASSKS (= Ministerium für Arbeit, Soziales und Stadtentwicklung, Kultur und Sport des Landes Nordrhein-Westfalen) (Hrsg., 1999): Multiplex-Kinos in der Stadtentwicklung. Beurteilungskriterien und Handlungsmöglichkeiten. Eine Arbeitshilfe. Düsseldorf.

NECKERMANN, G. (1999): Der Kinobesuch 1991 bis 1998 nach Besuchergruppen, Auswertung der GfK-Panelergebnisse. Berlin.

NECKERMANN, G. (2000): Die Kinobesucher 1999. Strukturen und Entwicklungen auf Basis des GfK-Panels. Berlin.

OPASCHOWSKI, H. W. (1998): Kathedralen des 21. Jahrhunderts. Die Zukunft von Freizeitparks und Erlebniswelten. Hamburg (= British American Tobacco, Skript zur Freizeitforschung).

PINTZKE, T./KOCH, K. L. (1998): Kinostudie. Kinostandort Deutschland: Strukturwandel und Perspektiven der Filmtheaterbranche am Beispiel von Nordrhein-Westfalen und Hamburg. Wuppertal.

STEINECKE, A. (2000): Tourismus und neue Konsumkultur: Orientierungen - Schauplätze - Werthaltungen. In: STEINECKE, A. (Hrsg., 2000): Erlebnis- und Konsumwelten. München/Wien. S. 11-27.

WEISS, B. (1998): Die Bedeutung von Multiplexkinos für die Vitalisierung von Stadtzentren. Eine Untersuchung am Beispiel des Kinopolis in Bonn-Bad Godesberg. Bonn (unveröffentlichte Diplomarbeit an der Universität Bonn).

Besucherorientiertes Museumsmarketing

Thomas Heinze

1 Vorbemerkung

Was interessiert? Was gefällt? Das sind Fragen, die immer mehr in den Vordergrund moderner Museumspraxis treten. Die Öffentlichkeit fordert mit Kritik und Urteilsvermögen, aber auch mit augenblicksgebundenen Vorlieben und modischen Ansprüchen ihr Tribut von den Museen (vgl. GRIMM-PIECHA 1997).

"Langeweile verdummt, Kurzweil klärt auf" (BENJAMIN 1972, S. 561) lautet das Fazit und weist Museen und Ausstellungen die Rolle eines ästhetischen Mediums zu, das es versteht, "mit Mitteln der Ästhetik und der Sinnlichkeit zu historischer Neugier zu animieren und Problembewusstsein über 'Aha-Effekte' zu provozieren." Die Geschichte des Museums ist - so KORFF (1985) - "die Geschichte der wechselnden Präsentationsformen. Wer Tricks verbietet und visuelle Erprobungen als Effekthascherei oder Disneyland-Gags verurteilt, ist indifferent und unsensibel gegenüber den gestalterischen Problemen der Ausstellung und des Museums" (ebd. S. 251).

Die Frage "Dürfen Museen Spaß machen" erscheint - so GRIMM-PIECHA (1997) - obsolet. Sie müsste vielmehr lauten: "Dürfen Museen langweilig sein?", zumal die Museen heute mehr denn je als Kulturinstitute ihren Platz behaupten müssen. In unserer "Erlebnisgesellschaft" (SCHULZE 1992) ist das erlebnisorientierte Denken zur Lebensphilosophie von jedermann geworden. "Das Leben soll interessant, faszinierend und aufregend sein. (...) auf keinen Fall ereignislos, arm an Höhepunkten, langweilig" (SCHULZE 1994, S. 28). "Für viele Menschen unserer Zeit besteht das Sinnkapital, aus dem sie beim Projekt ihres Lebens schöpfen, nur noch aus dem, was ihnen gefällt" (SCHULZE 1999, S. 25). Der Bezug auf das erlebende Subjekt, die Lust auf das eine oder andere, ist zur "unanfechtbaren ästhetischen Letztbegründung" (ebd.) geworden. Dass diese erlebnisorientierte Denkweise eine strategische Bedeutung für Museumsmarketing hat, ist evident (vgl. HEINZE 1999).

2 Strategische Ausrichtung

Für ein erfolgreiches Museumsmarketing (vgl. TERLUTTER 2000, S. 265f.) ist es notwendig, dass eine eindeutige Positionierung der Kulturinstitution erfolgt, die sich an der Zielgruppe, den eigenen Fähigkeiten und an der Konkurrenz orientiert. Eine eindeutige Positionierung bedeutet, dass das Angebot
- in den Augen der Zielgruppe so attraktiv ist und
- gegenüber konkurrierenden Angeboten so abgegrenzt wird,
- dass es den konkurrierenden Angeboten vorgezogen wird.

Für Museen ist der Rahmen für die Positionierung durch den kulturpolitischen Auftrag vorgegeben: Museen haben eine Vermittlungsaufgabe als Anbieter kultureller Bildung. Die Ausrichtung als Bildungsanbieter reicht jedoch nicht aus: Da Museen auf dem Freizeitmarkt tätig sind, müssen neben der Bildung auch Freizeitwerte in die Positionierung der Institution einfließen. Es reicht nicht aus, ein „Kulturobjektaussteller" zu sein, vielmehr muss sich die Institution als ein „Dienstleistungsanbieter für Kulturbesucher" begreifen, der neben der Kulturvermittlung typische Freizeitbedürfnisse befriedigen kann (das Konzept des „Total Customer Care" (TCC) könnte für Museen Vorbild sein).

Somit sollten Museen versuchen, sich als Anbieter von kultureller Freizeitbildung zu positionieren. Freizeitbildung zeichnet sich durch eine Verknüpfung von typischen Freizeitmotiven wie Unterhaltung, Entspannung oder Geselligkeit und typischen Bildungsmotiven wie Erweiterung des eigenen Wissens und des eigenen Horizontes sowie Anerkennung aus (vgl. ebd.).

Innerhalb der Positionierung als Freizeitbildungsinstitution können zwei grundlegende strategische Stoßrichtungen verfolgt werden:
- eine Prestigestrategie und
- eine Erlebnisstrategie.

Die Prestigestrategie ist nur realisierbar und empfehlenswert, wenn das Haus oder die Exponate einen guten Ruf haben. Wird eine Prestigestrategie verfolgt, muss neben den Exponaten auch das weitere Kulturangebot, also die Supporting und Facilitating Services, an Exklusivität und Hochwertigkeit orientiert sein. Im Hinblick auf die Besuchergruppen spricht diese Strategie vor allem die Bildungs- und Prestigeorientierten an.

Die Verfolgung einer Erlebnisstrategie erfordert, dass das Kulturangebot einen hohen Freizeit- und Unterhaltungswert aufweist. Dazu muss das Museum eine Begegnungsstätte werden, die sich durch Möglichkeiten psychischer und physischer Aktivität sowie durch Abwechslungsreichtum auszeichnet. Darüber hinaus sollte ein ausgereiftes und flexibel einsetzbares Informationssystem generiert werden, das die individuellen Bedürfnisse der Besucher berücksichtigt. Besucher mit geringer Vorbildung oder einem geringen Informationsinteresse während des Besuchs müssen genauso den Eindruck einer individuellen Bereicherung erhalten wie gut vorgebildete oder interessierte Besucher.

Zur Veränderung der strategischen Stoßrichtung eines Museums ist es notwendig, die Denkhaltung bei allen Mitarbeitern zu verändern, vom Gestalter der Ausstellung über das Personal im Eingangsbereich bis hin zum Personal der angegliederten Restauration.

Einschlägigen Untersuchungen zufolge (vgl. SCHUCK-WERSIG/WERSIG 1994) sind es vor allem didaktisch durchdachte Ausstellungsarrangements, umfangreiche pädagogische Programme, hervorragende Bewirtung in einem anspruchsvollen Ambiente des Museumsrestaurants, ein außerordentliches Sortiment des Warenangebots der Museumsshops, ein immer freundliches und aufgeschlossenes Museumspersonal - kurz ein besucherorientiertes und besucherfreundliches Museumsmanagement, das Interesse am Museum beim Publikum weckt. Besucherorientierung sollte deshalb gleichberechtigt neben der Orientierung an Standards der Fachwelt stehen. Ein modernes, besucherorientiertes Museumsmarketing muss sich "nicht notwendigerweise auf Geld konzentrieren", sondern kann "(...) bei den Leuten auch um deren Zeit, Aufmerksamkeit, Einstellungen etc. werben" (ebd., S. 143).

Die unkonventionellen Methoden des amerikanischen Museumsmarketing sind allgemein bekannt. So konnten beispielsweise amerikanische Baseballfans bei einem Baseballspiel heißbegehrte Karten für die Cezanne-Retrospektive im Philadelphia Museum of Art gewinnen, wenn das Los auf ihre Sitznummer fiel, und sie hatten die Möglichkeit, im Museum einen Baseball oder eine Baseball-Mütze mit einem Cezanne-Schriftzug zu kaufen. Mehr als 6.000 Bälle mit einer Cezanne-Signatur wurden zu einem Stückpreis von knapp DM 15 verkauft. "Kunst macht Spaß - so lautet die Botschaft", erklärt die Museumsleitung das Konzept (vgl. art 9/1996).

Für öffentliche Museen als Nonprofit-Organisationen bietet sich das Konzept des Marketingmanagement-Prozesses (vgl. KOTLER 1978) an, bei dem Marketing als alle Bereiche der Museumsarbeit tangierende Aufgabe betrachtet wird; es beinhaltet die strategischen und operativen Dimensionen gleichermaßen.[1]

Die Auseinandersetzung mit der Frage nach dem Selbstverständnis von Museen ist Grundlage der strategischen Planung. Aus dem inzwischen populären Leitsatz, das Museum sollte die vorhandenen Sammlungsgegenstände für breitere Schichten aufbereiten, lassen sich die folgenden Maßnahmen ableiten:
- "nach didaktischen Gesichtspunkten aufgebaute Sammlungen in modern und publikumsfreundlich ausgestatteten Räumen,
- Schaffung eines einladenden Ambientes im öffentlichen Raum vor dem Museum, um Schwellenängste zu vermindern,
- Anregung zusätzlicher Motivationen für den Museumsbesuch durch Einrichtung von Restaurationsbetrieben, Veranstaltungen von Konzerten, Versammlungen u. ä. im Museum,
- Einrichtung eines ständigen museumsdidaktischen Dienstes, Bereitstellung von Informationsblättern und allgemeinverständlicher, pädagogisch gestalteter Erklärungstexte zu den Ausstellungsgegenständen,
- ständige Zusammenarbeit mit Schulen, Volkshochschulen und ähnlichen Bildungsinstitutionen,
- Verminderung von oder Verzicht auf Eintrittsgeld,
- Anpassung der Öffnungszeiten an die Besuchsmöglichkeiten von Bevölkerungsschichten, die bisher nicht zu den Museumsbesuchern gehörten,
- Veranstaltung publikumsträchtiger Sonderausstellungen" (MÜLLER-HAGEDORN 1993, S. 125).

Für ein Museum, das sich als Dienstleistungsunternehmen versteht, ist die Besucherorientierung von zentraler Bedeutung. Besucherorientierung setzt sich aus sechs Elementen bzw. Bausteinen zusammen:
- „aus der grundsätzlichen und konzeptionellen Denk- und Verhaltensweise der Besucherorientierung (vom Besucher her),
- aus der Besucheranalyse und deren Methoden,
- aus der Besuchersegmentierung in unter-schiedlich agierende und reagierende Zielgruppen,
- aus der vielfältige Instrumente nutzenden besucherfreundlichen Behandlung der Museumskundschaft,
- aus der regelmäßig zu überprüfenden Besucherzufriedenheit,
- aus der Besucherbindung - die eines unter mehreren Museumszielen sein kann" (GÜNTER 2000, S. 69).

Die Besucherforschung stellt die wesentliche Grundlage des besucherorientierten Marketing dar. Sie gibt Aufschluss über Besucherstrukturen, -verhalten und -einstellungen, über Bedürfnisse und Erwartungen der (potentiellen, inkl. Nicht-) Besucher sowie deren Zufriedenheitsgrad. Damit trägt sie dazu bei, zu klären, "welche Eigenschaften und Verhaltensweisen des Museums die Besuchsentscheidung oder Zufriedenheit der Besucher bestimmen können" (KGST 1989, S. 32).

3 Das Instrumentarium des besucherorientierten Marketing

Die Umsetzung der strategischen Ausrichtung muss sich in allen Marketingmaßnahmen niederschlagen. Im Folgenden sollen - auf der operativen Ebene - die Dimensionen eines besucherorientierten Museumsmarketing (Stichwort: Marketing-Mix) herausgearbeitet werden.[2] Der Marketing-Mix dient dazu, die verschiedenen Zielgruppen bzw. Teilmärkte anzusprechen (zu bearbeiten). Dazu ist eine Differenzierung in die Bereiche Leistungs- (Produkt-), Kontrahierungs- (Preispolitik), Distributions- und Kommunikations-Mix sinnvoll.

Beim Einsatz der marketingpolitischen Instrumente ist zunächst zu fragen, "mit welchen Parametern ein Museum das Verhalten seiner Besucher beeinflussen kann bzw. von welchen Größen der Museumspolitik es abhängt, ob ein Museum besucht wird. So lassen sich als Einsatzbereiche des Marketing für Museen zunächst die folgenden Maßnahmen nennen:
- Ausstellungen,
- Öffentlichkeitsarbeit,
- wissenschaftliche Kommunikation und Kooperation.

Diese Maßnahmen lassen sich wie folgt den absatzpolitischen Maßnahmen bzw. den Elementen des Marketing-Mix zuordnen:

Produkt-Mix:
- Objekte, die in ständigen Ausstellungen gezeigt werden (analog dem Fertigungsprogramm im Industriebetrieb),
- Objekte, die in Sonderausstellungen präsentiert werden (häufig unter Verwendung ausgeliehener Gegenstände, womit sich eine Analogie zu dem Vertriebsprogramm der Industrie ergibt),
- gedrucktes Material, Filme, Kassetten, Souvenirs,
- Studiensammlungen und Magazine, Archive, wissenschaftliche Kolloquien.

Kommunikations-Mix:
- Führungen durch Fachpersonal,
- Führungen durch Medien (Walkmen, Videos usw.),
- Vorträge,
- Zusammenarbeit mit Presse, Rundfunk und Fernsehen,
- Werbung (z. B. Plakate).

Distributions-Mix:
- Gestaltung des Layouts von Ausstellungen am Standort des Museums,
- Gestaltung des Layouts von Ausstellungen außerhalb des Museumsstandorts,
- Öffnungszeiten.

Kontrahierungs-Mix:
- Entgelt für Güter und Dienstleistungen" (MÜLLER-HAGEDORN 1993, S. 133/134).

Die für ein besucherorientiertes Museumsmarketing relevanten Instrumente sollen im Folgenden beispielhaft vorgestellt werden.

3.1 Leistungs-/Produkt-Mix

Der Leistungs-Mix beinhaltet alle Entscheidungen bzw. Maßnahmen, die das Produkt- und Leistungsangebot betreffen: Die Wahl der Produkte, Neuentwicklungen bzw. Neueinführungen (Produktinnovation), Abänderungen (Produktmodifikation bzw. -differenzierung) und auch Herausnahme aus dem Programm (Produktelimination) (vgl. KLEIN 1995).

Der Rang eines Museums wird durch seinen Bestand an Sammlungsobjekten und deren kunst- und kulturhistorischer Bedeutung bestimmt. Insofern ist die Sammlung und ihre Präsentation in der Dauerausstellung die Basis besucherorientierter Maßnahmen. Die Art der Präsentation trägt entscheidend zum Image einer Sammlung in der Öffentlichkeit bei. Durch eine besucherorientierte Präsentation der Dauerausstellung können (neue) Besucher angezogen bzw. zum (wiederholten) Besuch angeregt werden. Entscheidungen sind in zweifacher Hinsicht zu treffen: „Was" und „wie" ausgestellt werden soll.

Der Aspekt des „Was" bezieht sich auf die sinnvolle Auswahl von Objekten aus dem Bestand und ist darüber hinaus relevant bei der Ankaufspolitik eines Hauses (die ihrerseits in Zusammenhang mit dem Selbstverständnis des Museums steht).

Die Frage des „Wie" umfasst die Präsentation der Objekte. Hier ist darauf zu achten, dass die Sammlung nach didaktischen Gesichtspunkten aufbereitet wird und insbesondere "Bedürfnisse der Museumsbesucher wie Schaulust, Neugier, Spieltrieb oder Entdeckerfreude" (SCHUCK-WERSIG 1988, S. 98) berücksichtigt werden. Die Art der Präsentation bestimmt den Erlebnisgehalt des Museumsbesuchs und kann die Bindung der Besucher an das Museum verstärken.

Hier geht es zunächst darum, die Exponate so zu präsentieren, dass die Besucher einen Zugang zu ihnen finden. Das kann z. B. durch die Einordnung der Objekte in ihren historischen Kontext geschehen oder dadurch, dass der Besucher Repliken der Objekte in die Hand nehmen und untersuchen kann.

Von größter Bedeutung für die Bildungsvermittlung ist eine hohe Flexibilität der Informationsdarbietung. Ziel sollte es sein, dass jeder Besucher die Menge und Art an Informationen erhalten kann, die er wünscht. Die Art der zu vermittelnden Informationen kann sich z. B. an folgender Struktur orientieren (vgl. im Folgenden TERLUTTER 2000, S. 265f.):
- Informationen über das Museum oder das Ausstellungshaus (Entstehung, Architektur, Philosophie etc.),
- Informationen, die für einen Teil des Museums relevant sind (z. B. einzelne Stilrichtungen) und
- Detailinformationen zu jedem Exponat.

In vielen Ausstellungen und Museen liegt der Schwerpunkt der angebotenen Informationen noch zu sehr auf den speziellen Objekten. Um die Lernleistung zu optimieren, sollte versucht werden, Informationen multimodal zu vermitteln, damit die Besucher möglichst viele Verknüpfungen herstellen können. Außerdem trägt eine multimodale Vermittlung zum Abwechslungsreichtum des Besuchs bei. Zur Realisierung einer individuellen Informationsvermittlung muss neben einem umfassenden Angebot verschiedener Führungen ein mediales Informationssystem zur Verfügung stehen. Ein solches System kann eine sehr flexible Informationsdarbietung ermöglichen. Hinsichtlich der technischen Realisierung sind interaktive den rezeptiven Medien vorzuziehen, da sie aufgrund ihrer Adaptivität an die individuellen Bedürfnisse der Benutzer Vorteile aufweisen. Darüber hinaus erfordern interaktive Medien das Aktivwerden des Nutzers und fördern damit seinen Lernerfolg. Zusätzlich sollten rezeptive Medien, wie Dias, Video- oder Kinofilme zum Standard einer jeden Ausstellung gehören.

Nach einer vom Institut für Museumskunde Berlin in Auftrag gegebenen Studie ist die "regelmäßige Veränderung der Dauerausstellungen das wichtigste Mittel der Museen, ihre Attraktivität für ihre Besucher zu erhalten bzw. zu steigern" (INSTITUT FÜR MUSEUMSKUNDE BERLIN 1995, S. 64). Sonderausstellungen als "aktuelle Ereignisse" stellen für zahlreiche Museen die wichtigste öffentlichkeitswirksame Maßnahme dar. In diesem Zusammenhang ist zu prüfen, welche Ziele das Museum mit Ausstellungen erreichen will: Einzelne Aspekte der Sammlung bzw. wichtiger thematischer bzw. aktueller Zusammenhänge in geeigneter Form darzustellen oder vor allem eine Steigerung der Besuchszahlen und Einnahmen anzustreben.

VERPLANCKE (1996, S. 274) fordert, neue Ausstellungskonzepte für Angebote an Besucher aus einer Region zu entwickeln, bei denen Besucherorientierung und Besucherpartizipation einen hohen Stellenwert haben. Zur Verbesserung der Besucherorientierung bei der Bildungsvermittlung ist es auch empfehlenswert, potentielle Besucher von Beginn an in die Ausstellungskonzeptionierung und -planung einzubeziehen, so dass getroffene Maßnahmen bereits in ihrer Entstehung aus Besuchersicht bewertet und verbessert werden können. Bei der Gestaltung der Präsentation, der Gestaltung des Ausstellungsumfeldes oder der Konzeptionierung der Vermittlungshilfen können Besucher ihre Meinungen und Präferenzen einbringen. Die Evaluierung einer Ausstellung wird damit auf den Entstehungsprozess ausgedehnt und so einer mangelnden Besucherorientierung von Beginn an begegnet.

Im Gegensatz zu Dauerausstellungen, die "auch nach zehn Jahren noch gut, überzeugend und in der Präsentation nicht altmodisch sein müssen", können sich Wechselausstellungen mehr "Witz, Phantasie und auch gewisse modische Finessen leisten" (FAST 1992, S. 134).

Als Leistungen eines Museums werden zunehmend die Angebote der Museumspädagogik bedeutsam. Museumspädagogik ist heute, wenn auch nach wie vor von einigen Fachwissenschaftlern argwöhnisch belächelt, in den meisten Museen fester Bestandteil und hat sich vielfach bewährt. Anspruchsvolle museumspädagogische Konzepte und Angebote eröffnen einem immer größer werdenden Kreis von Besuchern den Zugang zum Museum. Die Museumspädagogik ist die zentrale Einrichtung für die Vermittlung von Inhalten und wendet sich direkt an das Publikum. Ihr Grundgedanke ist die Besucherorientierung. Zielgruppe der Museumspädagogik sind nach wie vor Kinder und Jugendliche (häufig als Schulklassen). Im Sinne einer Nutzenmaximierung sollten darüber hinaus Personen aller Altersgruppen als Zielgruppe angesprochen werden.

Ein zweiter Einsatzschwerpunkt der Museumspädagogik ist im Bereich der didaktischen Aufbereitung der Ausstellung zu sehen. Die folgenden für ein besucherorientiertes Marketing konstitutiven Leistungen sind zwar der professionalisierten Instanz der Museumspädagogik zuzurechnen, lassen sich aber auch von ehrenamtlich Tätigen (des Fördervereins) erbringen.[3] Als erstes sind die Führungen zu nennen, die insofern für die Vermittlung bedeutsam sind, als hier der direkte Kontakt der Besucher zum Museum auf einer persönlichen Ebene hergestellt wird. Von der Kompetenz der Führenden in fachlicher wie pädagogischer Hinsicht ist es abhängig, wie viel "Gewinn" Besucher mitnehmen (vgl. HOLCH 1995, S. 36). Führungen bieten viele Variationsmöglichkeiten: Von der "klassischen" Führung über das "Museumsgespräch" bis hin zur Kombination mit anderen Veranstaltungen (Kursen, Vorträgen, Konzerten, gesellschaftlichen Anlässen wie Empfängen); Orientierungs-, Kurz- und Themenführungen, Führungen zu bestimmten Anlässen (z. B. Festtagen), Führungsreihen zu festen Terminen etc. (vgl. SCHUCK-WERSIG 1992). Damit können unterschiedliche Zielgruppen angesprochen werden. Führungsmedien - (fremdsprachliche) Tonbandführungen, Führungsblätter oder -hefte - können das Programm sinnvoll abrunden.

In einem Kunstmuseum könnten sich Führungen z. B. speziell mit den Künstlern, den verwendeten Techniken oder den Exponaten vor dem historischen Hintergrund beschäftigen. Dabei könnten auch plakative Titel für die Führungen vergeben werden, wie z. B. „Liebe und Leid der alten Meister" oder „Intrigen am Hof zu Lebzeiten Ludwig XIV". In einem Museum, das z. B. Relikte der Römerzeit ausstellt, könnten Führungen wie „Lebensbedingungen des einfachen Volkes", „Cäsar und Cleopatra" oder „Was die Römer mit uns gemeinsam hatten" angeboten werden. Sammlungsbezogene Produkte in Form von Prospekten oder Broschüren zur Sammlung und zu einzelnen Ausstellungen, Lagepläne des Museums, Museumsfächer oder -leitfäden vermitteln den Besuchern Grundinformationen zu Sammlung und Ausstellungen des Museums.

Zur tiefergehenden Beschäftigung mit bestimmten Themen dienen Kataloge zu Dauer- und Sonderausstellungen. Dem Bedürfnis der Besucher, etwas Materielles mitzunehmen (vgl. KLEIN 1984, S. 179), kommen auch Postkarten, Plakate, Diapositive und Filme entgegen. Das Angebot kann durch vom Museum herausgegebene Schriftenreihen, Jahresberichte, Bücher oder Heimatliteratur erweitert werden.

Eine weitere Überlegung betrifft die Flexibilisierung des Ortes, an dem die kulturelle Dienstleistung erbracht wird (vgl. TERLUTTER 2000, S. 265f.). Ausstellungen und Museen sollten die Chance nutzen, ihre Dienstleistung auch dort anzubieten, wo viele Menschen zusammenkommen: Beispielhaft können hier Shopping-Center genannt werden, die sich durch eine starke Verschmelzung von Einkaufen und Freizeit bzw. Unterhaltung auszeichnen und dadurch der heutigen „Freizeit-/Entertainment-/Action-Orientierung" der Verbraucher besonders entgegenkommen. An solchen Orten sollten auch Museen präsent sein, da sie hier auf eine große Zahl von potentiellen Besuchern treffen können. Mit dieser Präsentation können gleichzeitig die häufig vorhandenen Schwellenängste genommen werden. Denkbar ist auch eine Ausdehnung auf Plätze wie Bahnhöfe oder Flughäfen, die zukünftig viel stärker als heute für Konsumzwecke erschlossen werden. Außerdem könnten Museen auch mit „Aktionszelten" am Strand oder im Freibad oder z. B. auf Volksfesten vertreten sein, um ihre Bekanntheit zu erhöhen und Besucherinteresse zu erwecken.

Sonderveranstaltungen wie Museumsfeste, Tage der offenen Tür, Vorträge, Podiumsdiskussionen oder Lesungen tragen als aktuelle Ereignisse und Publikumsanreize zu einem Anstieg der Besuchszahlen und zur Verbesserung des Museumsimages bei. Sie können (nicht nur) in besuchsschwachen Zeiten gezielt zum Museumsbesuch anregen, z. B. in Verbindung mit "äußeren Anlässen" (Festtagen etc.) und damit "sinnstiftendes Erleben" fördern (vgl. HERBST 1992, S. 196).

Zusätzliche Motivationen für den Museumsbesuch können durch das Angebot museumsfremder Veranstaltungen aus anderen Bereichen der kulturellen Szene (Konzerte, Filmvorführungen, -festivals) geschaffen werden. In Zusammenarbeit mit anderen Einrichtungen (Wohlfahrtsverbänden, Schulen, Vereinen etc.) können darüber hinaus Veranstaltungen, z. B. Vorträge in Altenheimen oder Kunst-Spielaktionen, durchgeführt werden, die dazu beitragen, einen weiteren Kreis von Personen zu erreichen und deren Interesse für einen Museumsbesuch zu wecken.

Eine Möglichkeit, dem derzeitigen Trend zum Erlebniskonsum zu entsprechen, stellt die Durchführung von Kulturevents dar, die sowohl auf eine emotionale Bindung des Besuchers an die Kulturinstitution als auch auf die Vermittlung kultureller Bildung abzielt (Beispiele: „Lange Nacht der Museen", Burgfeste im Rahmen eines Burgmuseums, Konzertveranstaltungen in Museen). Entschließen sich Kulturinstitutionen dazu, Kulturevents auszurichten, ist anzustreben, sie als Attraktion und etwas „Einmaliges" zu kommunizieren. In diesem Zusammenhang muss auch auf die steigende Bedeutung des Agenda (Thematisierung durch Medien: Die Medien bestimmen weitgehend, mit welchen Themen sich das Publikum beschäftigt) hingewiesen werden. Nur Kulturinstitutionen, denen es gelingt, die Medien für ihre Tätigkeiten zu interessieren, bringen sich ins Gespräch und ziehen dadurch die Besucher an. Zum weiter gefassten Bereich der Museumsleistung sind die Besuchereinrichtungen zu zählen. Nicht nur die Präsentation von Sammlungen und Ausstellungen, sondern auch freundliche, komfortable Aufenthaltsbedingungen tragen zu einem positiven Erlebnis bei.

Im Eingangsbereich gewinnen die Besucher - noch vor dem Betreten der eigentlichen Sammlung - die ersten Eindrücke, die auch für die endgültige Besuchsentscheidung ausschlaggebend sein können. Die Ausgestaltung dieses Bereichs hängt von dem zur Verfügung stehenden Raum ab. Er kann neben der Kasse auch einen Museumsshop oder eine Buchhandlung sowie öffentliche Telefone beherbergen. In jedem Fall sollte er übersichtlich gestaltet sein. Gepflegte Garderoben und Toiletten tragen zu einem positiven Gesamteindruck bei.

Der Museumsshop oder Verkaufsstand stellt nicht nur eine zusätzliche Einnahmequelle dar, sondern kann auch die Attraktivität eines Museums steigern, da er dem Publikumswunsch, "etwas mitzunehmen", entgegenkommt. Artikel, die mit dem Logo des Museums versehen sind bzw. auf dieses hinweisen, dienen gleichzeitig als Werbeträger.

Ein Café oder Restaurant mit attraktiven Räumen und einem besonderen (regionsspezifischen) Speise- und Getränkeangebot bietet Erholung und die besondere Atmosphäre der Verbindung von leiblichem Wohl und Kulturellem. Es sollte auch Nicht-Besuchern offen stehen. Durch die Gestaltung des Cafés könnte versucht werden, die Gäste zum Besuch der Ausstellung zu animieren. Dazu sollte die Gestaltung des Cafés auf die aktuelle Ausstellung abgestimmt sein (z. B. durch die Verwendung von Plakaten oder Repliken zur Dekoration).

3.2 Kommunikations-Mix

Die Kommunikationspolitik trägt zum einen dazu bei, das Image aufzubauen; zum anderen werden Informationen über die eigentlichen Leistungen vermittelt. Zu den klassischen Kommunikationsinstrumenten zählen die Werbung, die Verkaufsförderung und die Öffentlichkeitsarbeit (vgl. NIESCHLAG u. a. 1991, S. 441): "Aufgabe der Kommunikationspolitik ist die bewusste Gestaltung jener Informationen, die eine Unternehmung zum Zwecke der Verhaltenssteuerung auf aktuelle und potentielle Interaktionspartner richtet" (MÜLLER-HAGEDORN 1993, S. 133).

Diese Aufgabe erfüllt beim besucherorientierten Museumsmarketing die Öffentlichkeitsarbeit. Ihr Ziel ist es, den Bekanntheitsgrad eines Museums zu steigern, indem über seine Leistung informiert und das Interesse von Besuchern sowie Interessentengruppen geweckt und aufrechterhalten wird. Öffentlichkeitsarbeit kann dazu beitragen, dass
- höhere Besuchszahlen im Museum erreicht werden,
- bei vergleichbaren Umfeldbedingungen Museen mit mehr Öffentlichkeitsarbeit besser abschneiden,
- der sinkenden Anziehungskraft eines Museums trotz attraktiver Sammlung gegengesteuert wird,
- das Image des Museums positiv verstärkt und damit die Bereitschaft zur Förderung der Museumsarbeit (Politik, Sponsoren, Ehrenamt, Mitgliedschaft im Förderverein etc.) zunimmt.

Eine effiziente und professionelle Öffentlichkeitsarbeit ist zielgruppengenau zu konzipieren. Um Zielgruppen ansprechen zu können, muss ein Museum sie identifizieren können (dazu sind Besucherforschungen unabdingbar). Jedes Museum hat für sich die Frage zu beantworten, welches Publikum angesprochen werden soll und kann.

SCHUCK-WERSIG u. a. (1993) haben in ihrer empirischen Studie zur "Wirksamkeit öffentlichkeitsbezogener Maßnahmen für Museen und kultureller Ausstellungen" eine Museumsbesuchertypologie erstellt. Dabei wurde u. a. untersucht, inwieweit das jeweilige Museum (Nationalgalerie versus Museum für Volkskunde in Berlin) in die Lebenswelt seiner Besucher integriert ist. Für Volkskundemuseen haben SCHUCK-WERSIG u. a. (1993, S. 17) eine Verlängerung oder Ausstrahlung in die Lebenswelt der Besucher konstatiert. "Der Besucher findet hier Parallelen zu eigenen Tätigkeiten (Weben, Sticken, Schnitzen etc.).

Als Quintessenz der "Analyse von Besucherstrukturen und -motivationen" haben SCHUCK-WERSIG u. a. (1993) eine Dominanz der Dimensionen "Lust, Selbstbestätigung und Wissensbestätigung" bei den Besuchern des Museums für Deutsche Volkskunde identifiziert. In diesem Zusammenhang ist darauf hinzuweisen, "daß der Besucher immer auch seine persönliche Situation und seinen Alltag mit in das Museum hineinbringt und an dem dort Gezeigten - neben vielen anderen Motivationen - auch sich selbst begreifen und wiedererkennen will" (ebd. S. 10). Daraus folgt für die Public-Relations-Arbeit, die "persönliche Ansprache und die individuelle Einbeziehung der Besucher" (ebd.) explizit zu berücksichtigen. SCHUCK-WERSIG u. a. (1993) konstatieren in ihrer Studie ebenfalls eine stärkere Bindung eines (Stamm-)Publikums an den Typus Volkskundemuseum, für das Ausstellungen als öffentlichkeitswirksame Maßnahmen nicht die Bedeutung haben wie z. B. für Kunstmuseen (Nationalgalerie).

Inhaltlich und konzeptionell beginnt Öffentlichkeitsarbeit bereits "bei der Präsentation der Sammlung, setzt sich fort in Public-Relations-Aktionen und wird realisiert in so scheinbaren Kleinigkeiten wie kurzen Annoncen in Tageszeitungen, Taschenführern zur Kurzinformation der Aufseher (...) oder einem übergeordneten Verzeichnis sämtlicher lokaler Museen" (ebd., S. 35).

Welche Strategien auch immer von einem Museum verfolgt werden, es braucht neben einer klaren Konzeption engagierte Akteure, die professionelle Öffentlichkeitsarbeit, sei es ehren-, neben- oder hauptamtlich betreiben. Kleinen Museen ist zu empfehlen, sich auf einige wenige Ziele zu beschränken, um diese mit der nötigen Intensität verfolgen zu können. Dabei bedient sich Öffentlichkeitsarbeit verschiedener Mittel:
- der Werbung in Form visueller Außenwerbung mit Plakaten, Aushängen und Hinweisschildern,
- der Werbung durch Anzeigen in den Medien,
- Maßnahmen zur Information potentieller Besucher (z. B. die Herausgabe von Veranstaltungskalendern oder Museumszeitschriften in regelmäßigen zeitlichen Abständen).

Öffentlichkeitsarbeit mit den Medien ist besonders wirksam, zumal damit gezielte Informationen transportiert werden können. Durch regelmäßige Präsenz in Presse, Fernsehen etc. kann das Museum im Bewusstsein der Öffentlichkeit verstetigt werden. Diese Präsenz findet eine Verstärkung in Gesprächen über das Museum und sein Angebot. "Dann nämlich steigt die Selbstbestätigung eines Museums, einer Ausstellung, eines neu ausgestellten Bestandes oder einer Inszenierung überproportional an" (TREINEN 1994, S. 33). Dazu tragen insbesondere aktuelle Ereignisse (Sonderausstellungen und -veranstaltungen, Personalwechsel, Jubiläen, außergewöhnliche Geschehnisse) bei, da die "aktualitätszentrierten" Medien vorwiegend über solche berichten.

Maßnahmen für ein professionelles "Medien-Marketing" umfassen die Gestaltung der Kontakte zu den Medien und ihren Vertretern:
- Pressemitteilungen und Pressekonferenzen,
- Pflege des persönlichen Kontaktes zu Redakteuren verschiedener Medien,
- Einladung zu aktuellen Anlässen,
- regelmäßige Gespräche.

Neben werblichen Maßnahmen ist die direkte Ansprache des Publikums ein Instrument, bei dem, z. B. durch persönliche Mitteilungen und Einladungen, regelmäßige Zusendung des Veranstaltungskalenders, auf spezifische Zielgruppen eingegangen werden kann.

Besonders wirksam kann Öffentlichkeitsarbeit im Rahmen einer Kooperation mit anderen Einrichtungen (z. B. Zusammenarbeit von verschiedenen Museen, von Museumsverbände oder anderen Institutionen auf regionaler bzw. überregionaler Ebene) sein. Und schließlich ist ein nicht zu unterschätzender Faktor für die Öffentlichkeitsarbeit die "Mund-zu-Mund-Propaganda", da "persönliche, informelle

Werbung (...) das beste Werbemedium" (KLEIN 1990, S. 26) ist. Die Gründung bzw. Pflege von Förder- und Interessenkreisen oder -vereinen ist ebenfalls ein effektives Instrument der Öffentlichkeitsarbeit, zumal die Mitglieder dieser Institutionen als Multiplikatoren fungieren können.

Insbesondere für die Entwicklung einer "Corporate Identity" des Museums ist Öffentlichkeitsarbeit zuständig: Das Spektrum der Maßnahmen reicht hier von der Entwicklung eines Logos, das auf allen Museumsprodukten erscheint, bis hin zur Schulung des Personals (Kasse, Aufsicht etc.).

3.3 Kontrahierungs-Mix

"Im Mittelpunkt der preis- bzw. entgeltpolitischen Überlegungen steht das sogenannte Preis-/Leistungsverhältnis. Die Entscheidungen beziehen sich auf die Wahl unter alternativen Preisforderungen" (MÜLLER-HAGEDORN 1993, S. 133). Bei der Preisgestaltung sind die "Zulieferer" (betrifft bei Museen die Personalkosten und die Honorare von Künstlern/Kulturschaffenden), die Konkurrenten, die Abnehmer (das Publikum) und die Bedingungen beim Anbieter selbst (interne Situation, Ressourcen, Zielsystem) als Bestimmungsfaktoren zu berücksichtigen (vgl. KLEIN 1995, S. 11). Entscheidungen in diesem Bereich betreffen die Eintrittsgelder und Strategien der Preisdifferenzierung (vgl. SCHENKER 1990, S. 99).

Mit der Einführung oder Erhöhung von Eintrittsgeldern werden Museen zunehmend mit der Konkurrenz anderer Kultur- und Freizeitanbieter konfrontiert. Einführung und Erhöhung von Eintrittsgeldern können zu einem Besucherrückgang führen, dem dann durch Maßnahmen wie Qualitätsverbesserung, intensive Öffentlichkeitsarbeit etc. gegengesteuert werden kann. Höhere Preise beim Besuch von Sonderausstellungen können allerdings auch einen Anreiz zum Besuch dieser Ausstellungen darstellen. Bei einer Preiserhöhung innerhalb der Dauerausstellung werden - einschlägigen Untersuchungen (vgl. Heft 46 der MATERIALIEN AUS DEM INSTITUT FÜR MUSEUMSKUNDE) zufolge – insbesondere Stammbesucher abgeschreckt.

Erforderlich ist eine Preisdifferenzierung, die sich auch als Instrument zur zeitlichen Mengenverteilung der Besucherfrequenz einsetzen lässt. Dabei können verschiedene Rabattformen zum Einsatz kommen: Ermäßigungen oder freier Eintritt für bestimmte Zielgruppen (z. B. Kinder, Senioren, Mitglieder des Freundeskreises) oder zu bestimmten Zeiten (z. B. ein eintrittsfreier Tag pro Woche, freier Eintritt kurz vor dem Ende der Öffnungszeiten), Mengenrabatte (Gruppenermäßigung, Jahreskarte). Ebenfalls kann eine Preisdifferenzierung für die ständige Sammlung und für Sonderausstellungen sinnvoll sein.

Weitere Möglichkeiten der Preisgestaltung bieten die Kombination verschiedener Leistungen (Eintritt mit Führung, Veranstaltung, Imbiss), die Kooperation mit anderen Einrichtungen (Kombitickets, Museumspass, gegenseitige Rabatte), das Angebot von Abonnements (z. B. für Führungen, Veranstaltungsreihen), gesponserte eintrittsfreie Zeiten oder das Verteilen von Freikarten oder Ermäßigungsgutscheinen (z. B. an bestimmte Zielgruppen, zu bestimmten Anlässen, an bestimmten Orten) (vgl. ERHEBUNG DES INSTITUTS FÜR MUSEUMSKUNDE BERLIN 1996, S. 43f.).

3.4 Distributions-Mix

"Bei der Distributionspolitik geht es darum, über welche Distributionskanäle und -organe die Leistungen an die Abnehmer herangetragen werden sollen und wie sichergestellt werden kann, dass die jeweilige Leistung auch im richtigen Zustand, zur rechten Zeit und am gewünschten Ort in ausreichender Menge zur Verfügung steht (Absatzlogistik)" (MÜLLER-HAGEDORN 1993, S. 133). Entscheidungen im Bereich der Distribution beziehen sich insbesondere auf die Öffnungszeiten, die Präsenz im öffentlichen Raum und auf die Einschaltung von Absatzmittlern, wobei die Wünsche und Bedürfnisse der Zielgruppen eine zentrale Rolle spielen (vgl. VERMEULEN/GEYER 1995, S. 94ff.). Ideale Öffnungszeiten gibt es nicht, da sich aufgrund zahlreicher Faktoren (Größe und Standort des Museums, Jahreszeit, Ferienzeit, Zusammenhang mit dem Besuch anderer Einrichtungen, klimatische Gegebenheiten und Besucherstruktur) die zeitliche Verteilung der Besuchsfälle bei verschiedenen Museen stark unterscheidet (nach Jahreszeiten sowie nach Wochentagen und Tageszeiten). Generell gilt es, die Öffnungszeiten soweit wie möglich auf die Bedürfnisse der Besucher abzustimmen.

Berufstätige sind in Museen z. B. an Werktagen stark unterrepräsentiert, erst eine Abendöffnung des Museums würde ihnen einen Besuch während der Woche ermöglichen. Flexible Sonderöffnungszeiten (z. B. zu besonderen Anlässen oder für bestimmte Zielgruppen) könnten den Besucherinteressen ebenfalls entgegenkommen.

Eine Änderung der Öffnungszeiten sollte probeweise und kontrolliert sowie von der Öffentlichkeitsarbeit stark unterstützt über längere Zeit durchgeführt werden, um Aufschluss zu erlangen, ob sie wirklich sinnvoll ist. Eine Verkürzung von Öffnungszeiten führt in der Regel zu einem Besucherrückgang (vgl. KLEIN 1986).

Die Museumsangebote sollten von Besuchern möglichst problemlos in Anspruch genommen werden können. Neben einer günstigen Verkehrsanbindung tragen Hinweisschilder und Wegweiser im Stadtbild dazu bei. Darüber hinaus trägt die Schaffung eines einladenden Ambientes im öffentlichen Raum vor dem Museum dazu bei, Schwellenängste abzubauen (vgl. MÜLLER-HAGEDORN 1993, S. 125).

Das Museumspublikum erwirbt die Eintrittskarte in der Regel unmittelbar vor dem Besuch im Haus selbst. Neben der Möglichkeit der (telefonischen) Reservierung oder Anmeldung und Vorbestellung von Tickets kann der Verkauf zusätzlich durch Einschaltung von Absatzmittlern (Agenturen, Vorverkaufsstellen, Verkehrsvereinen, Reiseveranstaltern) angeboten werden. Für Ausstellungen von internationalem Rang wird dies bereits praktiziert, z. B. von der Kunsthalle Tübingen. Für weniger herausragende Ereignisse und die Dauerausstellung ist es nur eingeschränkt sinnvoll, kann aber beim Vorverkauf für Sonderveranstaltungen (Konzerte, Filme, Museumsfeste) und im Rahmen von Tourismusangeboten durchaus nützlich sein (vgl. KLEIN 1995, S. 18).

Literatur

art. Das Kunstmagazin. Heft 9/1996.
BENJAMIN, W. (1972): Jahrmarkt des Essens. Epilog zur Berliner Ernährungsausstellung. In: REXROTH, T. (Hrsg.,1972): Gesammelte Schriften. Bd. OV/1, Frankfurt/M.
BENKERT, W./LENDERS, B./VERMEULEN, P. (Hrsg., 1995): KulturMarketing. Den Dialog zwischen Kultur und Öffentlichkeit gestalten. Stuttgart u. a.
Erh. 1995: s. INSTITUT FÜR MUSEUMSKUNDE Berlin 1996.
Erh. 1996: s. INSTITUT FÜR MUSEUMSKUNDE Berlin 1996.
FAST, K. (1992): Museumspädagogik - Die Praxis. In: Museumsarbeit.
GRIMM-PIECHA, G. (1997): Musentempel contra Disneyland? - Vive l'esprit. In: Reader: Touristische Inwertsetzung kultureller Ereignisse und Objekte. Studienbrief des Weiterbildenden Studiums KulturTourismus & Event-Management. FernUniversität Hagen.

GÜNTER, B. (2000): Was behindert und was eröffnet Wege zu Besucherbindung und Besucherintegration? In: GÜNTER, B./JOHN, H. (Hrsg., 2000): Besucher zu Stammgästen machen! Neue und kreative Wege zur Besucherbindung. Bielefeld.

HEINZE, Th. (Hrsg., 1999): Kulturtourismus. Grundlagen, Trends und Fallstudien. München.

HEINZE, Th. (Hrsg., 2000): Fallstudien zum Museumsmarketing. FernUniversität. Hagen.

HERBST, H. (1992): Öffentlichkeitsarbeit. In: Museumsarbeit.

HOLCH, J. (1995): Dienstleistungsorientiertes Kulturmarketing. In: BENKERT, W./LENDERS, B./VERMEULEN, P. (1995): KulturMarketing. Den Dialog zwischen Kultur und Öffentlichkeit gestalten. Stuttgart u. a.

INSTITUT FÜR MUSEUMSKUNDE BERLIN (Hrsg., 1993): Erhebung der Besucherzahlen an den Museen der Bundesrepublik Deutschland für das Jahr 1992. Materialien aus dem Institut für Museumskunde, Heft 38, Berlin.

DASS. (1996): Statistische Gesamterhebung an den Museen der Bundesrepublik Deutschland für das Jahr 1995. Materialien aus dem Institut für Museumskunde, Heft 45, Berlin.

DASS. (1996): Erhebung der Besucherzahlen an den Museen der Bundesrepublik Deutschland für das Jahr 1995. Materialien aus dem Institut für Museumskunde, Heft 38, Berlin.

DASS. (1996): Erhebung der Besucherzahlen an den Museen der Bundesrepublik Deutschland für das Jahr 1996. Materialien aus dem Institut für Museumskunde, Heft 38, Berlin.

KARLSRUHER SCHRIFTEN ZUR BESUCHERFORSCHUNG (1994): Vom Präsentieren zum Vermitteln, Karlsruhe, Heft 5.

KLEIN, A. (1986): Marketinginstrumente - Planung und Einsatz. Materialien aus dem Institut für Museumskunde, Heft 17, Berlin.

KLEIN, H.-J./WÜSTHOFF-SCHÄFER, B. (1990): Inszenierung an Museen und ihre Wirkung auf Besucher. Materialien aus dem Institut für Museumskunde, Heft 32, Berlin.

KOMMUNALE GEMEINSCHAFTSSTELLE FÜR VERWALTUNGSVEREINFACHUNG (KGSt) (Hrsg., 1989): Die Museen, Besucherorientierung und Wirtschaftlichkeit. Köln.

KORFF, G. (1985): Forum statt Museum. In: Geschichte u. Gesellschaft. Jg. 11, H. 2, Göttingen.

KOTLER, Ph. (1978): Marketing für Nonprofit-Organisationen. Stuttgart.

MÜLLER-HAGEDORN, L./FELD, Chr. (1993): Kulturmarketing. Studienbrief FernUniversität Hagen.

NIESCHLAG, R./DICHTEL, E./HÖRSCHGEN, H. (1991): Marketing. Berlin.

SCHENKER, Ph. (1990): Ökonomie und Management von Kunstinstitutionen. Basel, Frankfurt/M.

SCHUCK-WERSIG, P./SCHNEIDER, M./WERSIG, G. (1993): Wirksamkeit öffentlichkeitsbezogener Maßnahmen für Museen und kulturelle Ausstellungen. Materialien aus dem Institut für Museumskunde, Heft 21, Berlin.

SCHUCK-WERSIG, P./WERSIG, G. (1992): Museen und Marketing in Europa. Großstädtische Museen zwischen Administration und Markt. Materialien aus dem Institut für Museumskunde, Heft 37, Berlin.

SCHUCK-WERSIG, P./WERSIG, G. (1988): Museen und Marketing. Marketingkonzeptionen amerikanischer Großstadtmuseen als Anregung und Herausforderung. Materialien aus dem Institut für Museumskunde, Heft 25, Berlin.

SCHUCK-WERSIG, P./WERSIG, G. (1994): Museumsmarketing - Grundfragen und Thesen. In: WIESE, G./WIESE, R. (Hrsg., 1994): Museumsmanagement. Hamburg.

SCHULZE, G. (1992): Die Erlebnisgesellschaft. Kultursoziologie der Gegenwart. Frankfurt/M.

SCHULZE, G. (1994): Warenwelt und Marketing im kulturellen Wandel. In: HEINZE, Th. (Hrsg., 1994): Kulturmanagement. Professionalisierung kommunaler Kulturarbeit. Opladen.

SCHULZE, G.(1999): In der Eventfolklore. In: kulturpolitische mitteilungen. III/1999.

TERLUTTER, R. (2000): Lebensstilorientiertes Kulturmarketing. Wiesbaden.

TREINEN, H. (1994): Das moderne Museum als Massenmedium. In: Karlsruher Schriften, Band 5.

VERMEULEN, P./Geyer, H. (1995): Operatives Kulturmarketing. In: BENKERT, W./LENDERS, B./VERMEULEN, P. (Hrsg., 1995): KulturMarketing. Den Dialog zwischen Kultur und Öffentlichkeit gestalten. Stuttgart u. a.

VERPLANCKE, Ph. (1996): Museumspädagogik - eine Marketingstrategie? In: ZIMMER, A. (Hrsg., 1996): Das Museum als Nonprofit Organisation. Frankfurt/Main, New York.

ZIMMER, A. (Hrsg., 1996): Das Museum als Nonprofit Organisation. Frankfurt/Main, New York.

[1] Strategisches Marketing umfasst sowohl eine Umfeldanalyse als auch die Analyse des eigenen Potentials. Damit ist das strategische Marketing ein Management-Prozess, der die Analyse, Formulierung und Überprüfung von Strategien umfasst, die eine Organisation in die Lage versetzt, ihre Ziele zu erreichen durch die Entwicklung und Aufrechterhaltung einer strategischen Übereinstimmung zwischen den Fähigkeiten der Organisation und den Gefahren und Chancen, die sich aus der Veränderung der Umwelt ergeben. Die strategische Planung gibt Antworten auf die sich ändernden Verhältnisse. Die in diesem Rahmen zu treffenden Entscheidungen stellen dann die Vorgaben dar, an denen sich die Planung des Marketing-Mix orientiert. Der Marketing-Mix stellt gewissermaßen das letzte Glied in der marketingkonzeptionellen Kette dar. Er stellt die eigentliche operative Seite bzw. die konkrete maßnahmenorientierte Umsetzung der strategischen Vorgaben dar.

[2] Einige Überlegungen haben wir zum Teil - in überarbeiteter Fassung - der Abschlussarbeit zum weiterbildenden Studium KulturManagement von Frau Göbel-Mahmoud entnommen.

[3] Die Gründung oder Reaktivierung von Fördervereinen als Ressourcenbeschaffer und Beziehungsnetzwerk zu Politik und Wirtschaft hat in Anbetracht der finanziellen Zwänge der Kultureinrichtungen gegenwärtig einen großen Aufschwung erfahren. Vor allem im Museumsbereich ist eine Ausweitung der Tätigkeitsfelder deutlich zu spüren: Von der Öffentlichkeitsarbeit über Führungen und museumspädagogische Projekte, Dokumentations- und Archivarbeit, Ausstellungsvorbereitungen bis hin zu wissenschaftlicher Arbeit und Katalogerstellung. Hinzu kommen unterstützende Aktivitäten zur Erhöhung der Einnahmen durch die Mitarbeit oder Trägerschaft eines Museumsshops, Spendensammlungen und Sponsoringmaßnahmen (vgl. Themenheft "kulturpolitische mitteilungen" zur "Freiwilligenarbeit in der Kultur". Heft 84, I/1999).

Qualitätsstrategien im Destinationsmanagement

Silke Landgrebe

Vorbemerkungen

„Made in Germany" gilt seit den 1950er und 1960er Jahren als Synonym für beste Markenqualität und Erfüllung höchster Kundenansprüche. Allerdings bezog sich dieses stets auf Produkte der Investitions- und Konsumgüterindustrie. Im Dienstleistungsbereich, insbesondere im Tourismus, wurde über Qualitätsaspekte in Deutschland erst nachgedacht, nachdem die Zeit der touristischen Hochkonjunktur vorbei und der Wandel zum Nachfragermarkt in den Destinationen abgeschlossen war. Nachdem nun ein von Diskussionen und vielerlei vereinzelten Anstrengungen um Qualitätssteigerungen geprägtes Jahrzehnt vergangen ist, ist offenkundig, dass Erfolge sich doch nur zögerlich einstellen. Einige der Ursachen und einen Lösungsansatz für die besonders problematische Einführung eines Qualitätssystems auf Destinationsebene aufzuzeigen, ist Anliegen dieses Beitrages.

Zwei kurze Hinweise mögen beleuchten, warum im Tourismus unter allen Management-Funktionen die Qualitätsaufgaben zu denen zählen, die am schwierigsten durchsetzbar sind:

1. Bei der Herstellung materieller Konsumgüter (wie z. B. Automobile) lässt sich eine Fehlerquote von bis zu null Prozent erreichen. Fehler können durch Zwischen- und Endkontrollen noch im Produktionsprozess behoben werden; der Kunde wird (vermutlich) nie bemerken, dass sie jemals aufgetreten sind. Touristische Produkte wie Reisen oder z. B. gastronomische Teilleistungen jedoch entstehen erst als solche in dem Moment, in dem der Gast sie konsumiert. Sie können vorher weder getestet noch bei Schadhaftigkeit umgetauscht werden. Es gilt also das Null-Fehler-Prinzip („do the things right the first time"). Dabei gibt es äußerst vielfältige „Schadens-Potentiale", denn das Gesamtprodukt Reise besteht nicht nur aus materiellen sondern in hohem Maße auch aus immateriellen Faktoren, der Dienstleistungskultur. Das Produkt „Reise" insgesamt ist geprägt durch
   - Komplexität und Interdependenzen der verschiedenen Leistungsträger,
   - großen Einfluss des Mitarbeiterverhaltens,
   - einen hohen „Prosumer"-Anteil,
   - starke subjektive Komponenten und
   - emotionale Bewertungen durch den Gast.

   So vielfältig und miteinander verwoben die einzelnen Glieder der gesamten Leistungskette einer Reise sind, so zahlreich sind die „moments of truth", d. h. die Stolpersteine, die den Gesamteindruck sprengen können. Stimmt bereits nur eine Komponente nicht, sei es die durchhängende Matratze oder ein überforderter Rezeptionist im Hotel, fehlende Schutzhütten oder geschlossene Lokale auf der Radwanderung, kann das Gesamtprodukt inakzeptabel werden.

2. Als besonders schwierig erweist sich die Operationalisierung von Qualität in Destinationen. Denn ein touristisches Zielgebiet lebt von vielen unterschiedlichen Akteuren, die in aller Regel nur schwer unter einen „Qualitäts-Hut" zu bringen sind. Zum einen können die Leistungsträger völlig unterschiedliche individuelle Qualitätsauffassungen vertreten - für den einen Hotelier ist zeitgemäßer Wohnstandard adäquater Maßstab, während der andere die eingebaute Nasszelle aus dem Baumarkt und „Fernseher auf Wunsch" als Inkarnation moderner Kundenorientierung erachtet. Es gibt also höchst unterschiedliche subjektive Geschmackskriterien und Usancen, zu denen z. B.

auch die Unflexibilität beim wöchentlichen Bettenwechsel zählt („Anreise nur am Samstag!"). Zum anderen besteht insbesondere in der Klein-Hotellerie und Gastronomie eine hohe Neigung zur Selbstgenügsamkeit: So gilt eine Kapazitätsauslastung von 30% in ländlichen Regionen durchaus als normal - und damit als Indiz für Gästezufriedenheit; ein Handlungsbedarf wird kaum gesehen.

Ganz offensichtlich wird die Bedeutung von Servicequalität und Freundlichkeit noch weithin unterschätzt. Nur jeder zweite Tourismusmanager in den größten Reisegebieten im deutschsprachigen Raum hält diese Aspekte aus Sicht des Gastes für relevant, und mehr als 70% der Befragten schätzen die eigene Servicequalität gar nur als „befriedigend" oder sogar schlechter ein (KRUPS 2000).

1 Strategische Neuausrichtung - Warum wird Qualität im Tourismus immer wichtiger?

Wenn dennoch einzelne touristische Unternehmen den hohen Stellenwert systematischer Qualitätsverbesserungen aufgegriffen haben, so geschah und geschieht dies vor dem Hintergrund zunehmenden Marktdrucks. Die Rahmenbedingungen des Tourismusmarketing haben sich drastisch verändert; sie sind im Wesentlichen charakterisiert durch:
- Stagnation der Reiseintensität,
- qualitatives Erstarken direkter und indirekter Wettbewerber,
- quantitative Zunahme von Kurzreise-Destinationen im In- und Ausland,
- neuartige (Ersatz-)Produkte wie Freizeit- und Erlebnisparks etc.,
- Multioptionalität und Unberechenbarkeit des Reiseverhaltens,
- Anspruchsrevolution der Reisenden,
- wachsendes Qualitätsbewusstsein.

Die enorm gestiegene Wettbewerbsintensität bei gleichzeitiger Marktsättigung hat die bis Anfang der 1990er Jahre teils zufriedenstellende, punktuell sogar stürmische Tourismusentwicklung in Deutschland in einer Weise abgebremst, dass offensives Handeln unumgänglich ist und sich viele Tourismusstandorte zu einem Relaunch gezwungen sehen. Dabei hat sich das Spektrum der Antworten auf die Krise als relativ schmal erwiesen. Die strategischen Optionen für notwendige Neu-Positionierungen sind im Wesentlichen:
- Innovationsstrategien,
- Me-too-Strategie,
- Kooperationsstrategien,
- Kundenorientierungsstrategien.

Innovationsstrategien, d. h. originäre Neuentwicklungen bergen zumindest kurzfristig besondere Erfolgspotentiale, sind im Deutschland-Tourismus jedoch die Ausnahme. Als teilweise sehr marktfähig haben sich Musicals, Themenrouten und radtouristische Angebote erwiesen, mit ihrem Erfolg zugleich aber auch zur Nachahmung veranlasst. Me-too-Strategien allerdings können weder die belastende Situation der Austauschbarkeit verbessern noch das Problem der Notwendigkeit zur Profilierung lösen. Im Gegenteil, es hat sich gezeigt, dass nur diejenigen Anbieter Wettbewerbsvorteile aufbauen konnten, die zielgruppenbezogen mit maßgeschneiderten Konzepten eine konsequente Kundenorientierung verfolgen. Dabei wird immer wieder deutlich, dass zum einen die Fähigkeit, durch Kooperationen Synergien aufzubauen, sowohl in der Produktentwicklung als auch in der Vermarktung mitentscheidend für den Erfolg ist, während sich zum anderen die notwendige Differenzierung ganz vornehmlich über eine herausragende Dienstleistungsqualität erreichen lässt.

2 Warum gerade Qualität?

Ein systematisch betriebenes Qualitätsmanagement kann, wie Abb. 1 zeigt, eine Reihe von Verbesserungszielen für die Betriebsabläufe und damit für das Betriebsergebnis unterstützen. Als vorrangiges Oberziel ist die Steigerung der Kundenzufriedenheit zu werten, denn alle anderen Ziele werden nur darüber erreicht! Nur zufriedene Gäste kommen wieder - und sie sind kostenfreie Multiplikatoren, im positiven wie im negativen Sinne: Ein zufriedener Gast berichtet einem Kreis von durchschnittlich ca. sieben Freunden, Bekannten oder Kollegen von seiner angenehmen Erfahrung. Ein unzufriedener Gast hingegen wandert ab und berichtet im Durchschnitt doppelt so vielen von seinem Negativ-Erlebnis - das bedeutet abgeschreckte Nicht-Kunden, die durch aufwendige Werbung erst gewonnen werden müssen!

Abb. 1: Ziele des Qualitätsmanagements von Dienstleistungsunternehmen

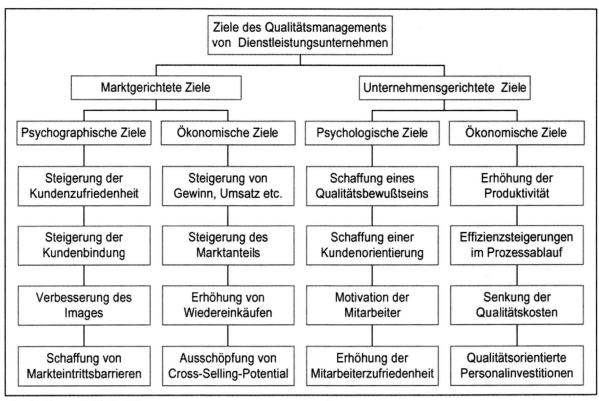

Quelle: BRUHN 1997, S. 132

Aus der Sicht der Gäste gewinnen „Software-Komponenten" wie Service-Kompetenz, ständige Ansprechbarkeit, Freundlichkeit etc. immer stärker an Bedeutung. „Bei wachsender Konkurrenz wird die individuelle und persönliche Betreuung, die sich in ihrer Intensität an den Wünschen des Gastes orientiert, zum wichtigsten Erfolgskriterium" (KIERCHHOFF 2000, S. 9). Im Gegensatz etwa zu Produktinnovationen, die oft nur von kurzer Dauer und leicht nachzuahmen sind, und anders als die Ausrichtung auf Massenmärkte weisen Qualitätsstrategien ganz spezifische Erfolgspotentiale auf:
- Qualität ist schwer imitierbar,
- Qualität ist nachhaltig wirksam,
- Qualität schafft eine Marke,
- Qualität entgeht dem Preiskampf,
- Qualität als Postulat ist intern, d.h. unter den touristischen Akteuren einer Destination zumindest normativ hoch konsensfähig.

Will eine Destination ein kundenorientiertes Qualitäts- und Dienstleistungssystem konsequent aufbauen und langfristig etablieren mit dem Ziel der Positionierung als herausragender Qualitätsanbieter, so ist Qualität als Wettbewerbsstrategie und Managementfunktion zugleich zu begreifen. Ein solches Konzept erfordert:
- einen ganzheitlichen Ansatz,
- absolute Kundenorientierung,
- die Einbindung aller Akteure/Partner,
- Planungsqualität und Fehlerprävention,
- das Prinzip der ständigen Verbesserung,
- Prozessorientierung,
- allgemein anerkannte Qualitätsstandards,
- Controlling in definierten Zeiträumen.

Qualitätsmanagement kann mithin nicht als ein einmaliger Check, etwa im Sinne der im regionalen Tourismus üblichen Vorgehensweise „Bestandsaufnahme - Leitbild - Maßnahmenkatalog" abgehakt werden. Qualitätsmanagement ist vielmehr ein auf Dauer angelegter Prozess, der eine permanente Auseinandersetzung *aller* Leistungsträger mit den sich stets wandelnden Anforderungen und Bedürfnissen der Gäste beinhaltet und eine kontinuierliche Optimierung anstrebt.

3 Wer definiert Qualität?

Was als Qualität empfunden wird, lässt sich nicht objektiv festlegen. Anders als bei den formalistischen Zertifizierungsstrategien (nach der DIN EN ISO 9000ff.) steht im Mittelpunkt eines Qualitätsmanagements touristischer Unternehmungen der Bezug zum Kunden. Daraus folgt,
- dass der Gast die Dienstleistung aus seiner ganz persönlichen Sicht bewertet (u. U. also ganz andere Qualitätskriterien zugrunde legt als der Leistungsanbieter bisher vermutet hat),
- dass sich für den Gast alle Einzelelemente der Reise/des Ausflugs zu einem Ganzen verbinden, er dabei aber Einzelglieder der Servicekette in unterschiedlicher Intensität und subjektiver Bedeutung wahrnimmt,
- dass Schwachstellen die Qualitätswahrnehmung des Gastes überproportional beeinflussen, so dass Defizite einer Teilleistung mitunter eine entscheidende Ausstrahlung auf die gesamte Wahrnehmung haben könnten.

Ausgangsbasis jeglicher Verbesserungen und Maßnahmen im Rahmen eines kundenorientierten Dienstleistungsmanagements ist also die Orientierung an den Erfahrungen, Erwartungen und Wünschen der Gäste selbst. Das bedeutet einen ständigen Dialog und Einbeziehung des Gastes in die Überwachung der Dienstleistungsprozesse durch informelle Maßnahmen der Marktforschung wie Mystery Shopper, Begleitung on the Job (Service-Rundgang), Mitarbeitergespräche oder Gästestammtische. Als formelle Maßnahme bietet sich ein aktives Beschwerdemanagement an, das die ausdrückliche Stimulierung von Kundenanfragen und Reklamationen vorsieht, sowie Gästebefragungen, die trotz ihrer hohen Bedeutung für die Zufriedenheitsermittlung bislang nur äußerst selten auf Destinationsebene durchgeführt werden (nämlich von weniger als 5% lt. KRUPS 2000, S. 15).

Die von ihnen selbst formulierten Erwartungen der Gäste, d. h. den Grundnutzen zu erfüllen, reicht jedoch nicht aus. Zur eigentlichen Profilierung bedarf es mehr als des konventionellen Leistungsspektrums, nämlich der Bereitstellung eines - möglichst unerwarteten und emotional ansprechenden - Zusatznutzens. Beispiel Kulturerlebnis: Auch hier werden die Meßlatten ständig höher gehängt; der Besuch eines Museums etwa wird kaum noch als besonderes Erlebnis empfunden. Auch genügt es nicht, „nur" ein Hotelbett mit Eintrittskarte für ein klassisches Konzert oder Jazz-Event zu verkaufen.

Hier könnten ein Glas Champagner zur Einstimmung, ein Autogramm des Künstlers oder ein Mitschnitt des Konzerts als Betthupferl den „added value" als Überraschungseffekt bilden.

4 Destinationsspezifische Probleme und Ansätze

Die Entwicklung von Qualitätsstandards sowie deren fortlaufende Überprüfung und Sicherung auf der einen und die Entwicklung sowie Durchführung von Maßnahmen zur konkreten Verbesserung (Mitarbeiterschulung, Prozessoptimierung, Benchmarking etc.) auf der anderen Seite erfordern eine Fülle von Arbeitsaufträgen und einen Koordinationsaufwand, der die Frage aufwirft: Kann all dies in einer Destination, d. h. unter Bedingungen
- kollektiver Produktion,
- vielfältiger Professionalitätsstandards und
- unterschiedlicher Qualitätsverständnisses der Akteure überhaupt geleistet werden?

Ein Vorbild liefern die aus einem Guss entworfenen und geführten Hotelresorts ebenso wie die Touristikkonzerne, die durch ihre vertikale Integration vermögen, die Dienstleistungskette nahezu vollständig in den Einflussbereich ihres Qualitätsmanagements zu bringen und so einen homogenen Qualitätsstandard durchzusetzen.

Im regionalen Tourismus oder im Städtetourismus lässt sich eine abgestimmte Entwicklung nur durch horizontale und vertikale Kooperation der Unternehmen unter Leitung einer übergeordneten Organisation erreichen, die zentral die destinationsweite Planung, Steuerung, Beratung und Kontrolle übernimmt. Das Konzept des „Destination-Managements", das ein Qualitätssystem als integralen Bestandteil vorsieht, fordert eine solche Stärkung der Tourismusorganisation - mit ausdrücklicher Gesamtverantwortung und Qualitätsdurchgriffsrecht. Zu den Aufgaben gehören:
- Definition von Qualitätsfeldern,
- Einsetzen von Qualitäts-Teams,
- Organisation der Ermittlung von Kundenbedürfnissen,
- Erarbeitung von Qualitätsstandards.

Die größte Herausforderung für die Einführung eines umfassenden Qualitätssystems in einem Zielgebiet ist die Herstellung der notwendigen aktiven Zusammenarbeit der Leistungsträger. Das Bekenntnis von immerhin fast 60% der Tourimus-Manager im deutschsprachigen Raum, eine Zusammenarbeit mit anderen Orten fände nur vereinzelt statt (KRUPS 2000, S. 8), unterstreicht die Problematik. Die Forderung nach mehr Kooperation der im Tourismus so fragmentierten Anbieter ist zwar weder neu noch spezifisch qualitätsbezogen; vielmehr handelt es sich um ein übergeordnetes und zeitloses Postulat, das aber in diesem Zusammenhang an Schärfe gewinnt. Positive Ansätze auf regionaler Ebene gibt es z. B. bereits im Münsterland, wo touristische Arbeitsgemeinschaften (TAG) institutionalisiert sind und themen- und aufgabenbezogen insgesamt eine gute Fähigkeit zur Kooperation bewiesen haben.

Motivationsfördernd ist zweifellos das Vorliegen eines gemeinsamen Zieles unter Ausschluss von Konkurrenzen bei gleichzeitiger Interessenübereinstimmung unter den Beteiligten. Einen Rahmen bietet hierfür das Konzept des Kerngeschäfts-Managements, d. h. es sind ausgewählte Geschäftsfelder, die als Parameter für überschaubare Qualifizierungsbereiche dienen. Bezogen auf die Gesamtdestination können auf diese Weise jeweils qualitative „Teilhomogenitäten" hergestellt werden, beispielsweise für ein Kerngeschäft „Fahrradtourismus", für ein Segment „Reiten" oder ein Geschäftsfeld „Golf + Gourmet".

Die Konzentration auf abgegrenzte Kerngeschäftsfelder ermöglicht eine stärkere Identifikation der betroffenen Leistungsträger mit „ihrem" speziellen Produkt und sie reduziert Komplexität: Klar abgegrenzte Einheiten sind einer relativ einfachen, da zielgruppenspezifischen Qualitätsdefinition zugänglich, und der Kreis der Mithandelnden ist überschaubar, denn es sind nur die Akteure zu berücksichtgen, die sich dem ausgewählten Kerngeschäft zuverlässig verpflichtet haben.

Exemplarisch zeigt Abb. 2 die Palette der Partner, die an der Herstellung „operativer Exzellenz" in einem destinationsweiten Qualitätsbereich „Wellness" mitwirken können.

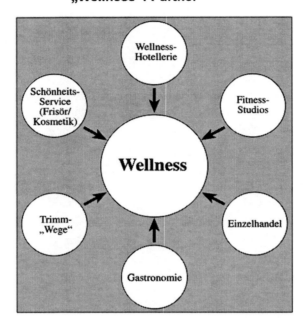

Abb. 2: Kerngeschäft/Qualitätsbereich „Wellness": Partner

Quelle: Eigener Entwurf

Ein weiteres Beispiel bezieht sich auf das Kerngeschäft „Industrietourismus", das im Ruhrgebiet derzeit etabliert wird. Hier spielt die „Route der Industriekultur" eine herausragende Rolle. Die insgesamt 20 Sehenswürdigkeiten, sog. „Ankerpunkte", sind in ihren einzelnen Teilfacetten auf Qualitätsmerkmale hin untersucht und bewertet worden (BELTING 1999). Zu den Handlungsfeldern am Ankerpunkt Tetraeder zählt u. a. die Koordination und Qualitätssicherung folgender Bereiche:
- Kernangebot Tetraeder,
- Wegweisung/Beschilderung,
- Informationsangebot,
- Parkplatz-/Stellplatzangebot,
- Service-Einrichtungen,
- ÖPNV.

Bei diesem Projekt zeigt sich allerdings auch die Problematik kollektiver Qualitätsanpassung, wenn wie hier als Träger der „Ankerpunkte" öffentlich-rechtliche Institutionen beteiligt sind. Bei gemeinnützigen oder kommunalen Einrichtungen, wie z. B. dem Westfälischen Industriemuseum oder auch der A. Krupp-Stiftung (Villa Hügel), liegt nicht unbedingt ein gleichmäßig verteiltes touristisches Vermarktungsinteresse vor, so dass sie nur schwer auf „eine Linie" zu bringen sind.

5 Fazit

Einer ganzheitlichen Konzeption auf regionaler/kommunaler Ebene sind Grenzen gesetzt, die sich aus der Komplexität der Gesamtdestination und der Verwobenheit der unterschiedlichsten Leistungen ergeben. Hierin wird ein entscheidender Hinderungsgrund für die Durchsetzung von Qualität auf Zielgebietsebene gesehen. Als weiterführender Ansatz wird eine Beschränkung auf ausgewählte Qualitätsbereiche auf der Grundlage der Kerngeschäftspolitik vorgeschlagen. Voraussetzungen für den Aufbau produktbezogener Netzwerke sind eine verbindliche Arbeitsplattform, ein eindeutiges „commitment" und die Einsicht aller Beteiligten, dass ein umfassendes Qualitätsverständnis ein dauerhaftes und langfristiges Anliegen sein muss.

Literatur

BRUHN, M. (1997): Qualitätsmanagement für Dienstleistungen. Berlin, Heidelberg.

KIERCHHOFF, H. W. (2000): Die Zukunft des Produktes Urlaubsreise. In: INTEGRA. Zeitschrift des Instituts für Integrativen Tourismus und Freizeitforschung. 2/00.

KRUPS CONSULTANTS (2000): Der Tourismus im deutschsprachigen Raum. Eine Studie zur Standortsicherung und Wettbewerbsfähigkeit. Düsseldorf.

STAUSS, B. (1999): Kundenzufriedenheit. In: Marketing ZFP, Heft 1/99.

Das neue Bild der Wanderer - wichtige Marktdaten

Susanne Leder

1 Wanderer - die neue Hoffnung für den Deutschlandtourismus?

Der Tourismus spielt als Wirtschaftsfaktor in Deutschland eine wichtige Rolle. Nach Schätzungen des Deutschen Instituts für Wirtschaftsforschung (DIW) machen touristische Leistungen annähernd 8% des Bruttoinlandsproduktes aus (vgl. DTV 1999, S. 2). Die Deutschen gelten mit einer Reiseintensität von derzeit über 75% als Reiseweltmeister. Während ihre Nachfrage nach Reisen insgesamt wächst, sinkt jedoch seit Jahren der Anteil der Inlandsreisen zugunsten von Urlaubsreisen in das Ausland kontinuierlich. Hier sind Deutschlandanbieter gefordert, neue und attraktive Produkte zu kreieren. Es sind bereits positive Tendenzen erkennbar, denn die Angebote im Deutschlandtourismus werden immer vielfältiger und einfallsreicher. Als Beispiele sind neue Formen des Kultur- und Eventtourismus (z. B. Lutherjahr) ebenso zu nennen wie Angebote im Bereich „Konsum- und Erlebniswelten" (vgl. STEINECKE 2000).

Neben dem wachsenden Interesse für künstlich geschaffene Freizeiteinrichtungen spielen in Deutschland natur- und landschaftsverbundene Angebote jedoch nach wie vor eine wichtige Rolle, was sich unter anderem in der hohen Bewertung von Naturerlebnissen und schöner Landschaft als Reisemotiv im Rahmen der jährlich von der Forschungsgemeinschaft Urlaub und Reisen e. V. (F.U.R) erhobenen Reiseanalyse ausdrückt (vgl. F.U.R 1999, S. 136). Vor diesem Hintergrund stellt z. B. der Fahrradtourismus eine feste Größe im Deutschlandangebot dar. In den letzten Jahren ist nun auch das Wandern für die Tourismusverantwortlichen zu einem interessanten Thema geworden. Im September 1998 fand im hessischen Bad Endbach der 1. Deutsche Wanderkongress unter dem Motto „Neue Chancen für den Inlandstourismus?" statt. Er wurde vom Verband Deutscher Gebirgs- und Wandervereine e. V. und Vertretern von Tourismusorganisationen und -unternehmen initiiert, um gemeinsam touristische Entwicklungsmöglichkeiten für das Wandern in deutschen Regionen zu erörtern.

Nachdem der Wanderkongress in Bad Endbach die erste Veranstaltung dieser Art in Deutschland war, führte auch der Deutsche Tourismus-Verband (DTV) seine brancheninterne Veranstaltung „Zukunftswerkstatt Mittelgebirge" im September 1999 unter dem Zusatztitel „1. Wanderkongress Rheinland-Pfalz" in Bad Kreuznach durch. Im Rahmen dieser Veranstaltung wurde das Wandern als Marktchance speziell für den Mittelgebirgstourismus diskutiert. Dem Wandertourismus wird also nachweislich ein gestiegenes Interesse zuteil. Das spiegelt sich auch in entsprechenden Presseberichten wider. So wies ein Artikel in DIE ZEIT unter dem Titel „Des Wanderers Wandlung" auf ein Erscheinungsbild der Wanderer hin, das von der gängigen Vorstellung der Aktiven als „rotbestrumpfte Kniebundhosenträger im Seniorenalter" (FITZTHUM 1999, S. 81) abweiche. Unter Berufung auf Untersuchungsergebnisse der Universität Marburg kommt der Autor des Artikels zu dem Schluss, dass es für die deutschen Touristiker eine schwierige Aufgabe sei, sich auf den Wanderer als Gast einzurichten, denn dieser sei ein „(...) Zwitterwesen, das durch alle Zielgruppenraster fällt (...)" (FITZTHUM 1999, S. 81). In dem Artikel kommt zum Ausdruck, dass Wanderer als Zielgruppe bisher nicht hinreichend bekannt und erforscht sind.

Eine starke Lobby, wie sie z. B. der Radtourismus in Deutschland hat, fehlt dem Wandern derzeit noch, aber es werden Tendenzen hin zur Wahrnehmung des touristischen Potenzials sichtbar. So titelt die Branchenzeitschrift FVW International in einem Interviewbeitrag zum Thema Wandern „Wenn

Wanderer Wellness wollen" und zeigt damit neue moderne Erscheinungsformen des Wanderns auf (vgl. FVW 2, 19.1.01, S. 58-59). Für Veranstalter, die Angebote für Wanderer kreieren möchten, bedeutet das, sich auf deren gewandelte Bedürfnisse einzustellen und dem erwiesenermaßen zahlungskräftigen Klientel qualitativ hochwertige Produkte anzubieten. Einige Anbieter haben die Chance bereits erkannt. Ameropa Reisen überschreibt beispielsweise eine Werbeanzeige für Wanderangebote mit „Managers statt Müllers Lust" (vgl. Beilage „Deutschland" der FVW 4/01, S. 17) und trifft damit genau den Kern. Nicht nur Rentner und Hausfrauen machen sich auf den Weg, sondern zunehmend auch jüngere Menschen aller Gesellschaftsschichten, die die wohltuende Wirkung einer mäßigen körperlichen Bewegung in frischer Luft und freier Natur bereits erkannt haben.

Es ist anzunehmen, dass das Wandern auch im Zuge des aktuellen Wertewandels - der eine Rückbesinnung auf Langsamkeit und Sinnhaftigkeit mit sich zu bringen scheint - an Aktualität gewinnen wird. Während unsere mediale Umwelt mit ihrer Vielzahl an Reizen eine negative Beeinträchtigung unserer Sinne fördert, kann das Wandern zur Schärfung und Wiederbelebung derselben beitragen. Der Hauptwanderwart des Verbandes Deutscher Gebirgs- und Wandervereine e. V. beschreibt in diesem Zusammenhang die „therapeutische Wirkung der Natur" wie folgt: „Beim Wandern beteiligen sich alle Sinne, sie werden gefordert und sie leisten Arbeit im Verbund. Wer viel wandert, sieht besser, hört besser, riecht besser, er betreibt Sinnespflege. (...) Geschulte Sinne fördern einen gesunden Geist" (SCHMIDT 2000, S. 11). Das geistige Wohlbefinden ist ein wichtiger Bestandteil des Wellnessgedankens.

Neben der körperlichen Fitness ist für das menschliche Wohlbefinden auch die seelische Ausgeglichenheit von großer Bedeutung. Das Wandern kann gerade in diesem Punkt einen wertvollen Beitrag leisten. Es kann auch - oder *gerade* - für Personen, die noch voll im Berufsleben stehen und somit dem Alltagsstress ausgesetzt sind, eine interessante Freizeit- und Urlaubsvariante darstellen.

Auf der einen Seite scheinen sich die Wanderexperten bereits einig zu sein, dass Wanderer eine hoffnungsvolle Zukunftschance für den deutschen Tourismusmarkt darstellen. Auf der anderen Seite gibt es in Deutschland aber bislang nur sehr wenige Untersuchungen und kaum verlässliche Marktdaten zum Wandertourismus, die diese Aussage als realistische Einschätzung begründen würden. In diesem Aspekt lag der Ausgangspunkt für die Erstellung einer Zielgruppenanalyse der Wanderer im Rahmen einer Magisterarbeit (LEDER 2000). Durch eingehende Betrachtungen und empirische Untersuchungen galt es zu prüfen, ob touristische Angebote speziell für Wanderer eine Chance für den Deutschlandtourismus darstellen können. Die der Untersuchung vorangestellte These lautete: Wanderer sind eine Erfolg versprechende Alternative für den Deutschlandtourismus.

Um diese These fundiert prüfen und das Thema inhaltlich sowie konzeptionell in den touristischen Kontext einbetten zu können, war eine systematische und umfassende Betrachtung erforderlich. Eine begriffliche und inhaltliche Abgrenzung des Wanderns gegenüber anderen Freizeit- und Tourismusaktivitäten dient dabei sowohl der Schaffung eines klaren Begriffsverständnisses als auch der Verdeutlichung der Tatsache, dass Wandern heute recht differenzierte Erscheinungsformen aufweist. Neben den definitorischen Grundlagen war eine Untersuchung der vorhandenen Angebote und der Nachfrage im Bereich Wandern - jeweils im Vergleich zum gesamten Freizeitbereich in Deutschland - erforderlich. Ferner galt es, das Vereins- und Verbandswesen im Bereich Wandern zu betrachten, da die Wandervereine mit der Kennzeichnung der Wanderwege wichtige Elemente der touristischen Wanderinfrastruktur bereitstellen und über ein langjährig generiertes Know-How verfügen.

Eine von der Verfasserin durchgeführte empirische Datenerhebung bezüglich touristischer Wanderer schuf die Voraussetzung dafür, dass eine umfassende Zielgruppenanalyse durchgeführt werden konnte. Zu diesem Zweck wurden mehr als 1.000 Teilnehmer geführter Wanderungen nach ihren Motiven und ihrem Reiseverhalten befragt. Die Erhebung ist von großer Relevanz, da die zuvor vorhandenen Marktdaten des Wandertourismus für eine umfassende Zielgruppenanalyse nicht ausreichend waren. Unter Berücksichtigung der vorhandenen und neu generierten Daten konnte eine solche Analyse und die Bewertung der Wanderer als touristisches Klientel erstmals durchgeführt werden. Vor dem Hintergrund der Informationen können die Erkenntnisse im Hinblick auf ihre Umsetzung im Deutschlandtourismus diskutiert werden. Es lassen sich konkrete Hinweise und Vorschläge für eine praktische Integration der Ergebnisse in der touristischen Angebotsgestaltung ableiten.

2 Wandern - Definition und begriffliche Abgrenzung

Wandern ist laut BROCKHAUS (1999, Band 23, S. 545) die „Bezeichnung für vielfältige Formen der aktiven Erholung zu Fuß, per Fahrrad, mit Boot, Skiern oder auf dem Pferd; es dient der Gesundheit, ist ein Naturerlebnis und wird aus sozialen und kulturellen Gründen betrieben."

Wandern stellt nicht das bloße Überwinden einer Wegstrecke von einem Punkt zu einem anderen dar, sondern ist gekennzeichnet durch seinen Erholungs- und Freizeitwert. Die Vielzahl der heute existierenden Wanderarten gibt einen deutlichen Hinweis darauf, dass sich das Wandern dem modernen, differenzierten Freizeit- und Erholungsverhalten der Menschen weitgehend angepasst hat. Es hat folglich einen Wandel von seiner Ursprungsform zu den heutigen Erscheinungsformen vollzogen. Zudem kann das Wandern anhand der Motive charakterisiert werden, die für die Ausübenden dieser Tätigkeit ausschlaggebend sind. Sowohl die Aspekte Sport und Gesundheit als auch das Naturerlebnis, die soziale Gemeinschaft und die kulturellen Erlebnisse gelten als wichtige Antriebskräfte für die naturnahe Freizeitaktivität. In Sachen Gesundheit besitzt das Wandern herausragende Eigenschaften, da es sich um einen sanften Ausdauersport handelt, der den ganzen Körper in den Bewegungsablauf einbezieht. Auch das Naturerlebnis ist beim Wandern aufgrund der moderaten Geschwindigkeit der Fortbewegung höher einzuschätzen als bei anderen Outdoor-Sportarten, wie z. B. dem Mountain-Biking, bei dem der Aktive mehr Aufmerksamkeit für die teils risikoreiche Fahrtstrecke aufbringen muss, als er dem Genuss der Umgebung seines Tuns schenken kann. Kulturelle und soziale Elemente des Wanderns bilden die psychische Motivation ab, da sie vorrangig Geist und Gemüt ansprechen. Diesbezüglich hat das Wandern für viele Menschen eine sehr wichtige Funktion, die diese Aktivität über den Status einer reinen Freizeitaktivität hinausheben kann.

Aus medizinischer Sicht zeichnet sich das Wandern mit seinem gemäßigten Bewegungsablauf durch seine gesundheitsfördernden Eigenschaften aus. Es gehört zu den idealen Sportarten, da bei seiner Ausführung ein großer Teil der Skelettmuskulatur angesprochen wird. Die körperliche Betätigung kann neben den positiven Auswirkungen auf den physischen Zustand des Menschen vor allem auch zum Stressabbau beitragen und somit die seelische Gesundheit fördern.

Neben sportlichen und medizinischen Aspekten spielen auch soziale Aspekte beim Wandern eine wichtige Rolle. In den Leitlinien des Verbandes Deutscher Gebirgs- und Wandervereine e. V. heißt es: „Das Nebeneinandergehen ist eine der unkompliziertesten Kommunikationsformen. Ohne zwanghafte Rituale kommt man ins Gespräch und kann sich wieder daraus lösen, kann dem anderen intensiv begegnen und doch seine Unabhängigkeit bewahren" (VERBAND DEUTSCHER GEBIRGS- UND WANDERVEREINE 1997, S. 9).

Wandern kann sowohl allein als auch mit Freunden oder im Familienkreis betrieben werden. Ferner widmen sich viele Menschen dieser Tätigkeit im Rahmen von Vereinen. Durch seine speziellen Eigenschaften ist Wandern eine Freizeitaktivität, die sowohl Individualisten als auch geselligkeitssuchenden Menschen gerecht wird. Die Möglichkeit, in Gruppen (organisiert) zu wandern kann, vor allem für Singles - also allein lebenden Personen - ein attraktives Angebot darstellen. Zumindest sofern eine Verträglichkeit der teilnehmenden Alters- bzw. Interessensgruppen gewährleistet ist.

3 Vorhandene Wanderangebote in Deutschland

Ein touristisches Produkt setzt sich aus unterschiedlichen Teilleistungen der im Tourismus agierenden Anbieter zusammen (vgl. ROTH 1999, S. 36). So wird auch Wanderurlaub als touristisches Produkt von unterschiedlichen Anbietern offeriert. Im deutschen Markt findet man u. a. Angebote von Fremdenverkehrsorten und -regionen, Beherbergungsbetrieben und speziellen Reiseveranstaltern.

Bei näherer Betrachtung der im Deutschlandmarkt vorhandenen Wanderangebote konnten als relevante Beispiele vor allem die nachfolgend aufgeführten Wanderformen ausgemacht werden:
- Wandern ohne Gepäck (z. B. im Neckerland-Schwaben),
- Themenwanderungen (z. B. Schneewittchen-Wanderweg),
- Wandern auf Erlebnispfaden (z. B. in Bad Endbach),
- Wandern auf dem Rothaarsteig ("Neues Wandern auf neuen Wegen"),
- Wanderfreundliche Unterkünfte (z. B. Qualitätskriterien für Wanderhotels),
- Pauschal- und Individualangebote von spezialisierten Wanderveranstaltern (z. B. Wikinger Reisen, Baumeler Reisen).

Die Angebote differieren sowohl konzeptionell als auch qualitativ erheblich. Während das Wandern ohne Gepäck bereits seit geraumer Zeit eine feste und beliebte Angebotsform darstellt, findet man Themenwanderungen bislang eher selten. Das Wandern auf speziell ausgezeichneten Erlebnispfaden ist ebenfalls eine neuere Form des Wanderangebots, bei der durch eine interessante Weggestaltung auch neue Interessensgruppen angesprochen werden sollen. Als „Neues Wandern auf neuen Wegen" versteht sich die Philosophie des Rothaarsteigs, der am 06. Mai 2001 eröffnet wurde. Hierbei steht die Zielsetzung im Vordergrund, unter Berücksichtigung landschaftspsychologischer Erkenntnisse eine neue Weggestaltung zu realisieren, die den modernen Wanderbedürfnissen gerecht wird. Der Wanderweg Rothaarsteig soll von Beginn an als Marke im Tourismusmarkt etabliert werden.

Als besonders wichtige Maßnahme auf der Angebotsseite ist auch die Schaffung wanderfreundlicher Unterkünfte zu sehen, die den speziellen Bedürfnissen der Wanderreisenden gerecht werden. Hierzu wurden unter anderem vom Verband Deutscher Gebirgs- und Wandervereine e. V. Qualitätskriterien entwickelt, die zu einheitlichen Qualitätsstandards führen sollen. Zu den Kriterien zählen dabei z. B. die Möglichkeit der Unterbringung auch für *eine* Nacht, die Nähe zum Wandergebiet sowie die Bereitstellung von Ausrüstungsgegenständen und Wanderkarten bzw. Wanderliteratur.

4 Die Nachfrage bezüglich des Wanderns

Das Freizeit- und Reiseverhalten der Deutschen hat sich in den vergangenen Jahrzehnten nachhaltig verändert. Im letzten Jahrhundert ist es zu einer merklichen Reduzierung der durchschnittlichen Arbeitszeiten bei gleichzeitiger Erhöhung der durchschnittlichen Urlaubsdauer gekommen (vgl. STATISTISCHES BUNDESAMT 1999, S. 80-81). Insgesamt steht den Menschen in Deutschland heute also mehr Zeit für Freizeit- und Urlaubsaktivitäten zur Verfügung als je zuvor. In ähnlicher Weise hat die gesellschaftliche Bedeutung und Wertschätzung von Freizeit zugenommen, was in den gestiegenen Ausgaben für Freizeit und Reisen seinen Ausdruck findet. Allein in den 1990er Jahren stiegen die Ausgaben für Freizeitgüter, bezogen auf einen Vier-Personen-Haushalt mit mittlerem Einkommen, im früheren

Bundesgebiet von monatlich DM 732 im Jahr 1992 auf monatlich DM 840 im Jahr 1998. In den Neuen Bundesländern liegen die Steigerungen noch höher (vgl. STATISTISCHES BUNDESAMT 1999, S. 87).

Obwohl medienorientierte Beschäftigungen wie Fernsehen, Zeitung lesen und Radio hören in der Freizeit der Deutschen dominieren, hat der Freizeitsport nach wie vor eine wichtige Bedeutung. Wandern gehört innerhalb der Freizeiterscheinungen in Deutschland zu den wichtigsten und beliebtesten Sportaktivitäten. Nach dem Schwimmen, das annähernd 75% der Bundesbürger in ihrer Freizeit betreiben, belegt das Wandern mit einer Nennung von rund 53% den zweiten Platz (vgl. AWA 1999).

Um ein umfassendes Bild des Wandertourismus in Deutschland geben zu können, ist die diesbezügliche Nachfragestruktur zu betrachten. Im Rahmen der Untersuchung wurden hierfür vorhandene Marktdaten evaluiert, die es dann später durch eigene Erhebungsergebnisse zu ergänzen galt. Aus dem Gesamtfeld der Nachfragestruktur sollen einige Daten exemplarisch vorgestellt werden:

- 52,7% der Bundesbürger wandern in ihrer Freizeit (vgl. AWA 1999),
- für 41,1% der Bundesbürger gehört Wandern zu den ausgeübten Urlaubsaktivitäten (vgl. F.U.R 1999),
- Hauptmotive für das Wandern sind: "draußen sein, frische Luft atmen" (88%), "etwas für die Gesundheit tun" (80%), "Entspannung und Ausgleich vom Alltagsstress suchen" (80%), "Stille der Natur genießen" (78%) (vgl. BRÄMER 1998),
- bevorzugte Begleitung: "Partner/-in" (57%), "Freunde" (47%), "Familie" (35%), "Verein" (19%), "allein" (8%) (vgl. BRÄMER 1998),
- folgende Wegbeschaffenheit wird bevorzugt: „markierte Wanderwege" (80%), „aussichtsreiche Kammwege" (74%), „naturnahe Erd- und Kammwege" (74%), „schmale Wald- und Wiesenpfade" (74%), „Wege abseits von Ortschaften" (62%) (vgl. BRÄMER 1998).

Bei dem typischen Wanderer handelt es sich nach den vorliegenden Erkenntnissen um einen natur- und landschaftsverbundenen Gast mittleren bis höheren Alters, der klare Vorstellungen bezüglich der touristischen Infrastruktur hat. Er erwartet ein gut markiertes und qualitativ hochwertiges Wanderwegenetz, das landschaftlich abwechslungsreich und hinsichtlich der Wegbeschaffenheit naturbelassen ist. Besonders wichtig sind ihm schöne Aussichten, aber auch Einkehrmöglichkeiten entlang der Route schätzt er sehr. Diese Angaben beziehen sich auf Wanderer allgemein, ohne eine Differenzierung nach Vereinsmitgliedern und Nichtmitgliedern vorzunehmen.

5 Zielgruppenanalyse „Wanderer" - Befragung der Ferienwanderungen 1999

Da sich die schon vorliegenden Marktdaten über Wanderer in erster Linie auf individuelle Wanderer beziehen, die keine organisatorischen oder touristischen Fremdleistungen in Anspruch nehmen, wurden für die angestrebte Zielgruppenanalyse eigens Daten über touristische Wanderer erhoben. Als touristische Wanderer sind hier jene zu verstehen, die sich einer Wandergruppe angeschlossen haben und somit Leistungen wie Führung und Unterkunft als Paket vor Reiseantritt fest gebucht haben. Die Untersuchung wurde bei mehrtägigen Ferienwanderungen durchgeführt, die im Jahr 1999 von deutschen Gebirgs- und Wandervereinen angebotenen wurden.

Als Grundgesamtheit, also als Basis der in die Untersuchung einzubeziehenden Elemente, galten alle Teilnehmer an Wanderungen aus dem Katalog „Ferienwandern" des Verbandes Deutscher Gebirgs- und Wandervereine e. V. im entsprechenden Jahr. Um ein verlässliches und repräsentatives Ergebnis der Befragung zu gewährleisten, wurde eine Stichprobe von 100 Wanderungen gezogen, bei der eine Probandenzahl von etwa 1.000 Wanderer angestrebt wurde. Die Stichprobenziehung erfolgte nach Quoten- und Lotterieverfahren. Als Untersuchungsmethode wurde aus inhaltlichen und ökonomischen

Gründen die schriftliche Befragung gewählt. Die Zusendung der Fragebögen erfolgte jeweils pro Wanderung an die betreffenden Wanderführer, die dann die Verteilung an die Teilnehmer und die Rücksendung der ausgefüllten Bögen an die Universität übernahmen. Der Erhebungszeitraum erstreckte sich vom 15. März 1999 bis 29. Oktober 1999. Als Datenbasis standen schließlich 1.003 ausgefüllte Fragebögen zur Verfügung, deren Auswertung computergestützt per Statistikprogramm SPSS (Superior Performing Software Systems) erfolgte.

Aus dem umfassenden Auswertungskatalog sollen im Folgenden einige touristisch relevante Ergebnisse vorgestellt werden:

- Als Hauptmotive für das Wandern haben sich "Landschaft/Natur genießen" (67,9%), "frische Luft" (53,9%) und "Gesundheit" (48,1%) herauskristallisiert (jeweils Anteil der Nennung "voll und ganz" - vgl. Abb. 1).

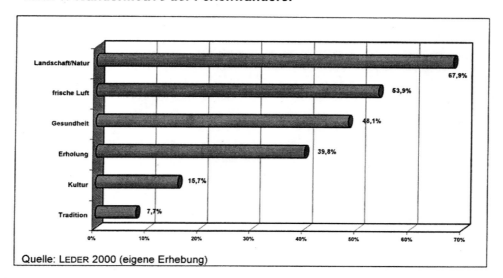

Abb. 1: Wandermotive der Ferienwanderer

Quelle: LEDER 2000 (eigene Erhebung)

- Befragt nach dem Stellenwert der Wanderreise, lautete die überwiegende Nennung "eine von mehreren Kurzreisen" (65%), während es sich für 23% der Befragten um den Zweiturlaub und für 11% um die Haupturlaubsreise handelte. Das Bildungsniveau der Wanderer ist im Vergleich zur Gesamtbevölkerung hoch.
- Die jährlichen Reiseausgaben liegen bei den befragten Wanderern bei durchschnittlich DM 4.090 (vgl. Abb. 2).
- Bezüglich der Unterkunft werden einfache Hotels, Gasthäuser und Pensionen bevorzugt. Die preislich günstigsten Unterbringungsmöglichkeiten wie Camping, Privatzimmer und Wanderheime werden jeweils nur von einer Minderheit genutzt, ebenso wie Komforthotels (vgl. Abb. 3). Bei der Bewertung der Aspekte geführter Wanderungen rangieren „erfahrene Wanderführer" und „gemeinsam Neues entdecken" an der Spitze der Nennungen (vgl. Abb. 4). Damit zeichnen sich vor allem die Wanderführer als wichtiger Reisebestandteil für die Pauschalwanderer aus.
- Das Durchschnittsalter der Wanderer beträgt bei Vereinsmitgliedern 63 Jahre, bei Nichtmitgliedern 58 Jahre.

Abb. 2: Jährliche Ausgaben der Ferienwanderer (Durchschnitt DM 4.090)

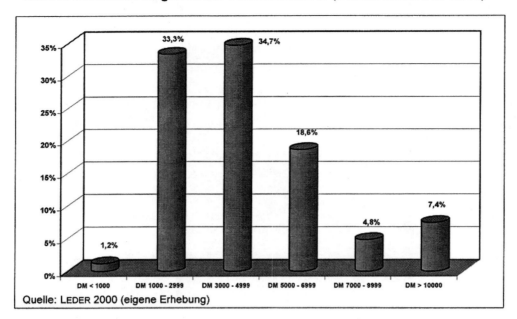

Quelle: LEDER 2000 (eigene Erhebung)

Abb. 3: Präferierte Unterkünfte der Ferienwanderer

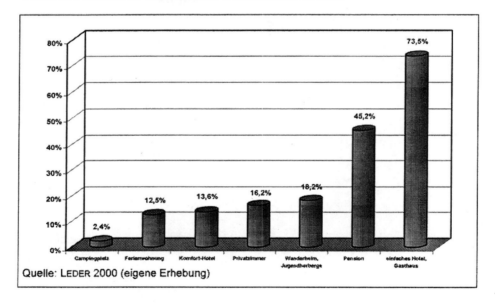

Quelle: LEDER 2000 (eigene Erhebung)

Die Ergebnisse der Befragung und die schon vorhandenen Marktdaten lassen eine Kurzcharakteristik der Wanderer zu, in der die wesentlichen marktrelevanten Merkmale zusammengefasst werden. Der typische Wanderreisende

- ist in der Regel 50 Jahre oder älter,
- hat ein vergleichsweise hohes Bildungsniveau,
- lebt meist mit Partner/in oder allein,
- ist landschafts- und naturverbunden,
- ist gesundheitsbewusst und auf Fitness bedacht,
- ist sehr reisefreudig (mehrere Reisen pro Jahr),
- hat vergleichsweise hohe jährliche Reiseausgaben,
- bevorzugt einen mittleren Beherbergungsstandard,

- bevorzugt gut markierte, naturbelassene Wege durch abwechslungsreiche Landschaften und mit zahlreichen Aussichtsmöglichkeiten.

Abb. 4: Bewertung der Aspekte geführter Wanderungen

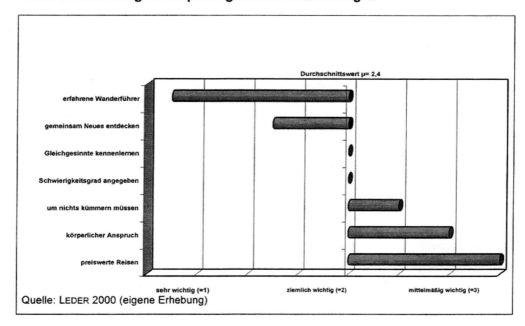

Quelle: LEDER 2000 (eigene Erhebung)

6 Umsetzung der Erkenntnisse im Deutschlandtourismus

Die gewonnenen Erkenntnisse gilt es in der touristischen Praxis umzusetzen. Hierzu wurden die Ergebnisse bewertet und anhand der Betrachtung einer phasenbezogenen Dienstleistungserstellung nach dem Modell von FREYER (1999, S. 67) in Empfehlungen umgesetzt. In diesem Modell werden Potenzialphase, Prozessphase und Ergebnisphase unterschieden. Dabei umfasst die Potenzialphase alle Überlegungen der Reisevorbereitung und der Bereitstellung der Angebotssegmente, während die Prozessphase die Reisedurchführung beschreibt. In der Ergebnisphase zeichnet sich die Wirkung der Reise nach deren Vollendung auf den Teilnehmer ab. Sie ist zeitlich somit im nachgelagerten Bereich angesiedelt, was eine aktive Einflussnahme seitens der Anbieter erschwert. Beispielhaft sind im Folgenden Umsetzungsmöglichkeiten der Untersuchungsergebnisse für eine erfolgreiche Ansprache der Wandertouristen aufgelistet.

Potenzialphase:
- wanderspezifische Reiseberatung,
- auf Interessensgruppen abgestimmte, moderne Werbekampagnen,
- einfache Buchbarkeit der Wanderangebote,
- Vermarktung der Reiseleistungen (z. B. in Kooperation mit Outdoor-Ausrüstern, Herstellern von Gesundheits- und Schönheitsprodukten etc.).

Prozessphase:
- wanderfreundliche Unterkünfte,
- ortskundige Mitarbeiter im Servicebereich,
- gut markiertes Wegenetz,
- naturbelassene Wege,
- Themenwanderungen,
- Qualitätsgarantien.

Ergebnisphase:
- Teilnehmertreffen,
- Kundenmagazine,
- Vorträge zu Wanderregionen und speziellen Angeboten.

Wandern in der Natur stellt sich heute mehr denn je als Gegenwelt zum stresserfüllten Alltag dar. In diesem Aspekt liegt ein besonderer Reiz für die touristische Vermarktung, denn im Zuge der Diskussion um die „neue Langsamkeit" (vgl. REHEIS 1998) wird das wachsende Bedürfnis der Menschen nach Möglichkeiten zum Abschalten vom Alltagsstress deutlich. Unter diesem Aspekt kann Wandern als „Anti-Stress-Programm" thematisiert und damit für ein großes Nachfrageklientel interessant werden. Denkbar sind zahlreiche Formen der Ansprache differenzierter Interessensgruppen, wie z. B. Manager-Wanderungen, Ärzte-Wanderungen oder auch Meditationswanderungen für Teilnehmer aller Bevölkerungs- und Berufsschichten.

Insgesamt zeigt sich, dass es vielfältige Möglichkeiten gibt, das touristische Angebotsspektrum in Deutschland um interessante Wanderangebote zu erweitern und somit eine vorhandene Nachfrage erfolgreich zu bedienen. Es sollte eine Herausforderung für die Tourismusverantwortlichen sein, die Marktchancen zu erkennen, zu bewerten und sinnvoll zu nutzen.

Literatur

ALLENSBACHER WERBETRÄGER ANALYSE (AWA) (1999). In: GRUNER + JAHR AG & CO (Hrsg., 1999): G+J-Branchenbild Reisen in Deutschland, Gruner+Jahr Marktanalyse.

BRÄMER, R. (1998): Profilstudie Wandern. Gewohnheiten und Vorlieben von Wandertouristen. Befundbericht. Marburg.

BROCKHAUS (1999): Die Enzyklopädie: in 24 Bänden. 20., überarbeitete und aktualisierte Auflage.

DEUTSCHER TOURISMUSVERBAND e. V. (DTV) (Hrsg., 1999): Der Tourismus in Deutschland. Bonn.

FITZTHUM, G. (1999): Des Wanderers Wandlung. In: DIE ZEIT, Nr. 6, 04.02.1999.

FREYER, W. (1992): Tourismus-Marketing: marktorientiertes Management im Mikro- und Makrobereich der Tourismuswirtschaft. 2., unwesentlich veränderte Auflage. München.

F. U. R. FORSCHUNGSGEMEINSCHAFT URLAUB UND REISEN e. V. (1999): Die Reiseanalyse RA 1999. Hamburg.

FVW INTERNATIONAL. Zeitung für Tourismuswirtschaft (2001): „Wenn Wanderer Wellness wollen". In: FVW 2, 19.1.01, S. 58-59.

LEDER, S. (2000): Wanderer als touristische Zielgruppe - dargestellt am Beispiel der Ferienwanderungen des Verbandes Deutscher Gebirgs- und Wandervereine. Paderborn (unveröffentlichte Magisterarbeit an der Universität Paderborn).

REHEIS, F. (1998): Die Kreativität der Langsamkeit. Neuer Wohlstand durch Entschleunigung. 2., überarbeitete und ergänzte Auflage. Darmstadt.

ROTH, P. (1999): Grundlagen des Touristikmarketing. In: ROTH, P./SCHRAND, A. (Hrsg., 1999): Touristikmarketing: das Marketing der Tourismusorganisationen, Verkehrsträger, Reiseveranstalter und Reisebüros. 3., überarbeitete und aktualisierte Ausgabe. München, S. 24-144.

SCHMIDT, W. (2000): Wandern belebt Körper und Geist. Therapeutische Wirkung der Natur. In: Sauerlandzeitung I/2000, S. 11.

STATISTISCHES BUNDESAMT (1999): Tourismus in Zahlen. Wiesbaden.

STEINECKE, A. (Hrsg., 2000): Erlebnis- und Konsumwelten. München.

VERBAND DEUTSCHER GEBIRGS- UND WANDERVEREINE e. V. (Hrsg., 1999): Leitlinien des Verbandes Deutscher Gebirgs- und Wandervereine e. V. Kassel.

Die Bildungsreise - Tradition und Problemorientierung

Norbert Meder

Einleitung: Vorläufer der Bildungsreise

Als Pädagoge muss man natürlich zu zeigen versuchen, dass wesentliche Momente des Reisens auf Bildung beruhen. Das ist man der eigenen Zunft schuldig: Reisen sind im Kern immer Bildungsreisen.

Das gilt schon für die Pilgerfahrten, bei denen es darum geht, das Welt- und Selbstverhältnis konzentriert religiös erlebbar zu machen. Dabei geht es darum, die religiöse Perspektive zu stabilisieren und zu feiern, d. h. religiöse Bildung performant zu machen. Und in dieser ‚Performance' sind die Ursprünge des europäischen Bildungsbegriffes tragend: Die Einheit mit Gott als spezifisches Weltverhältnis gilt es herzustellen, die Ebenbildlichkeit mit Gott als spezifisches Selbstverhältnis gilt es erfahrbar zu machen, und dennoch darf das normative Verdikt: ‚Du sollst dir kein Bildnis noch Gleichnis machen von Gott deinem Herrn' nicht verletzt werden. Das letzte Motiv, als eine Stoppregel, garantiert, dass Bildung niemals Bestand werden kann, sondern stets Prozess bleibt, dessen Ziel nur kontingent (per Offenbarung) und performant (im Prozess) zur Erscheinung kommt, in jedem Falle aber nicht rational oder gar technisch hergestellt werden kann, weil schon die Ausgangsbasis auf einem kontradiktorischen Gegensatz beruht: Sei Ebenbild, aber mach dir kein Bild.

Aber schon vorchristlich gab es Bildungsreisen. Die antiken Reisen der Römer nach Griechenland waren von der Suche nach der intellektuellen Identität geprägt, von der Suche nach dem kulturellen Erbe und der kulturellen Heimat, die das Selbst- und Weltverhältnis bestimmt. Es gab erste Reiseführungen (Exegetai und Perjegetai) und es muss von Arrangements ausgegangen werden, die unserem heutigen Verständnis von Studienreisen nahe kommen. Die antiken Reisen der Römer nach Griechenland - das sind die ersten Studienreisen, die wir kennen. Interessanterweise spielte trotz Studieninteresse auch damals schon ein Zusatzmotiv eine wichtige Rolle: das Vergnügen. Im Modus des Vergnügens wollte man seine kulturelle Selbstbestimmung erleben. Wir würden heute von Edutainment sprechen und genau jenes schon vor 2000 Jahren sichtbare Phänomen meinen, in dem Bildungsprozess, Genuss und Feier zusammentreffen: Man feiert seine kulturelle Herkunft, indem man sie in ihren positiven Ausprägungen genießt.

1 Die Grand Tour als Bildungsreise politischer Professionalisierung

Trotz solcher früher Vorläufer der Bildungsreise ist man sich in der Tourismusforschung heute einig, dass der moderne Tourismus mit der Bildungsreise des Adels beginnt, mit der sog. ‚Grand Tour'. Der Beginn des modernen Tourismus liegt demnach in der Initiative der herrschenden Klasse des 17. und 18. Jahrhunderts, den eigenen Nachwuchs für die spätere Aufgabe der Herrschaft professionell auszubilden. Das gesellschaftliche Bildungsproblem bestand darin, dass die politische Elite, der Adelsstand, zur Sicherung der Macht in einer zunehmend komplexer werdenden politischen Welt den Nachwuchs besser und gezielter ausbilden musste: Die komplexen europäischen Machtstrukturen und die Alternativen von Herrschaftsformen mussten erfahrbar gemacht sowie die Kontakte (Anschlüsse) für später mögliche Seilschaften mussten gelegt werden. Die Grand Tour erscheint so im Licht berufspädagogischer Problemstellungen als Professionalisierung von Macht. Diese Professionalisierung als Bildungsprogramm bestimmte sich über die Bildungsziele

1. alternative Politikformen kennen zu lernen (politisches Weltverhältnis),
2. berufliche Sozialbeziehungen, als Seilschaften für zukünftige Politik, herauszubilden (politisches Sozialverhältnis) und
3. sich eine individuelle Position im alteuropäischen Machtgefüge zu verschaffen (Selbstverhältnis und Allokation).

Der politische Nachwuchs, also die Neuen im Geschäft, zeigte schon damals, was wir auch aus heutigen Bildungsverhältnissen kennen: Eine gewisse Unlust, sich auf die von den Alten, den Alteingesessenen, arrangierten politischen Weltverhältnisse einzulassen. Die Neuen im Geschäft neigten vielmehr dazu, die aufoktroyierte Ausbildungsreise zur Vergnügungsreise umzufunktionieren. Die Fahrt in der holpernden Kutsche war eine Tortur: Die Neuen nörgelten, wie heute Kinder im Stau auf den Autobahnen. An den Gastgeber-Höfen interessierten nur die Parties, nicht das, was interkulturell gelernt werden sollte. Man versuchte, mit den Lehrern und den Reiseleitern Pakte zu schließen, um das Bildungsunternehmen mit den eigenen Vergnügungsinteressen verträglich zu machen. Kurzum: Auch bei der Grand Tour als Bildungsreise sind uns alle jene Phänomene überliefert, die das Bildungsproblem als Konflikt der Alten mit den Neuen und der Neuen mit den Alten beschreibbar machen. Dass die Leitdifferenz dieses Konfliktes sich in Vergnügen vs. vergleichender politischer Bildung aufspannt, ist weder verwunderlich noch eliminiert sie das Problem des Edutainment.

2 Der pädagogische Konflikt

Die Tendenz der Neuen, die Welt als Terrain des Vergnügens zu betrachten - anstatt als Aufgabe in einem mühseligen Geschäft um Erhaltung, Revision und Erneuerung der Gesellschaft, macht das pädagogische Problem schlechthin aus. Die Neuen wollen etwas anderes als die Alten, die alten Hasen. Das Konzept des Bildens der Alten steht im Widerstreit zu den lustbetonten Wünschen der Neuen. Das weiß man nicht erst heute, das wusste man auch schon bei der je konkreten Organisation der Grand Tour. Deshalb arrangierte man es auch, dass Lehrer als Reisebegleiter dafür sorgten, dass die Bildungsinteressen der Alten, d. h. der Etablierten, auch wirklich realisiert wurden und das Vergnügen und die Parties im Rahmen blieben. Die Reiseberichte der Hauslehrer/Reiseleiter waren in erster Linie ‚Reports' als Dokumente ihrer ordnungsgemäßen Erledigung aufgetragener Aufgaben, d. h. Legitimation. Dass sie darüber hinaus manchmal zu kulturellen Dokumenten von allgemeinem Wert gerieten, ist vermutlich nur ein zufälliger Nebeneffekt einer professionalisierten Berufsbildungspraxis in Sachen Macht und Herrschaft.

2.1 Die Einheit der Pädagogik

Ich will auf dieses Phänomen einen verallgemeinernden Blick werfen: Die Einheit pädagogischer Fragestellungen beruht genau auf diesem Problem, das die Alten mit den Neuen und umgekehrt haben: Die Sicht der Welt sowie der Zugriff auf Welt differieren. Die Neuen sind systemspezifisch noch draußen und sollen von denen, die drinnen, d. h. im System etabliert sind, hineingeführt werden. Bildung ist der Orientierungsbegriff, der eine solche Einführung - hier bei der Grand Tour in das Herrschaftsgeschäft - steuert, denn er formuliert die drei relevanten Verhältnisse - des Einzelnen zur Welt, des Einzelnen zur Gesellschaft und des Einzelnen zu sich selbst.

2.2 Pädagogisches Handeln als Geltungskonflikt

Die Behandlung dieses generellen Problems ist später in der Moderne gesellschaftspolitisch dem Erziehungssystem übertragen worden. In der Moderne, als insbesondere die Schranken der Stände (nach der französischen Revolution) gefallen waren, verschärfte sich das Problem des dreifachen Bildungsverhältnisses, indem sich das Kriterium der funktionalen Optimierung etablierte: Derjenige ‚Neue' übernimmt eine Funktionsstelle in der Gesellschaft, der dazu am besten geeignet ist, und die beste Eignung wird über die beste Lösung im Konflikt der Alten mit den Neuen ermittelt. Der Begriff der Bildung gibt dabei die Orientierung als das beste Verhältnis zur Welt, zur Gesellschaft und zum Selbst des möglichen Funktionsträgers ab, das aus dem Konflikt entstehen kann. Da dieses ‚Beste' nur performant ermittelt werden kann, d. h. nicht vorbestimmt ist, wird das Geschäft des Erziehungssystems zu einem Geschäft der konkreten Geltungsbewährung unserer Annahmen zu Welt, Gesellschaft und Selbst, wie sie in die jeweiligen Verhältnisse eingehen. In Theorie und Praxis ist also das gesellschaftliche Teilsystem der Erziehung das System der Aushandlung faktischer Geltungsverhältnisse - ganz unabhängig davon, welche rationalen Geltungskriterien auch immer im Spiel sein mögen.

2.3 Natalität des Geltungskonflikts

Der Konflikt zwischen den Neuen und den Alten bzw. zwischen denen, die draußen sind, und denen, die drinnen sind, ist naturbedingt und beruht auf dem Faktum der Natalität. Von daher hat das Paradigma des Generationenwechsels die Betrachtung der Phänomene der sozialen und beruflichen Ausgrenzung, der politischen und kulturellen Ausgeschlossenheit beherrscht. Alltags- und lebensweltliche Disharmonien werden im Erziehungssystem grundsätzlich als Probleme der Partizipation am Ganzen des gesellschaftlichen Lebens betrachtet. In diesem Sinne ist die pädagogische Betrachtungsweise stets politisch und erst in weiterer Hinsicht individual-psychologisch. Im pädagogischen Handlungszusammenhang wird eben jenes bereits angesprochene dreifache Verhältnis zur Welt, zur Gesellschaft und zu sich selbst in Frage gestellt und meist streitend behandelt.[1] Dabei haben die Neuen bzw. die, die draußen sind, die gesellschaftliche Rolle zu provozieren, während die Alten im Inneren des Systems verteidigen müssen, warum sie drinnen sind. In diesem diskursiven Widerstreit tradiert eine gesellschaftliche Kultur einerseits ihren Bestand, setzt ihn aber zugleich auch der Revision aus und ermöglicht Erneuerung. Für die moderne Gesellschaft ist dieses letztere Motiv sogar programmatisch: Fortschritt erbringen durch die Innovation im Generationenwechsel - im systematischen Wechsel der Funktionsstellen einer Gesellschaft im Ganzen, eines Unternehmens oder einer Organisation und/oder durch den Rückgriff auf alternative Kulturen am Rand der Gesellschaft, die gerade wegen eines möglicherweise notwendigen ‚Darauf-zurück-Greifens' geduldet und bewahrt werden.

2.4 Der Gebildete

Vor dem Hintergrund dieser Überlegungen, die sich nicht in erster Linie an normativen Setzungen, sondern an historisch gegebenen gesellschaftlichen Problemlagen orientieren, kann man auf eine neue Weise davon reden, was einen Gebildeten ausmacht: Er hat den Konflikt ‚Alt-Neu' für sich gelöst und hat seine Lösung in das kulturell-gesellschaftliche Ganze einbetten können, und diese Einbettung muss normativ akzeptabel, im Großen und Ganzen konfliktfrei, technokratisch, d. h. im Verfahren akzeptabel und schließlich klug, d. h. in der sachlich-sozialen Integration akzeptabel sein.

2.5 Systematik vs. Dogmatik

Bei einer solchen Rede von dem Gebildeten kommen normative Gesichtspunkte ins Spiel, die in meinen Überlegungen bisher dadurch vermieden wurden, dass Bildung als Problem im dreifachen Verhältnis des einzelnen zur Welt, zur Gesellschaft und zu sich selbst formuliert wurde. Zum Problem sieht man üblicherweise als Komplement die Lösung an. Das scheint mir zu vorschnell, weil damit die unlösbaren Probleme aus dem Blick geraten. Problemen korreliert vielmehr die Behandlung derselben, die im optimalen Falle zur Lösung führt. Behandeln als konkrete lebensweltliche Tätigkeit aber kommt nicht ohne normative Setzungen, Wertvorstellungen und Präferenzen aus. Von daher wird Handeln zwangsläufig dogmatisch. Wenn also Pädagogik als Theorie und Praxis sich um die Problemlage der Bildung und das Behandeln der Problemlage kümmern muss, dann kann sie einerseits als Bildungstheorie strukturell-systematisch - auch kritisch und skeptisch - vorgehen, muss aber als Handlungstheorie notgedrungen zur Dogmatik werden. Das ist keine Katastrophe, wenn man die beiden Bereiche säuberlich trennt und je spezifisch deklariert. Das tut die älteste aller abendländischen Wissenschaften, die Theologie, seit mindestens 1.500 Jahren mit großem theoretischen Erfolg.

Berücksichtigt man solche Erwägungen, dann ist das Pädagogische die Verbindung von Bildung als Orientierung und wertbezogener Technologie als Logik des Handelns. Bildung betrifft das Deutungswissen, das für professionelles Handeln notwendig ist, um die Situationen identifizieren zu können, in denen man als Professioneller zu handeln hat. Die Technologie betrifft Handlungswissen als das Wissen darum, wie man bei gegebenen Situationsparametern, Normen und Werten Verfahren derart steuert, dass man Bildung prozessualisiert. Das strukturelle Bildungskonzept steuert die 'stellvertretende Hermeneutik',[2] die Technologie den handelnden Vollzug, in dem Bildung - resultathaft gedacht - das Problem darstellt und Lernen - als Bildungsprozess - das Problem behandelt. Der normative Grundzug, der dabei dem handlungstheoretischen Zugang anhaftet, macht deshalb dennoch die Pädagogik als Wissenschaft und Praxis nicht zu einem mystischen Unterfangen, sondern erzwingt eine Dogmatik als Wissenschaft bzw. als professionell praktische Reflexion, in der verschiedene normative Konzepte mit ihren technologischen Folgerungen (bzgl. Verfahren) und deren erwünschten und in Kauf genommenen Resultaten (Nebenwirkungen) argumentativ gewichtet und gewogen werden müssen.

2.6 Pädagogische Dogmatik

Wissenschaftlich ist Dogmatik stets vergleichende Dogmatik, praktisch ist professionelles Handeln stets dogmatisch auf der Basis reflektierender Erwägung. Wissenschaft kann nämlich nicht Partei nehmen, sondern nur vergleichen, Argumente für und gegen sammeln und dann gewichten und abwägen. Die Entscheidung fällt im professionellen Handeln.

3 Reisen und Bildung

Kehren wir nach diesem Exkurs über das Problem der Bildung zum Thema der Bildungsreise zurück. Der touristische Handlungszusammenhang besitzt - und das gilt schon für die Grand Tour - einige prägende Momente.

3.1 Das Bildungsmotiv des Außergewöhnlichen

Mit der Reise sind ungewöhnliche bis außergewöhnliche Wünsche verbunden, die in der Reise vorübergehend erfüllt werden sollen. Der etablierte Adel schickt seinen Nachwuchs in andere Umgebungen mit neuen sozialen Erfahrungen, die gewöhnlich nicht zu machen wären. Als Veranstalter organisiert und inszeniert er Begegnungen, sorgt für Bildungsangebote zur Professionalisierung der politischen Elite. Der Jungadlige verbindet ebenso die Vorstellung des Außergewöhnlichen mit der Reise, auch wenn sich diese Vorstellungen nicht notwendig mit den Vorstellungen der Alten decken müssen (siehe Edutainment). Der Gereiste kehrt schließlich von der Reise zum gewöhnlichen Aufenthaltsort zurück, er hat Erlebnisse gehabt und hat Erfahrungen gemacht, von denen er erzählen kann. Das gibt ihm grundsätzlich - unabhängig vom Inhalt der Erzählung - einen sozialen Ort. Wer erzählen kann, hat eine gesellschaftliche Position, reflektiert und zeigt seine subjektive Orientierung. Er legt soziale Anschlüsse, die weitere Kommunikation möglich machen (gesellschaftliche Anschlussmöglichkeiten). Er kann also das Verhältnis zur Welt, zur Gesellschaft und zu sich selbst kommunikativ prozessualisieren. Dieser Umstand ist in jedem Falle bildungsbezogen, wenn auch im einzelnen Falle vielleicht nicht bildungsrelevant. Denn die Relevanz bemisst sich an den konkreten normativen Vorstellungen, die eine historisch kontingente Kulturgemeinschaft als wertvoll im Verhältnis zur Welt, zur Gesellschaft und zum Selbst ansieht sowie an den je einzelnen Erzählungen. Aber von solchen normativen Relevanzkriterien bleibt unberührt, dass das Ungewöhnliche oder Außergewöhnliche der Reise dieses dreifache Verhältnis in Erzählungen reflektieren lässt und damit das Bildungsproblem performant werden lässt. In diesem Sinne ist eigentlich jede Reise strukturell Bildungsreise.

3.2 Das abstrakte Motiv des Neuen

Das legt auch noch ein weiteres Bildungsmotiv nahe: Das Motiv des Neuen im Außer- und Ungewöhnlichen. Die fremde Kultur ist das, was der eigenen Kultur ein Draußen und Neues ist, mit dem man sich irgendwie in jedem Falle auseinandersetzen muss. Sofern solche Auseinandersetzungen als Bildungsaufträge verstanden werden können, sind Reisen stets bildungsbezogen.

Bei der Grand Tour als dem Ursprung des modernen Tourismus ist dieser lockere Bildungsbezug von Anfang an auf Bildungsbestimmtheit hin arrangiert worden. Der Reiseleiter war zur Sicherung solcher Bestimmtheit eingesetzt und der Reisebericht war eher ein Lern- und Bildungsbericht im Sinne der evaluativen Lernerfolgskontrolle, wie wir dies heute zum Ausdruck bringen würden. Dass sich aus solchen Reiseberichten später das Genre des Bildungs- und Reiseromans entwickelte, spricht für meine Deutung. Aber den zentralen Fokus dieser Deutung bildet jene Schrift, die den Anfang moderner pädagogischer Theorie und auch den Anfang einer Theorie der Bildungsreise ausmacht: Jean-Jacques Rousseaus Bildungsroman ‚Emile oder über die Erziehung'.

4 Rousseau und der Beginn einer Theorie der Bildungsreise

Der ‚Emile' von Rousseau, der sich mehr als Sozialkritiker denn als Philosoph verstand, war sein politisch revolutionärstes Werk, was sich schon allein darin dokumentiert, dass es sehr schnell verboten wurde, aber sich dann - gerade wegen des Verbotes - auf dem Schwarzmarkt rasant verbreitete. Für viele Historiker gilt der ‚Emile' als die Schrift, die den basalen gesellschaftlichen Konsens für die französische Revolution vorbereitete.

4.1 Rousseau als Theoretiker der Entfremdung

Wenn wir heute den ‚Emile' lesen, sehen wir vielfach nur noch die revolutionäre Kraft im Konzeptionell-Wissenschaftlichen bzgl. der Pädagogik: Rousseau legt im ‚Emile' eine erste Entwicklungspsychologie vor, er legt die philosophischen Grundlagen einer Vernunftreligion und inspiriert Kant zu seiner kopernikanischen Wende, die zu den drei großen Kritiken führt. Das Politisch-Revolutionäre gerät aber kaum noch in den Blick. Es liegt in zwei Motiven der Schrift: Zum einen darin, dass er das Gute im Menschen in seinem historisch vergangenen Zustand als Jäger und Sammler, d. h. im nomadisierenden Wilden, sieht und damit den Gedanken der gesellschaftlichen Entfremdung prägt, zum anderen darin, dass er den Abschluss des gesamten Bildungsprozesses von Emile in einer Bildungsreise sieht, die als Gegenkonzept zur Grand Tour den demokratischen Bürger herausbilden soll.

Den ‚guten Menschen' als nomadisierenden Wilden zu konzipieren, der ohne Planung und soziale Organisation glücklich in den Tag hineinlebt, sich von den vorhandenen Früchten der Natur ernährt, hat nicht nur biblische Hintergründe (sie säen nicht und ernten nicht, und der Herr ernährt sie doch), sondern hat auch religionsgeschichtliche Deutungen, die das Konzept stärken. Die Nomaden gelten als die eigentlichen Monotheisten (die Guten), während die Sesshaften prinzipiell Polytheisten (die Bösen) sind (siehe auch Kain und Abel). Für Rousseau ist das Sesshaftwerden des Menschen der Beginn der Arbeitsteilung und der damit verbundenen Entfremdung vom ganzheitlichen, am Augenblick orientierten Leben; es ist der Beginn sozialer Verrechnung und damit der Beginn des Bösen, der Beginn von Neid, Missgunst, Eigenliebe und sozialem Kalkül - kurz: der Verlust von Autonomie und Selbstliebe.[3] Mit dieser Geschichtsdeutung bereitet er marxistisches Denken vor.

4.2 Nomadisieren als Freiheit

Was aber in Bezug auf eine Theorie der Bildungsreise von herausragender Bedeutung ist, beruht auf dem Motiv des Nomadisierens - modern gesprochen: auf dem Motiv der Mobilität. In einer Theorie des Guten à la Rousseau gehört Mobilität als Merkmal zum Guten. Sesshaftigkeit unterdrückt die Mobilität und entfremdet den (guten) Menschen. Sesshafte Gesellschaften unterdrücken die Mobilitätstendenz, indem sie keine Zeit lassen, indem sie die Zeit durch Arbeit ausfüllen, damit keine freie Zeit (Freizeit) bleibt, in der sich die Tendenz des Guten zur Mobilität realisieren könnte.

4.3 Vermarktung des Nomadisierens als Freiheit

Nachdem sich die Freizeit als Nichtarbeitszeit im 20. Jahrhundert nicht mehr verhindern ließ, entwickelte sich der Tourismus als die marktförmige Antwort auf das Bedürfnis der Mobilität, dem kulturgeschichtlich die Deutung des Guten anhaftet. Die entfremdete arbeitsteilige Gesellschaft - in der ‚bösen' Sozialform des Sesshaften - managt das Gute im arbeitsteiligen Markt des Tourismus, d. h. in der Form des Bösen, um es in Schach zu halten und unter Kontrolle zu bringen.

Oder aber in einer weniger pessimistisch-kritischen Deutung ausgedrückt, die Rousseau zu seiner positiven Sicht der Bildungsreise vermutlich veranlasst hat: Wenn Mobilität, d. h. das Nomadisieren, ein Grundmuster des Guten ist, dann kann es auch als die Form angesehen werden, in der das Gute entsteht. Also ist die Reise das optimale pädagogische Arrangement für Bildung, gleichsam die Krönung des Bildungsprozesses, die auch als Abschluss zu inszenieren ist, wie denn bei Rousseau im ‚Emile' auch dargetan. Damit, dass dieses pädagogische Arrangement auf die politische Reife abzielt, bestätigt Rousseau, dass es im Bildungsverhältnis um gesellschaftliche Veränderung geht.

4.4 Rousseaus Bildungsreise

Die Theorie der Bildungsreise findet sich im 5. und letzten Buch des ‚Emile'. Die vorhergehenden vier Bücher behandeln die Erziehungsprinzipien und das Säuglingsalter, mit Piaget die Phase der sensumotorischen Intelligenz (1. Buch), die Kindheit, mit Piaget die Phase der anschaulichen Intelligenz (2. Buch), das Knabenalter, mit Piaget die Phase der konkret-operativen Intelligenz (3. Buch) und die Pubertät, mit Piaget die Phase der formal-operativen Intelligenz, in der Vernunft ausgebildet wird (4. Buch).[4] Das 5. Buch hat neben dem Entwicklungs- und Bildungsprozess der Frau, der Sophie, die Adoleszenz des Emile zum Thema, d. h. jene Phase der Entwicklung, in der die Bindung an eine Frau und zugleich die Bindung an einen Staat als einem gesellschaftlichen Ganzen, in dem Emile sich in der Lage sieht, seine eigenen zukünftigen Kinder zu autonomen demokratischen Bürgern zu erziehen, gewählt wird.

Vor diesem Problemhintergrund behandelt Rousseau im 5. Buch zuerst die Erziehung der Sophie zur idealen Gattin von Emile, der ja selbst von Rousseau als das Idealbild geglückter moderner, egalitärer und antiständischer Erziehung konzipiert ist. Nachdem all dies geklärt und realisiert ist, geht dann Rousseau mit Emile auf eine erste Reise, deren Ziel es ist, Sophie zu finden. Als dann Sophie gefunden ist und es zwischen den beiden, Sophie und Emile, gefunkt hat und ihre Verliebtheit sich zum Heiratswunsch entwickelt hat, dann zwingt Rousseau - auf seine sanfte, aber bestimmte Weise - Emile zur zweiten Reise, deren Ziel es ist, den Staat auszumachen, in dem Emile mit Sophie leben will und in dem Emile seine zukünftigen Kinder zu Demokraten erziehen kann. Das 5. Buch schließt dann mit der Heirat und Familiengründung.

5 Rousseau - die Bildungsreise und der Contrat social

Der letzte Bildungsschritt im Entwicklungsprozess des Emile gilt also eindeutig dem Problem politischer Bildung. Er wird realisiert in der (zweiten) Bildungsreise. Das Bildungsziel lautet: Finde den Staat, in dem Du auf der Basis von Vernunftentscheidungen und im Hinblick auf die Erziehung möglicher zukünftiger Kinder glücklich leben kannst. Dass die Theorie vom Contrat social, dem Kernstück der Rousseauschen sozialkritischen politischen Philosophie, in diese zweite Bildungsreise eingebettet ist, beweist, dass es um politische Bildung als Krönung der Entwicklung von Emile geht.

5.1 Prinzip und Faktum des Contrat social

Der Contrat social, der auf den ersten Blick wie ein literarischer Fremdkörper im Bildungsroman wirkt, hat bildungstheoretisch eine doppelte Funktion, die mit der Doppelung im Motiv der Geltung des Welt-, Gesellschafts- und Selbstbezugs zu tun hat. Zum einen liefert das theoretische Konzept des Contrat social die Distinktionsbasis zur konkreten Entscheidung für den besten aller möglichen Staaten, um darin glücklich zu werden. In diesem Sinne liefert das Konzept des Contrat social das politische Prinzip: Freie Bürger schließen einen Vertrag darüber, wie Herrschaft geregelt wird. Ein solches Konzept ist - und Rousseau weiß dies - eine Fiktion, weil ein jeder in eine je schon gemachte, kulturell entwickelte und ‚fertige' Welt hineingeboren wird. Unter solchen Bedingungen kann kein Sozial-Vertrag freier Bürger voraussetzungslos zustande kommen.

Diese Erkenntnis des Sozialkritikers Rousseau führt ihn zu den pädagogischen Fragestellungen, die das genannte Problem vom Prinzipiellen ins Faktische verlagern. Die Frage lautet nun: Wie kann der Mensch erzogen werden, dass er am Ende der Erziehung, d. h. in der Adoleszenz, sich für den optimalen Staat, in dem der Contrat social de facto schon geschlossen ist, entscheiden kann. Wir kennen die Rousseauschen Antworten: den gesellschaftlich-sozialen Einfluss in der Entwicklung abwehren (negative Erziehung) und Sachorientiertheit fördern (indirekte Erziehung). Das erste Prinzip wehrt Prägung durch gegebene Herrschaft ab und das zweite Prinzip fördert Autonomie und Vernunft. Das erste Prinzip bringt Unabhängigkeit in das Verhältnis zur Gesellschaft, das zweite Prinzip schafft ein Verhältnis zur Welt, das mit den Gesetzen der Sachen verträglich ist. Beides zusammen generiert ein Verhältnis zu sich selbst, in dem das Selbst autonom sein kann, d. h. unabhängig von der Gesellschaft, in die der Einzelne hineingeboren ist, um selbstbestimmt zu entscheiden, wo er politisch-glücklich leben will.

5.2 Der Contrat social als Ex-Post-Factum-Vertrag

Das macht die zweite Seite des Konzeptes vom Contrat social aus. Zum anderen zeigt das Konzept nämlich die konkrete Realisierung eines Sozialvertrages auf. Der zum freien Bürger Erzogene kann sich zwar nicht für den idealen Staat entscheiden, er kann ihn mit anderen frei Erzogenen nicht neu anfangen, aber er kann sich für das Optimum in einer historisch kontingenten Lage, in die er hineingewachsen ist, entscheiden. Dieses faktische Prinzip wird über die Bildungsreise realisierbar und im ‚Emile' auch so realisiert. Die Alternativen der politischen Wahl werden auf der Reise erfahren, das Neue als Anderes des Eigenen, d. h. als Anderes des Anderen, weil ja das Eigene schon über die negative Erziehung ein anderes geworden ist, wird zur realen Option. Glück als nicht-entfremdetes Leben und autonome Positionsbestimmung in der Gesellschaft bilden die Kriterien für eine vernünftige Wahl. So wird die Bildungsreise zur Vorbereitung, den Contrat social dort zu schließen, wo diese Kriterien optimal greifen. Die Bildungsreise gerät so in den Rang der Operationalisierung des Bürgerlichen im Sinne der Demokratie.

„Es ist dem Menschen nützlich, alle Gegenden zu kennen, wo man leben kann, damit er dann diejenigen wählt, wo man am bequemsten leben kann. Wenn sich jeder selbst genügte, so brauchte er nur den Fleck Erde zu kennen, der ihn ernähren kann. Der Wilde, der niemanden braucht und nichts auf der Welt begehrt, kennt und will auch kein anderes Land kennen als seines. Ist er gezwungen, seines Unterhaltes wegen weiter auszuschweifen, flieht er bewohnte Orte. Er will nur mit Tieren zu tun haben und braucht nur sie für seine Nahrung. Wir aber brauchen das zivilisierte Leben und können nicht darauf verzichten, Menschen zu fressen: Jeder hat daher das Interesse, die Gegenden aufzusuchen, wo man am meisten zu verschlingen findet. Das ist der Grund, warum alles nach Rom, Paris, London läuft, denn in den Hauptstädten ist Menschenblut immer am billigsten. So kennt man nur die großen Völker, und die großen Völker sind einander gleich."[5]

Die letzte Passage des Zitats ist eine Kritik an der Grand Tour, die nur von Großstadt zu Großstadt führt, um Menschen für politische Zwecke zu vereinnahmen. Ich komme auf die Anspielungen auf die Grand Tour im nächsten Abschnitt zurück. Was am ersten Teil des Zitates von Interesse ist, besteht in der Anspielung auf den Wilden, die ansonsten nicht häufig im ‚Emile' vorkommt. Sie soll hier signalisieren, dass der Mobilität des Wilden, die nur dem Überleben dient, die Mobilität des vernünftigen Menschen entspricht, der in einem geordneten Rechtszustand nach bürgerlichen, demokratischen Prinzipien leben will – ohne den anderen zu schaden, aber gleichwohl das eigene Glück zu sichern.

"Eigenes Land, mein lieber Emile! Wo willst du es auswählen? In welchem Winkel der Welt kannst du sagen: Hier bin ich mein Herr und Herr über mein eigenes Land? Wir wissen, wo man leicht reich werden kann, aber wer weiß, wo man darauf verzichten kann? Wer weiß, wo man unabhängig und frei leben kann, ohne jemandem Böses zufügen zu müssen, und ohne Furcht, daß einem jemand etwas Böses zufügt? Glaubst du, daß das Land, wo es immer erlaubt ist, als ehrenwerter Mensch zu leben, so leicht zu finden ist? Wenn es ein rechtmäßiges und sicheres Mittel gibt, ohne Ränke, Machenschaften und Abhängigkeit zu leben, dann ist es, ich gestehe es, von seiner Hände Arbeit zu leben, in dem man sein eigenes Land bestellt."[6]

Auch hier merkt man die indirekte Anspielung auf das Leben der Adeligen in den großen Städten sowie auf das Bildungsziel der Grand Tour, im politischen Geschäft Ränke schmieden zu können, fremde Machenschaften zu erkennen und eigene vorbereiten zu können, Abhängigkeiten legen und Seilschaften bilden zu können. Geschickt verbirgt Rousseau diese Anspielung hinter dem Verdikt bürgerlicher Demokratie, dass nur der frei sein kann, der Eigentum für die unabhängige Reproduktion seines Lebens besitzt. Dieses Motiv ist bei Rousseau noch gebändigt, weil es an die Unabhängigkeit des Wilden gebunden bleibt: Was für den Wilden (Nomaden) der natürliche Lebensraum darstellt, den er jederzeit in der Flucht vor den anderen finden kann, das bedeutet für den Sesshaften das Eigentum, das ihn ernährt und glücklich und zufrieden sein lässt - nicht das Eigentum, das der Ausbeutung und der wirtschaftlichen Beherrschung anderer dient.

5.3 Die Negativität bei der de-facto-Wahl des Staates

Das, wozu Eigentum und Reichtum nicht führen sollte, expliziert Rousseau im Anschluss an obiges Zitat als Kriterien für soziale Zustände, die es nicht opportun sein lassen, sich in ihnen anzusiedeln. Sie zeigen Machenschaften auf, in die sich Emile nicht hineinziehen lassen darf. Sie geben insofern auch in der Form der Negation die politischen Bildungsziele für Emile an.

„Aber wo ist der Staat, wo man sagen kann: Der Boden unter meinen Füßen gehört mir? Ehe du dieses glückliche Land wählst, versichere dich gut, ob du dort den Frieden findest, den du suchst. Paß auf, daß dir keine gewalttätige Regierung, keine unduldsame Religion, keine verderbten Sitten deinen Frieden zerstören. Sichere dich gegen maßlose Steuern, die die Frucht deiner Arbeit verschlingen, gegen endlose Prozesse, die dein Kapital aufzehren. Handle so, daß du rechtschaffen leben kannst, ohne den Rücken zu beugen vor den Steuerbeamten, ihren Vertretern, vor Richtern, vor Priestern, vor mächtigen Nachbarn, vor Schurken aller Art, die immer bereit sind, dich zu quälen, wenn du sie vernachlässigst. Schütz dich vor allem vor den Schikanen der Großen und Reichen. Bedenke, daß ihr Besitz überall an den Weinberg Naboths stoßen kann. Wenn dein Unglück es will, daß ein Mann mit Beziehungen ein Haus neben deiner Hütte kauft oder erbaut, wer bürgt dir dafür, daß er nicht unter irgendeinem Vorwand Mittel findet, sich deines Erbes zu bemächtigen, um sich „abzurunden", oder du zusehen mußt, wie vielleicht morgen schon dein ganzer Besitz von einer Landstraße verschlungen wird? Wenn du dir aber genug Einfluß bewahrst, um all diesen Widernissen zu begegnen, hättest du gleich deine Reichtümer bewahren können, denn ihre Erhaltung kostet dich nicht mehr. Reichtum und Einfluß stützen sich gegenseitig; eines ohne das andere kann nur schlecht standhalten."[7]

An diesem längeren Zitat ist nicht nur die Aufzählung der gesellschaftlichen Verderbtheiten und Entfremdungen interessant, sondern auch die sich in der kritischen Negativität der Darstellung abzeichnende positive Bestimmung des Menschen, der durch die Entfremdung hindurchgegangen ist. Dies ist der Wilde der Vernunft, den ich im Folgenden kurz charakterisieren will.

5.4 Die Rückkehr zur Natur des Menschen

Der vor der Arbeitsteilung nomadisierende Wilde als der gute Mensch kehrt nach einer Phase der Entfremdung im sozialen Kalkül der Stände in den (vermittelten) Naturzustand zurück, aber nun in der Dimension des Politischen: Er wird zum Nomaden der Vernunft in *dem* politischen Raum, *den* die Theorie des Contrat social aufzieht,[8] er wird zum Nomaden einer politisch-freiheitlichen Vernunft. Der moderne, über Entfremdung und deren Negation vermittelte Nomade geht dorthin, wo es ihm politisch - im Sinne des Contrat social - gut geht, und er ist gerade darin, dass er dies tut, der moderne gute (politisch nomadisierende) Mensch. Genau dieser Umstand macht den Geltungsaspekt der Bildungsreise im Emile aus: Die pädagogische Geltung der Bildungsreise bei Rousseau liegt darin, dass es nicht um den Reisenden (Emile) als solchen geht, nicht um den Veranstalter (Jean Jacques), nicht um die Reise als solche, sondern darum, das Problem, die gemeinsame Sache unserer politischen Lebensform egalitär im ‚Modus des frei nomadisierenden, autonomen Wilden' zu sichern. Wenn es nach Rousseau darum geht, dann kann dies nur erzieherisch vermittelt werden durch Mobilität in der Bildungsreise.

6   Rousseau - die Bildungsreise als demokratische Grand Tour

Das Bildungskonzept der Grand Tour folgte der Strategie von Professionalisierung und Stabilisierung ständischer Herrschaft. Emiles Bildungsreise hat das Ziel, gegebenenfalls das Untertan-Sein zu verweigern, d. h. die Natalität des Untertan-Seins zu brechen, um dort Untertan zu sein, wo der Contrat social optimal ist. Damit setzt Rousseau eine pädagogische Kontradiktion zur Grand Tour. Und da pädagogische Kontradiktionen das faktische Handeln betreffen, bestehen sie nicht nur in der Dimension des Logischen, sondern auch in der Dimension des gesellschaftlich faktischen Lebens. Von daher war der ‚Emile' gefährlich und revolutionär und musste verboten werden. Meine These ist, dass Rousseau um die Sprengkraft seines 5. Buches nicht nur wusste, sondern sie auch noch literarisch gekonnt umgesetzt hat. Nirgendwo wird explizit auf die Grand Tour Bezug genommen, gleichwohl bildet sie permanent die Folie, von der sich Rousseau in kontradiktorischen Negationen konzeptionell absetzt. Rezeptionsästhetisch setzt er die schematisierte Ansicht des Politischen seiner Zeit durch Negation und eröffnet durch die Negation die Möglichkeit, dass der Leser die schematisierte Ansicht individuell-konkret revolutionär ausfüllt.[9] Wenn die historische These stimmt, dass der ‚Emile' Wegbereiter der französischen Revolution gewesen ist, dann lag es unter anderem auch an diesem Stilmittel von Rousseau. Wie Rousseau dies in allen Details eingesetzt hat, will ich - wie schon oben angedeutet - im Folgenden an einigen weiteren Beispielen deutlich machen.

So greift er beispielsweise die oben schon erwähnte pädagogische Reiseleitung bei der Grand Tour an. "Ich habe schon erwähnt, was die Reisen für jedermann so fruchtlos macht. Was sie für die Jugend noch fruchtloser macht, ist die Art, wie man sie machen läßt. Da die Erzieher mehr auf ihr Vergnügen als auf Belehrung der Zöglinge aus sind, führen sie von Stadt zu Stadt, von Palast zu Palast, von Gesellschaft zu Gesellschaft. Oder wenn sie gelehrt oder Literaten sind, schleifen sie sie durch die Bibliotheken, zu Antiquaren, durchstöbern alte Denkmäler und lassen alte Inschriften abschreiben. In jedem Land beschäftigen sie sich mit einem anderen Jahrhundert. Das ist dasselbe, wie wenn sie sich mit einem anderen Lande beschäftigten. Nachdem sie mit großen Kosten Europa durcheilt, sich Ausschweifungen oder der Langeweile hingegeben haben, kehren sie dann zurück, ohne etwas gesehen zu haben, was sie wirklich interessieren, oder etwas gelernt zu haben, was ihnen nützlich sein könnte."[10]

Dies braucht für den, der die Geschichte der Dekadenz der Grand Tour kennt, kaum kommentiert zu werden. Zum einen identifiziert Rousseau die Kennzeichen der Grand Tour, zum anderen kritisiert er sie unter dem Gesichtspunkt standesunabhängiger individueller Bildung, indem er zeigt, dass die Art und Weise, wie die Grand Tour durchgeführt wird, nichts zu einem verbesserten Verhältnis des Einzelnen zur Welt, zur Gesellschaft und zu sich selbst beiträgt. Über diese Kritik begründet Rousseau andererseits, dass Emile und er selbst über das Land reisten und die einfachen Leute, das einfache Leben, kennenlernten. Damit spricht er aber keiner romantischen Naturidylle das Wort, sondern setzt das Gegenprogramm politischer Bildung zur Grand Tour: Die Herrschenden reisen zu den Herrschenden, um das optimale System der Herrschaftssicherung zu finden, die Nicht-Herrschenden - die Untertanen - reisen zu den Untertanen, um zu sehen, wo man im Sinne des Contrat social am besten Untertan sein kann. An den sogenannten Kulturgütern der herrschenden Klasse erkennt man nicht den Ort im politischen Raum, den die betreffende Gesellschaft einnimmt. Aber am einfachen Leben, an der Alltagskultur, sieht man, welcher Contrat social jeweils geschlossen ist. Eine basisdemokratische Anarchie in kleinen überschaubaren Gesellschaften erscheint da eine bessere Alltagskultur zu ermöglichen als ein zentralistischer, absolutistischer Staat. Dabei setzt er implizit das Bildungsideal des Wilden der Vernunft gegen die politischen Ideale des zu seiner Zeit etablierten Adels.

6.1 Das Gegenwarts- und Glücksprinzip bei Rousseau

Es war zu Rousseaus Zeiten bekannt, dass die Jungadligen die Reise selbst - in der holpernden Kutsche - als mühselig und lästig empfanden und als vergeudete Zeit. Man hatte nur das Ziel vor Augen, der Weg war notwendiges Übel. Schon an dieser lapidaren Stelle setzt Rousseau kritisch dagegen: "Wir reisen also nicht wie Eilboten, sondern wie Vergnügungsreisende. Wir denken nicht allein an die Endpunkte, sondern an die Spanne, die sie trennt. Die Reise selbst ist Vergnügen für uns. Wir machen sie nicht traurig sitzend wie Gefangene in einem kleinen, festverschlossenen Käfig. Wir reisen nicht, weichlich und ausgestreckt wie Frauen. Wir verzichten nicht auf frische Luft, nicht auf den Blick auf die Umgebung, nicht auf die Muße, sie nach unserem Belieben zu betrachten, wenn es uns gefällt. Emil besteigt keine Kutsche und benutzt keine Post, außer er hat es eilig. Aber was sollte jemals Emil zur Eile treiben? Höchstens wenn es gilt, das Leben zu genießen. Soll ich noch hinzufügen: Gutes zu tun, wenn er kann? Nein, denn das heißt ja eben, das Leben genießen."[11]

Vergnügen ist ‚Leben aus dem Jetzt'. Wer aus dem Augenblick lebt, hat keine Eile, denn er ist glücklich und kann sein Leben genießen. Tut er dies, dann ist er gefestigt - in sich und seinem Hier und Jetzt - und kann gar nicht anders als gut sein. Recht verstandenes Vergnügen, Glück und Das-Gute-Tun gehören für Rousseau deshalb zusammen, weil der Glückliche, der sein Hier und Jetzt bejaht, sich selbst liebt und sich selbst Gutes tut - wie könnte er dann anderen Böses tun? Dies würde doch nur sein Glück stören, das darin liegt, den Augenblick zu genießen. Deshalb gehört die Bildung der Sinne und der Sinnlichkeit zur politischen Bildung, was viele Stellen in der Bildungsreise belegen, weil die unverstellte Sinnlichkeit den Genuss des Hier und Jetzt ebenso ermöglichen wie die Identifikation der Langeweile, die dann ohne weitere Probleme entscheiden lässt, weiter zu reisen.

Deshalb ist der Weg, die Reise, mehr als das Ziel. Und gegen die Grand Tour geht die Spitze, dass nicht Stabilisierung von Herrschaft (Sesshaftigkeit und Städte) Bildung ausmacht, sondern die beständige Auseinandersetzung mit Welt, Gesellschaft und sich selbst, was ein unabschließbar performanter Prozess ist.

Das Verhältnis des Einzelnen zu sich selbst ist dabei für Rousseaus Bildungskonzept zentral, es steht dominant über den beiden anderen Verhältnissen. Dabei geht es ihm keineswegs um ein Individualisierungsprinzip, sondern um die Autonomie des Einzelnen kraft seiner Vernunft. Unabhängigkeit in den Verhältnissen zur Welt und zur Gesellschaft, zur Welt im Sinne der Bejahung, zur Gesellschaft - im Status des 18. Jahrhunderts - im Sinne der Verneinung, beruht auf der Autonomie im Selbstverhältnis des Einzelnen, und dies ist revolutionär. "Überall wo es mir gefällt, verweile ich. Wird es mir langweilig, so gehe ich wieder fort. Ich hänge weder von Pferden noch vom Kutscher ab. Ich brauche keine gebahnten Wege und keine bequeme Straßen wählen. Ich komme überall durch, wo ein Mensch gehen kann; ich sehe alles, was ein Mensch sehen kann. Da ich nur von mir abhänge, erfreue ich mich aller Freiheit, die ein Mensch haben kann. Hält mich schlechtes Wetter auf oder erfaßt mich Langeweile, nehme ich mir die Pferde."[12] Der gebildete Mensch braucht nur sich selbst, er genießt sich und sein Glück auf der Reise.

7 Schlussbetrachtung: Bildungsreise als revolutionäres Konzept

Der Bildungsbezug des Reisens, so haben wir gesehen, beruht auf den Motiven des Neuen und des Anderen, beruht auf dem Darbieten des Gegebenen bei den Destinationen und dem Ergreifen des Optimalen im Modus des außergewöhnlichen Erlebnisses. Dieser Bildungsbezug ist nur strukturell formal, aber er kann und wird im Konkreten inhaltlich gefüllt. Das Außergewöhnliche und Neue kann in den Bereichen der Religion, der Natur, der Hochkultur oder aber auch dem Politischen der Alltagskultur liegen, so wie es Rousseau ausgeführt hat. Um bildungsrelevant zu werden, muss das Neue und Außergewöhnliche ein verändertes Verhältnis zur Welt, zur Gesellschaft und zu sich Selbst zum Thema werden lassen. Und schließlich wird die Reise zu einer geglückten Bildungsreise, wenn sie wirklich meine Weltsicht, mein Handeln in der Gesellschaft und mein Selbst, d. h. mein Glück positiv verändert.

Die Reise mediatisiert die angesprochenen Themen und gibt ihnen den Index des Neuen und Außergewöhnlichen. In der Rousseauschen Bildungsreise führt die Erfahrung des Anderen und Neuen zum demokratischen Konsens. Jean-Jacques[13] spannt seinem Emile den politischen Raum auf, der sich zwischen den Polen Despotie und Anarchie ausbreitet und von der Proportionalität der Herrschenden zu den Untertanen strukturiert wird.[14] In diesem Raum kann Emile jeden Staat verorten und dann entscheiden, mit welcher Gesellschaft er den Vertrag schließen will, der das Demokratisch-Soziale ermöglicht und der insbesondere ermöglicht, Kinder in die Welt zu setzen und zu erziehen - so, wie Emile selbst erzogen wurde.

In Rousseaus Erziehungskonzept ist die Bildungsreise ein Arrangement, in dem die Reflexion des Einzelnen auf die Gesellschaft und auf sich selbst auf die Spitze getrieben wird. Denn es geht um die Frage, in welcher politischen Kultur Emile die Konsens-Erneuerung und die Konsens-Revision über die Reflexion des Einzelnen im Bildungsverhältnis auf die Gesellschaft, die als Konflikt erlebt und gestaltet wird, performant werden lassen will. Denn dieser Bildungskonflikt generiert unsere Lebensform, unseren gemeinsamen Sinn als Selektion von Möglichkeiten des Glücklichseins, das auf der Bejahung des Selbst beruht und nicht auf der Ausbeutung des Anderen. Kulturen als Wahlmöglichkeiten aufzufassen, die Geltungsbewährung der eigenen Kultur unter beständiger Revision an anderen Kulturen auszumachen, das ist das Credo Rousseaus in der Bildungsreise des 5. Buches des Emile.

"Es ist Zeit, zu Ende zu kommen. Bringen wir Lord John zu Miss Lucy zurück, d. h. Emil zu Sophie. Er bringt ihr mit einem Herzen, das nicht weniger zärtlich ist als vor seiner Abreise, einen aufgeklärten Geist zurück; er bringt in seine Heimat den Gewinn mit, die Regierungen mit all ihren Lastern und die Völker mit all ihren Tugenden zu kennen. Ich war sogar darauf bedacht, daß er sich in jeder Nation mit irgendeinem verdienstvollen Mann nach der Art der Alten durch Gastfreundschaftspakt verband, und ich hatte nichts dagegen, wenn er diese Bekanntschaften durch einen Briefwechsel pflegt. Abgesehen davon, daß ein Briefwechsel mit fernen Ländern nützlich sein kann und immer reizvoll ist, beugt er ausgezeichnet der Herrschaft nationaler Vorurteile vor, die uns unser ganzes Leben lang zusetzen und früher oder später auch Einfluß auf uns gewinnen. Nichts eignet sich besser, ihnen diese Macht zu nehmen, als der uneigennützige Verkehr mit vernünftigen Menschen, die man schätzt und die uns, da sie diese Vorurteile nicht haben, und sie mit ihren eigenen bekämpfen, die Mittel in die Hand geben, ununterbrochen die einen gegen die anderen auszuspielen und uns derart vor allen zu schützen. Es ist nicht das gleiche, mit Ausländern bei uns oder in ihrer Heimat zu verkehren. Im ersten Fall schonen sie immer das Gastland und verschleiern, was sie wirklich davon denken; oder sie beurteilen es günstig, solange sie dort sind. In ihre Heimat zurückgekehrt, geben sie es billiger und sind dann nur gerecht. Ich wäre froh, wenn der Ausländer, den ich befrage, auch mein Land gesehen hätte, aber ich würde ihn um seine Meinung nur in seiner Heimat fragen."[15]

In der kommunikativen Auseinandersetzung mit anderen Kulturen gilt es im Modus von Konservation versus Innovation die gemeinsame Welt zu bewähren, in der jeder Einzelne so glücklich leben kann wie der nomadisierende Wilde, der sich selbst genügt.

Reisen als lebensweltliche Konkretisierung einer Theorie der Geltung in die Dramaturgie des Spiels mit dem Anderen, in die Dramaturgie des Vergnügens an dem Neuen ist die Auseinandersetzung am Objekt, die eine gemeinsame Welt entstehen lässt. Animation im Vormachen und Zeigen, die Abstimmung von Befindlichkeiten, das Dies-da und die ‚Sorge als Versorgung' des marktförmigen Tourismus jedoch ist nichts anders als die Verkleisterung der Mobilität des Guten in die Boshaftigkeit der Sesshaftigkeit. Dennoch bleibt auch die marktförmige Mobilität im Sinne Rousseaus bildungsbezogen, auch wenn sie in pervertierter Form auftritt.

Pädagogische Gästebetreuung und Reiseleitung dagegen im Sinne der Bildungsreise des Rousseau heißt: Ich halte dich, hab keinen Kummer, ich vergnüg mich mit dir, wir sind zusammen im ungewöhnlichen Aufenthalt und ich helfe dir zu verstehen mit Bezug auf unsere gemeinsame Welt. Animation als Exploration in einer Lernumgebung des Neuen, von den Sachen ausgehend, wird gemessen an der Wahrheit des Zeigens und bewährt sich faktisch am Gefühl der Lust und Unlust des Reisens. Der ‚bildende' Sinn liegt nicht im Ziel, sondern im Vergnügen an dem Weg. Die Gestaltung der Jetztzeit - nicht die Gestaltung der Zukunft - ist der Sinn, weil die Zukunft nur als Prolongation der Gegenwart verständlich ist. Der Geltungsanspruch des Reisens mediatisiert die Welt zur Selektion der besten Darstellung einer möglichen Welt, die Reise wird somit zur Dramaturgie der Wahrheit, die das Neue und das Andere als Irritation des Alten und des Eigenen im Sinne der Auseinandersetzung mit Welt, mit Gesellschaft und mit sich selbst braucht.

---

[1] Das ist nach Richard HÖNIGSWALD eine Form der Abbildung von Geltung in die Zeit. Vgl. ders. (1927): Über die Grundlagen der Pädagogik. 2. Aufl. München. S. 25 u. 86.

[2] Vgl. OEVERMANN, U.: Hermeneutische Sinnrekonstruktion: Als Therapie und Pädagogik mißverstanden, oder: das notorische strukturtheoretische Defizit pädagogischer Wissenschaft. In: GARZ, D./KRAIMER, K. (Hrsg., 1983): Brauchen wir andere Forschungsmethoden? Frankfurt am Main. S. 113-155.

[3] Der Liebesentzug als soziales Erziehungskalkül ist hier ein gutes Beispiel.

[4] Vgl. auch die Parallelen zu ERIKSONS Entwicklungspsychologie.

[5] ROUSSEAU, Jean-Jacques (1981): Emil oder Über die Erziehung. In neuer dt. Fassung besorgt von Ludwig SCHMIDTS. 5. unveränderte Auflage. Paderborn u. a.

[6] A. a. O., S. 503.

[7] A. a. O., S. 503-504.

[8] Der politische Raum wird über die Proportionalität des Politischen von der Anarchie zur Despotie aufgespannt.

[9] INGARDEN, R. (1965): Das literarische Kunstwerk. Tübingen. Sowie ders. (1968): Vom Erkennen des literarischen Kunstwerkes. Tübingen. Vgl. auch WIENBRUCH, U. (1972): Die Funktion der schematisierten Ansichten im literarischen Kunstwerk. In: Perspektiven transzendental-phänomenologischer Forschung. Für Ludwig Landgrebe zum 70. Geburtstag von seinen Kölner Schülern. Den Haag. S. 257-277.

[10] A. a. O., S. 516.

[11] A. a. O., S. 450.

[12] A. a. O., S. 451.

[13] Rousseau nennt sich im ‚Emile' selbst in der Rolle des Erziehers Jean-Jacques.

[14] Contrat social, a. a. O., S. 504ff., insbes. S. 511-513.

[15] A. a. O., S. 520/521.

Eine innovative Synthese aus Erlebnistourismus und Freilandforschung: Wissenschaftstourismus am Beispiel von PANGEA

Kai Pagenkopf

Einführung

Noch immer zeigen sich bei vielen Nichtakademikern Berührungsängste mit der Institution Universität. Dies ist um so verwunderlicher, als in der modernen Gesellschaft Bildung einen nie gekannten Stellenwert erreicht hat und das Wissen um viele aktuelle Themen und Probleme (als Beispiel seien Umwelt- und Naturschutz genannt) unabdingbare Voraussetzung für die Partizipation eines jeden Einzelnen am gesamtgesellschaftlichen Geschehen ist. Auf der anderen Seite versuchen die Universitäten in den letzten Jahren verstärkt, sich für nichtakademische Bevölkerungsteile zu öffnen: Zum einen um ihre Akzeptanz in der Öffentlichkeit zu erhöhen, zum anderen aber auch zur Akquirierung der immer wichtiger werdenden Drittmittel, ohne die weite Gebiete der gegenwärtigen Forschung nicht aufrechterhalten werden könnten.

Noch längst sind nicht alle Chancen genutzt, Universitäten und andere Forschungseinrichtungen aus ihrem akademischen Elfenbeinturm herauszuführen. Das große Interesse der Öffentlichkeit an der Forschung wird durch die weite Verbreitung populärwissenschaftlicher Zeitschriften und der starken Nachfrage nach Bildungsreisen hinlänglich dokumentiert (vgl. auch DREYER 1996). Hier setzt die Idee von PANGEA an.

Interessierten Laien soll die Möglichkeit gegeben werden, an wissenschaftlichen Forschungsprojekten aktiv teilzunehmen. In vielen wissenschaftlichen Projekten ist der Einsatz motivierter Gastforscher ohne oder mit geringer Vorbildung durchaus machbar und von Seiten der Träger der Projekte sogar wünschenswert, stellen sie doch zusätzliche Arbeitskräfte, an denen es aus Kostengründen häufig mangelt. Namentlich in den „Freilandwissenschaften" wie Ökologie, Botanik und Zoologie, aber auch zum Beispiel der historischen Spatenforschung bieten sich umfangreiche Möglichkeiten zur Mitarbeit. Die Teilnehmer erhalten eine intensive Einführung in die zu behandelnde Thematik von den Mitarbeitern des Projektes und führen wissenschaftliche Tätigkeiten selbständig aus (Aspekt der Erwachsenenbildung). Im Gegenzug erhalten die Wissenschaftler eine finanzielle Förderung durch den Kostenbeitrag der Teilnehmer (Aspekt der Drittmittelakquise) sowie zusätzliche Hilfskräfte bei der Geländearbeit.

Vegetations- und Strukturkartierungen, ornithologische Erfassungen und ethologische Untersuchungen lassen sich genauso von Laien bewältigen wie bestimmte Tätigkeiten der archäologischen Freilandarbeit. Gerade diese Forschungsrichtungen erfreuen sich außerordentlicher Beliebtheit in der Öffentlichkeit und sind geeignet, einen großen Kreis potentieller Teilnehmer anzusprechen, besonders dann, wenn sie in landschaftlich oder kulturell reizvollen Regionen durchgeführt werden.

Die Verbindung von Tourismus mit der Erhebung wissenschaftlicher Daten ist eine Synthese des Wunsches der Universitäten nach Öffnung einerseits und der Aufrechterhaltung oder Erweiterung des Forschungsbetriebes durch die Akquise von Drittmitteln und Arbeitskraft andererseits sowie dem Interesse der Öffentlichkeit für Fortbildung und sinnvolle Freizeitgestaltung (vgl. die Hedonismusdiskussion bei KIRSTGES 1995). Sie ist eine Alternative zu den herkömmlichen Bildungsreisen, da sie den Teilnehmer aus der Rolle des Passiv-Rezipierenden heraushebt und durch den engen Kontakt zu Aktiv-

Forschenden einen ungleich intensiveren Einblick in die Materie und den wissenschaftlichen Forschungsbetrieb erlaubt, als es eine geführte Sightseeing-Tour vermag. Der Eventcharakter, je nach Destination verbunden mit dem Hauch des Abenteuers, bedient zudem die wachsende Nachfrage nach Erlebnistourismus und Aktivreisen (KREILKAMP 1995).

Das für Deutschland neuartige Konzept wurde im Rahmen des von Wissenschaftlern der Universitäten Münster und Braunschweig gegründeten gemeinnützigen Vereines PANGEA e. V. auf Marktchancen und Entwicklungspotentiale getestet. Im angelsächsischen Sprachraum ist Wissenschaftstourismus bereits ein fester Bestandteil der Tourismusbranche und wird von Organisationen wie „Earthwatch" oder „Coral Cay Conservation" erfolgreich verfolgt.

Der deutsche Markt stellt demgegenüber ausgesprochenes Neuland dar. Zwar haben sich einige kleine Unternehmen auch in Deutschland etablieren können, doch fehlt ihnen allesamt die Anbindung an die Universität und somit an eine große Auswahl an wissenschaftlichen Forschungsprogrammen und eine kompetente Leitung durch erfahrene Wissenschaftler. Es sei zudem darauf hingewiesen, dass die Seriosität der Institution Universität und die Achtung akademischer Titel (z. B. der Projektleiter) einen nicht zu unterschätzenden Imagefaktor bei der Kundenakquise darstellen.

1 Die Geschichte von PANGEA

Ausgehend von der Idee, eine finanzielle Förderung wissenschaftlich Tätiger mit der Möglichkeit der Entwicklung eines Forschungs- und Naturtourismus zu verbinden, wurde im November 1996 der gemeinnützige, eingetragene Verein PANGEA von Wissenschaftlern der Westfälischen Wilhelms-Universität Münster und der Technischen Universität Braunschweig gegründet.

Dank der hohen Akzeptanz an den Universitäten war es schnell möglich, einen Katalog von Forschungsprojekten zusammenzustellen, die interessierten Laien zugänglich gemacht werden sollten.

Zu Beginn rekrutierten sich die von PANGEA angebotenen Forschungsaufenthalte aus Vorschlägen uns bekannter Wissenschaftler; insbesondere die Kontakte in die Russische Föderation erwiesen sich als hilfreich, da zum einen viele russische Wissenschaftler wegen mangelnder finanzieller Ausstattung eine Zusammenarbeit begrüßten und zum anderen dieses Land eine attraktive und zugleich ohne kompetente Führung schwer zu bereisende Destination darstellt. Aber auch in anderen europäischen Ländern waren Projektpartner schnell gefunden. Für das Jahr 1998 konnten bereits zehn Forschungsexkursionen in sechs Länder angeboten werden, 1999 wurde das Angebot auf acht Länder ausgedehnt. In den Jahren 2000 und 2001 wurden bzw. werden elf Destinationen in sieben Ländern angeboten. Der Schwerpunkt des Angebotes liegt auf ökologisch-biologischen Projekten in Nordasien, jedoch werden in zunehmendem Maße auch ethnographische Projekte angeboten (vgl. Tab. 1).

War das Interesse an der Idee von PANGEA bei den Universitäten und anderen wissenschaftlichen Institutionen von Beginn an groß, erwies sich die Akquirierung der Teilnehmer der Exkursionen als problematischer. Dies war weniger auf mangelndes Interesse der potentiellen Klientel als vielmehr auf die finanzielle Situation von PANGEA zurückzuführen. Die geringe Kapitaldecke eines jungen Vereines erlaubte keine intensiven Werbemaßnahmen, so dass wir auf Aushänge an den Universitäten, die Verschickung unseres Katalogs an ausgewählte Personen und Werbung im weiteren Bekanntenkreis angewiesen waren. Zu diesen Bemühungen gesellten sich zahlreiche Zeitungsartikel und Radiointerviews. Ein wichtiger Test des Konzeptes war daher die Kooperation mit großen Reiseveranstaltern, die Teile des Programms von PANGEA in ihren weitverbreiteten Katalogen bewarben. Am erfolgreichsten war die Zusammenarbeit mit Lernidee-Reisen aus Berlin - einem Anbieter, der sich weitgehend auf die Russische Föderation spezialisiert hat. Bereits im ersten Kooperationsjahr 1999 kamen zwei der drei bei Lernidee angebotenen Exkursionen zustande, wenn auch mit geringer Teilnehmerzahl.

Schon bald erwies sich der Aufwand für die Organisation und Durchführung der Reisen als so groß, dass er mit ehrenamtlicher Tätigkeit nicht mehr zu bewältigen war. Dank des Engagements der Westfälischen Wilhelms-Universität Münster wird PANGEA seit dem 01.10.1999 vom PFAU-Programm der Zenit GmbH des Landes Nordrhein-Westfalen gefördert. Ziel der Förderung ist die Etablierung von PANGEA als kommerzieller Reiseveranstalter auf dem Markt.

2 Die Durchführung der Exkursionen

Bei jeder Exkursion nimmt die Vorbereitung mit den Teilnehmern einen großen Raum ein (vgl. LITZEN-ROTH 1999). Interessenten werden mit ausführlichen Beschreibungen der zu bereisenden Region und des Forschungsgegenstandes detailliert informiert, wobei sie nachdrücklich auf die möglicherweise auftretenden Schwierigkeiten und die besonderen Bedingungen einer Forschungsreise hingewiesen werden, denn mancher Anwärter hat reichlich romantische Vorstellungen vom Leben im Forschungscamp abseits der Zivilisation und macht sich ein falsches Bild vom Ablauf der wissenschaftlichen Feldarbeit. Nach Möglichkeit wird ein Vortreffen organisiert, das nicht nur dem gegenseitigen Kennenlernen und der weiteren Information der Interessenten dient, sondern auch für die Erfassung von Sonderwünschen und von speziellen Interessen genutzt wird

Tab. 1: Destinationen und Projekte von PANGEA (1998-2001)

Land	Ethnographische Projekte	Ökologische Projekte
Deutschland		Wattenmeerforschung auf Sylt
		Fischotterschutzprojekt bei Hamburg
Schweden		Ökosystemforschung borealer Nadelwald
Schottland		Ornithologie am Vogelfelsen St. Abbs
Polen		Urwald von Białowieża
Rumänien		Wolfs- und Bärenschutzprojekt in den Karpaten
Israel		Die Vogelwarte Eilat
Russland	Altgläubige und Keten in Zentralsibirien	Botanische Feldstudien in Zentralsibirien
	Das Leben sibirischer Zobeljäger	Die Ökozonen Russlands am Beispiel des Jenisseis
	Ethnische Gruppen des Altai	Die Nationalparke Ussuriens
		Ornithologische Station am Bikin (Ussurien)
		Die Vogelwarte Rybachy (Rossitten)
Nepal	Ajurvedische Medizin im Gorkha-Distrikt	
Thailand	Ethnische Gruppen in Nordwest-Thailand	
Elfenbeinküste		Großwildfauna des tropischen Regenwaldes
Costa Rica		Feldforschung im tropischen Regenwald

Folgende Fallbeispiele sollen Zielsetzung und Durchführung der Exkursionen illustrieren, wobei die Beispiele so gewählt wurden, dass die je nach Destination und Interessen der Teilnehmer unterschiedlichen Ausgestaltungsmöglichkeiten deutlich werden (für die detaillierte Beschreibung einer PANGEA-Exkursion siehe MATTES/PAGENKOPF 1999).

Die Exkursion im April 1998 in den Białowieża-Nationalpark in Ostpolen repräsentiert den Exkursionstyp, bei dem die aktive Tätigkeit der Teilnehmer im Mittelpunkt steht. Unter Anleitung von Herrn Dr. A. Bobiec von der Gesellschaft zur Rettung des Waldes von Białowieża kartierten die elf Teilnehmer die Unterschiede der Vegetationsstrukturen im bewirtschafteten Teil des Waldes sowie im Nationalpark, der normalerweise von „herkömmlichen" Touristen nicht betreten werden darf. Diese Arbeit erfordert einen hohen personellen Einsatz, kann aber durchaus von motivierten Nichtwissenschaftlern durchgeführt werden. Die Teilnehmer wurden in kleinen Gruppen von den Wissenschaftlern an ihre Tätigkeit herangeführt. Durch die permanente Begleitung erhielten sie einen tiefen Einblick in das Ökosystem Wald und in die wissenschaftliche Methodik sowie zudem die Gewissheit, einen Teil zur Rettung dieses letzten europäischen Urwaldes beigetragen zu haben. Allerdings hatten die „Mitforscher" bei ihrer anstrengenden Arbeit wenig Gelegenheit zur Entspannung, obwohl seitens PANGEA ein landeskundliches Begleitprogramm für die freien Tage angeboten wurde. Die Gesellschaft zur Rettung des Waldes von Białowieża profitierte trotz des Aufwandes für die Betreuung der Teilnehmer von den zusätzlichen Arbeitskräften und erhielt zudem eine materielle Unterstützung in Form eines GPS-Gerätes sowie einiger weiterer Hilfsmittel, die für die Fortführung des Projektes notwendig waren.

Von anderem Charakter sind die Exkursionen in die Zapovedniks Ussuriens im äußersten Südosten der Russischen Föderation. Zapovedniks sind Totalreservate von teils beträchtlicher Größe, die keiner deutschen Schutzkategorie entsprechen, da sie ausschließlich zum Zwecke der Forschung betreten werden dürfen. Bei Fernreisen überwiegt der Wunsch der Teilnehmer, Land und Leute der für sie exotischen Region kennen zu lernen, in der Regel das Interesse an der eigenen Teilnahme an der Freilandforschung. Daher haben PANGEA-Exkursionen zu entfernten Zielen eher den Charakter von Studienreisen, wenngleich sie sich in wesentlichen Punkten von diesen unterscheiden.

Im Unterschied zu klassischen Studienreisen hält sich die Exkursionsgruppe für längere Zeit im selben Gebiet auf und lebt mit den Wissenschaftlern Tag und Nacht unter meist einfachen Bedingungen des Forschungscamps zusammen (in der Regel einfache Hütten ohne Elektrizität und Wasseranschluss). Die Teilnehmer werden von einheimischen Wissenschaftlern unterschiedlicher Forschungsrichtungen durch die Zapovedniks geführt, abendliche Gespräche am Lagerfeuer vertiefen die Eindrücke des Tages und geben durch den persönlichen Kontakt den Blick auf Aspekte frei, die weit über die fachliche Wissensvermittlung hinausgehen.

Die überwiegende Zahl der Teilnehmer hat bereits mehrfach an klassischen Studienreisen teilgenommen und äußert sich enttäuscht über den an eine Museumsführung erinnernden Ablauf einer solchen Reise. Die obligat geringe Zahl von meist nicht mehr als fünf Teilnehmern, der intensive und persönliche Kontakt zu den vor Ort arbeitenden Wissenschaftlern sowie die lange Aufenthaltsdauer im Zielgebiet von drei bis vier Wochen lassen diesen „Ex-Kathedra-Effekt" auf den Exkursionen von PANGEA nicht aufkommen. Nicht zuletzt sei erwähnt, dass das ungezwungene Auftreten der im Umgang mit Touristen unerfahrenen Wissenschaftler als besonders authentisch und wohltuend empfunden wird.

Der Ablauf einer solchen Exkursion stört in erheblichem Maße den Forschungsbetrieb in den Naturreservaten, müssen doch die Wissenschaftler für die Dauer des Aufenthaltes der Gruppe von ihrer Tätigkeit freigestellt werden. Die Wissenschaftler erhalten keine tätige Hilfe von den Teilnehmern, wenngleich die auf der Exkursion gesammelten Beobachtungen der Tier- und Pflanzenwelt den Zapovedniks zur Verfügung gestellt werden. Die Hauptmotivation der Reservate zur Aufnahme von Touristen ist also das Geld, was bei einem Wissenschaftlergehalt von etwa 30 US$ pro Monat und einer teils katastrophalen Ausstattung mit Forschungsequipment nicht verwundert. Da PANGEA eine universitäre Einrichtung ist, werden die touristischen Exkursionen aber auch zur Kontaktpflege mit westlichen Universitäten genutzt. Gastforscher wissenschaftlicher Institutionen sind in den Zapovedniks hochwillkommen und nicht selten war eine Exkursion Ausgangspunkt für eine intensivierte Kooperation, sei es durch die Entsendung studentischer Praktikanten oder gar durch ein langfristig angelegtes Forschungsprojekt.

Das letzte Beispiel nimmt zum einen durch seine Aufgabenstellung und zum anderen durch die extremen Lebensbedingungen der Teilnehmer während der Exkursion eine Sonderstellung ein. Bei der Expedition zu den in Zentralsibirien am Jenissei lebenden Altgläubigen, einer weltabgewandten Religionsgemeinschaft, die den Kontakt zur Zivilisation meidet, handelte es sich um ein von PANGEA initiiertes Forschungsprojekt. Dank der auf vorhergehende Exkursionen beruhenden freundschaftlichen Kontakte zur einheimischen Bevölkerung war es einer kleinen Gruppe von insgesamt vier Personen erlaubt, die Altgläubigen zu besuchen und an ihrem Leben teil zu haben. Mit Hilfe eines von Mitarbeitern des Instituts für Geographie der WWU Münster vorbereiteten Fragebogens erfassten die Teilnehmer wesentliche soziographische Kenndaten unserer Gastgeber, kartierten Siedlungsformen und überzeugten sich am eigenen Leib von der Härte des Lebens in der sibirischen Wildnis. Da die Altgläubigen abseits der Zivilisation und zudem weit voneinander entfernt siedeln, die Unterbringung meist nur in Zelten möglich und die Gruppe bei der Beschaffung der Dinge des täglichen (Über-) Lebens auf sich gestellt war (bei den Unbilden des Wetters und der Heerscharen der Mücken kein Vergnügen), stellte die Expedition hohe Anforderungen an die Teilnehmer. Gerade das Meistern der schweren Bedingungen, einhergehend mit der hervorragenden Expeditionsleitung durch den in Sibirien lebenden Wissenschaftler Andrei Sviderski und mit der außergewöhnlichen Thematik machten die Reise zu einem unvergessenen Erlebnis für die Teilnehmer. Publikationen über die Lebensbedingungen der Altgläubigen trugen dem wissenschaftlichen Anspruch der Expedition Rechnung (PAGENKOPF 2001a, 2001b).

3 Die soziographische Struktur der Teilnehmer

Wissenschaftstourismus unterscheidet sich offensichtlich wesentlich von herkömmlichen rekreativen Urlaubsformen. In den touristisch unerschlossenen Destinationen wird von den Teilnehmern ein Maß an Abenteuerlust oder gar Entbehrungsfähigkeit erwartet. Lange und nicht selten anstrengende Wanderungen in unwegsamem Gelände erfordern eine gute Konstitution, der wissenschaftliche Schwerpunkt setzt ein starkes Interesse am Forschungsgegenstand voraus.

Reisen in entfernte Regionen, z. B. nach Zentralsibirien, dauern bis zu fünf Wochen, da allein die An- und Abreise bis zu je einer Woche in Anspruch nehmen kann. Sie sind zudem wegen der großen Distanzen und der schlechten Verkehrsinfrastruktur nicht billig.

Die Teilnehmer sollten somit durch große finanzielle und zeitliche Unabhängigkeit, hohen Bildungsgrad (vgl. aber DIETSCH 1996) und kräftige Konstitution gekennzeichnet sein. So vermutet REINHOLD (1999), der durchschnittliche Wissenschaftstourist sei ein männlicher, junger und finanziell gut gestellter Akademiker.

Die folgende Analyse der soziographischen Daten der Teilnehmer/Interessenten der PANGEA-Exkursionen ergibt ein etwas anderes Bild. Die ausgewerteten Daten von 96 Personen wurden nicht systematisch erhoben, sondern ergaben sich aus persönlichen Gesprächen während der Exkursionen oder bei deren Vorbereitung. Obwohl nicht von allen Teilnehmern alle Daten bekannt sind und somit nicht in die Untersuchung einfließen, lässt sich aus der Erfahrung die Repräsentativität des Ergebnisses für die Klientel von PANGEA vermuten.

Tab. 2: Soziographische Daten der Teilnehmer und Interessenten (in %)*

		Männer (26,1)	Frauen (73,9)	Gesamt
Alter	20-29 Jahre	4,4	4,4	8,8
	30-39 Jahre	4,4	26,1	30,5
	40-49 Jahre	-	13,4	13,4
	50-59 Jahre	8,7	4,4	13,1
	>60 Jahre	8,7	26,1	**34,8**
Studium	Ja	13,4	**56,5**	69,9
	Nein	13,4	17,4	30,8
Berufsstatus	Student	4,4	4,4	8,8
	berufstätig	8,7	**39,1**	**47,8**
	berentet	13,4	30,4	43,8
Familienstand	unverheiratet	21,7	**56,5**	**78,2**
	verheiratet	4,4	17,4	21,8

* Die jeweils höchsten Werte sind fett hervorgehoben.
Abweichungen von Hundert sind rundungsbedingt.

Wie Tab. 2 zu entnehmen ist, sind fast drei Viertel der Teilnehmer Frauen, über ein Drittel aller Teilnehmer sind älter als 60 Jahre und gut drei Viertel unverheiratet (der Familienstand ist methodisch problematisch, da er die tatsächlichen Lebensverhältnisse nicht erfasst. Ein in einer festen Beziehung lebender Teilnehmer fällt ebenso in die Kategorie „unverheiratet" wie ein Single. Die Datenlage reicht jedoch für eine detailliertere Aufsplittung nicht aus). Erwartungsgemäß verfügt der überwiegende Teil (fast 70%) über eine akademische Ausbildung bzw. befindet sich zur Zeit im Studium. Entsprechend des hohen Preises vieler Exkursionen stellen Berufstätige die größte Gruppe, allerdings dicht gefolgt von den Rentnern. Dies mag unter dem Gesichtspunkt der Finanzkraft nicht überraschen, schließlich waren alle Berenteten dank ihres hohen Ausbildungsstandes in gehobenen Berufen tätig; zudem verlangt die lange Dauer der Exkursionen nach zeitlicher Unabhängigkeit.

Bedenkt man jedoch, dass das Reisen in unerschlossenen Regionen nicht der Gefahr entbehrt, zumindest aber körperlich anstrengend ist und nicht immer ein Arzt zur schnellen Verfügung steht, ist das recht hohe Alter der meisten Teilnehmer (47,9% sind älter als 50 Jahre) doch verwunderlich.

Diese Klientel formt eine eigenständige Gruppe, die sich deutlich von den anderen Teilnehmern abgrenzen lässt. Es sind berentete Akademiker, die sich ein Großteil des Jahres auf Reisen befinden. In aller Regel sind sie alleinstehend oder doch ohne ihren Partner unterwegs. Da sie sich oft über Monate hinweg im Ausland aufhalten und nicht selten karitativen Tätigkeiten (wie z. B. in der Entwicklungshilfe) nachgehen, ähneln ihre Auslandsaufenthalte eher einem Praktikum als einem Urlaub. In früheren Jahren von ihrer beruflichen Tätigkeit stark in Anspruch genommen, haben sie erst im Alter mit dieser Art des Reisens begonnen. Für diese Gruppe ist - ähnlich wie für die Studenten - die tätige Hilfe für die Wissenschaftler oder für Naturschutzbelange eine wesentliche Motivation für die Teilnahme an einer PANGEA-Exkursion (die Motive zur Teilnahme an forschungstouristischen Aktivitäten behandelt REINHOLD 1999).

Der geringe Anteil der Studenten von weniger als 10% resultiert aus der für diese Gruppe wenig attraktiven Angebotspalette von PANGEA. Nur gelegentlich werden speziell auf Studenten zugeschnittene Exkursionen in Destinationen des nahen Auslandes angeboten, obschon auch Nichtstudenten die Teilnahme offen steht. Sie sind ungleich erschwinglicher als die Fernexkursionen. Tatsächlich hat bislang kein Student an einer Fernexkursion teilgenommen. Erneut aus Kostengründen, wegen der wissenschaftlichen Thematik und der Schwierigkeit des Reisens in abgelegensten Regionen, das einige Erfahrung verlangt, sind die Exkursionen für Jugendliche oder gar Kinder ungeeignet.

Die mittleren Altersklassen der 30-49-Jährigen sind hinsichtlich der beruflichen Tätigkeit der Teilnehmer inhomogen, wenngleich fast alle über eine hohe Schulbildung verfügen. Selbständige sind überproportional häufig vertreten; sie können sich ihre Zeit freier einteilen als Angestellte, die sich nicht immer für einen Monat beurlauben lassen können. Die meisten der Angestellten sind in Forschung oder Lehre tätig, sie beschäftigen sich entweder in ihrer Freizeit mit dem Thema der von ihnen gewählten Exkursion oder sind gar beruflich mit diesem betraut. Letzteres ist allerdings die Ausnahme, erst einmal nahm ein Botaniker an einer Exkursion mit floristischem Schwerpunkt in den Fernen Osten Russlands teil. Vermutlich verfügen Fachwissenschaftler über eigene internationale Kontakte und sind nicht auf die Vermittlung eines Reiseveranstalters angewiesen.

Kurz gefasst ist der „durchschnittliche" Teilnehmer eine alleinstehende, weibliche Akademikerin im Rentenalter. Von Anbietern touristischer Produkte mit Eventcharakter weitgehend vernachlässigt, ist diese (zugegeben kleine) Klientel für Kleinanbieter eine interessante Zielgruppe, die auch aus Sicht der Reiseleitung recht problemlos ist. Wegen ihrer großen Reiseerfahrung nehmen diese Teilnehmer die gelegentlich auftretenden Unzulänglichkeiten bei Reisen in touristisch unerschlossenen Regionen gelassen hin (Schiffsfahrpläne z. B. in Zentralsibirien geben bestenfalls Anhaltspunkte für die Ermittlung des Reisetages, Zeitangaben sind bloße Makulatur, Flugbenzinmangel verdammt die Reisegruppe gelegentlich zu der einen oder anderen unbequemen Nacht auf dem Flughafen) und die im Vergleich zu Jüngeren geringere Fitness wird durch eine oft erprobte bessere Einteilung der körperlichen Leistung leicht kompensiert. Zudem zeichnet sich diese Gruppe durch großes persönliches Engagement aus.

4 Ausblick

Noch längst sind nicht alle Chancen des Konzeptes des Wissenschaftstourismus ausgeschöpft. Konnte man die bisherige Zielgruppe der potentiellen Teilnehmer grob als „Bildungsbürgertum" charakterisieren, lassen Anfragen aus der Studentenschaft sowie aus Unternehmerkreisen weitere Entwicklungsperspektiven erkennen.

Dozenten und Studenten können die Kontakte von PANGEA zur Planung und Durchführung universitärer Exkursionen und außeruniversitärer Praktika nutzen. Dieser Weg wird bereits beschritten: Dank der breit gefächerten Beziehungen zu internationalen Forschungsprojekten erfreut sich das Praktikumsangebot eines regen Interesses in der Studentenschaft, aber auch in anderen Kreisen. So mancher Interessent verzichtet auf eine geführte Exkursion und lässt sich aus Gründen der beruflichen Weiterbildung oder Neuorientierung zu einem wissenschaftlichen Projekt vermitteln.

Unternehmer äußern den Wunsch nach anspruchsvollen Exkursionen zur Mitarbeitergratifikation und nach Incentive-Programmen. Dieser Markt befindet sich zur Zeit im Aufschwung und ist wegen der Finanzstärke der Angebotsnehmer außerordentlich interessant.

Wissenschaftstouristische Exkursionen müssen nicht immer in die entlegendsten Ecken der Welt führen. Das Land Nordrhein-Westfalen setzt sich verstärkt für die Tourismusförderung im eigenen Bundesland ein, wie z. B. die Gründung des Tourismusverbandes NRW im Jahre 1997 zeigt. Der Masterplan Ruhrgebiet beschreibet bereits innovative Wege zur Gästeakquise durch Freizeitangebote mit Eventcharakter.

Hier eröffnen sich gute Chancen für den Wissenschaftstourismus. Ökologische Gutachten zu Industriebrachen und die junge „Industriearchäologie" bieten Interessenten zahlreiche Möglichkeiten zur Teilnahme, die zum einen die Tourismusentwicklung in NRW fördern und zum anderen die Nachfrage nach Freizeitaktivitäten „vor der eigenen Haustür" bedienen.

Literatur

DIETSCH, K. (1996): Studienreisen. In: DREYER, A. (Hrsg., 1996): Kulturtourismus. München.

DREYER, A. (Hrsg., 1996): Kulturtourismus. München.

KIRSTGES, T. (1995): Sanfter Tourismus. München.

KREILKAMP, E. (1995): Tourismusmarkt der Zukunft. Die Entwicklung des Reiseveranstalter- und Reisemittlermarktes in der Bundesrepublik Deutschland. Frankfurt/Main.

LITZENROTH, H. (1999): Otto Normalverbraucher wird zum Auslaufmodell. In: FVW 05/99.

MATTES, H./PAGENKOPF, K. (1999): Jenisej - Vogelreichtum am großen Fluss. In: Der Falke 46, S. 115-119.

PAGENKOPF, K. (2001a): Auf den Spuren der Keten am Totsches und der Podkamenaja Tunguska. In: LINAU/MATTES (Hrsg., 2001): Natur und Mensch am Jenissei. Berichte aus dem Arbeitsgebiet Entwicklungsforschung. Heft 23, 2. Aufl. Münster.

PAGENKOPF, K. (2001b): Die Altgläubigen (Starowerij) am Jenissei: LINAU/MATTES (Hrsg., 2001): Natur und Mensch am Jenissei. Berichte aus dem Arbeitsgebiet Entwicklungsforschung. Heft 23, 2. Aufl. Münster.

REINHOLD, I. (1999): Forschungstourismus: Eine neue Nische in der Tourismusindustrie? Diplomarbeit am Institut für Geographische Wissenschaften der Freien Universität Berlin.

Konsum im inszenierten Raum

Strukturelle Wettbewerbsvorteile von Kunstwelten und Herausforderungen für das Innenstadtmanagement

Heinz-Dieter Quack

Einleitung

In die Freizeit- und Tourismusforschung in Deutschland ist Bewegung gekommen. Die durch die zunehmende Verbreitung multifunktionaler Konsum- und Freizeiteinrichtungen in Gang gekommene Diskussion über Vor- und Nachteile solcher Angebote, veränderte Bedürfnisse und Wünsche der Konsumenten und schließlich über erhoffte oder auch befürchtete raumstrukturelle Wirkungen wird jedoch noch immer teilweise emotional geführt. Vorliegender Beitrag möchte zu einer Versachlichung der Diskussion beitragen, indem er zunächst eine inhaltliche Klärung des noch vergleichsweise jungen Begriffes multifunktionaler Konsumorte vornimmt, um dann am Beispiel des CentrO Oberhausen die raumstrukturellen Wirkungen darzustellen. Auf Basis umfangreicher Feldforschungen vor Ort werden die zentralen Erfolgsfaktoren abgeleitet und hinsichtlich ihrer Übertragbarkeit auf gewachsene, traditionelle Angebotsformen untersucht.

1 Neue Freizeit- und Konsumorte

1.1 Abgrenzung und Begriffsbestimmung

In den zurückliegenden Jahren haben sich teilweise auch im deutschsprachigen Bereich zahlreiche erlebnisorientierte Angebote entwickelt, die nicht in jedem Fall als (räumliche oder inhaltliche) Weiterentwicklung bestehender Freizeit- oder Handelsformen gewertet werden können. Sie sind vielmehr nicht nur neu errichtet worden, sondern weisen auch eine bis dahin nicht gekannte Mischung unterschiedlicher Angebotselemente auf. „Die neuen Orte des touristischen Konsums sind komplexe, multifunktionale Einrichtungen mit vielfältigen und unterschiedlichen Angeboten, aus denen sich die Konsumenten ihre *individuelle Mischung* (nach aktuellem Bedürfnis) jeweils selbst zusammenstellen können" (STEINECKE 2000, S. 19, Hervorhebung im Original). Nicht zuletzt aufgrund der Neuartigkeit der Angebote sind Begriffe wie Urban Entertainment Center, Brand Land, Themenhotel etc. in der Literatur noch nicht abschließend definiert. STEINECKE (2000, S. 19f.) nimmt eine Abgrenzung nach ihren wesentlichen Angebotselementen vor und empfiehlt als übergeordneten Begriff die Bezeichnung Mixed Use Center:

- Urban Entertainment Center bestehen aus Shopping Center, Gastronomiebetrieben, Kunstausstellung, Arena (Veranstaltungshalle), Freizeitpark und Multiplex-Kino (vgl. genauer weiter unten),
- Freizeitparks bestehen aus Freizeiteinrichtungen, Gastronomiebetrieben, Events und Themenhotel,
- Ferienparks bestehen aus Beherbergungsangeboten, Gastronomiebetrieben, Freizeiteinrichtungen, Ladengalerie und Events,
- Brand Lands bestehen aus einem Firmenmuseum, Einzelhandel, Kunstgalerie, Events und einer Besucherinformation,
- Themenhotels/-restaurants bestehen aus Beherbergungsangeboten, Gastronomiebetrieben, einer speziellen Architektur, eventuell einer Thermenanlage sowie Einzelhandel,

- Musical-Center verfügen über ein Theater, Beherbergungsangebot, Gastronomiebetriebe und Einzelhandel (Merchandising),
- Infotainment-Center bestehen aus multimedialen Informationseinrichtungen, Veranstaltungsräumen, Events und Einzelhandel.

Diese Aufzählung ist nicht zwangsläufig abschließend, da neue Mischformen obiger Angebote grundsätzlich möglich sind. Zentrale Merkmale dieser neuen Formen sind jedoch in jedem Fall:
- das Grundprinzip der Multifunktionalität, d. h. die Schaffung einer Mischung unterschiedlicher Angebotselemente aus den genannten Bereichen, die jeweils verschiedene Schwerpunkte haben können,
- die stark ausgeprägte Freizeitorientierung in Verbindung mit einer Betonung des Erlebnischarakters sowie
- die Convenience, d. h. die aufgrund der einheitlichen Steuerung und Vernetzung der Einzelangebote gegebene Möglichkeit der bequemen Inanspruchnahme der jeweiligen Elemente (vgl. STEINECKE 2000, S. 20).

Einen besonderen Stellenwert unter diesen neuen Orten des Konsums nehmen Urban Entertainment Center ein, die nachfolgend genauer zu bestimmen sind: FRANCK (1999, S. 87-89 sowie 2000a, S. 36f.) definiert die Leitlinien der Angebotskonzeption von Urban Entertainment Centers wie folgt:
- Kombination einer Vielzahl von Unterhaltungs- und Erlebnisangeboten in einem räumlichen Kontext,
- große Bedeutung der gastronomischen Komponente, insbesondere thematisierter Gastronomiekonzepte,
- erlebnisorientierte Handelskonzepte sowie Beherbergungsangebote,
- Freizeiteinrichtungen mit einem Schwerpunkt auf der Abendunterhaltung,
- die Gesamtkonzeption ist erlebnisorientiert und thematisiert,
- es finden regelmäßig Events statt, die die Wiederholungsbesucherquote erhöhen und den Erlebnischarakter verstärken,
- die Motivation zum Besuch des Urban Entertainment Centers ergibt sich primär aus Spaß- und Unterhaltungsmotiven,
- das Center ist in der Regel aus einer Hand geplant und wird zentral geleitet (Centermanagement).

Ein Urban Entertainment Center basiert nach FRANCK (1999) auf den drei Schlüsselkomponenten „Entertainment & Kultur", „Food & Beverages" sowie „thematisierter Handel & Merchandising". Diese Komponenten können im Einzelfall stark unterschiedliche Gewichtungen haben. Bedeutsam ist hierbei, dass die drei Komponenten aufeinander abgestimmt werden, um so zum Erlebniswert der Gesamtkonzeption beizutragen. Die Komponente „Entertainment & Kultur" kann nach REIFF (1998, S. 21-30) noch differenziert werden in eine Grundkomponente, die primär die architektonische Gestaltung (einschließlich öffentlicher Flächen und Ladenfassaden) mit thematischen Gestaltungselementen meint und, darauf aufbauend und jeweils abgestimmt, einzelne unterhaltungsorientierte Angebote wie Kinos, Diskotheken etc. Die gastronomischen Angebote dienen aus Anbietersicht in erster Linie der Verlängerung der Aufenthaltsdauer der Besucher.

BOSSHART (1998, S. 201f.) identifiziert vier Grundfunktionen erfolgreicher gastronomischer Angebote, die sich in Urban Entertainment Centers finden:
- service & relationship: Gastronomie als Ort der Begegnung,
- coolness & action/relax: Gastronomie als Ort der Unterhaltung,
- convenience & speciality: Gastronomie als Ort des Einkaufens,
- quality & value: Gastronomie als Ort, an dem man gut isst und trinkt.

Gastronomische Angebote in Urban Entertainment Centers können üblicherweise differenziert werden in
- Food Courts, d. h. eine Häufung kleinerer gastronomischer Betriebe (häufig Imbissbetriebe) um einen zentralen gemeinsamen Sitz- und Essbereich,
- Themen- und Erlebnisgastronomie, d. h. Restaurants, Kneipen etc., in denen stringent ein bestimmtes Thema zelebriert wird (z. B. Planet Hollywood) sowie
- Impulse Dining, d. h. kleine (Imbiss-)Stände in der Regel im Einzelhandelsbereich, die den Besucher zum spontanen Verzehr verführen sollen (z. B. Saftbars, Würstchenbuden) (vgl. REIFF 1998, S. 31-36).

Der Einzelhandelsbaustein ist flächenmäßig in der Regel die größte Komponente. Im Gegensatz zu klassischen Shopping Centers überwiegen hier Waren für den gehobenen Bedarf, während der Lebensmitteleinzelhandel in nur sehr geringem Maße vorhanden ist: Lebensmittelangebote sind mit der angestrebten langen Aufenthaltsdauer der Besucher nicht vereinbar (vgl. REIFF 1998, S. 37). Als Ankermieter kommen bei starker Einzelhandelskomponente des Urban Entertainment Centers große Einzelhändler mit breitem Sortiment in Betracht. Liegt der Schwerpunkt auf den anderen Schlüsselkomponenten, kann auf einen Einzelhandelsanker verzichtet werden (vgl. REIFF 1998, S. 37). Hier kommen als Ankermieter Veranstaltungszentren, Multiplex-Kinos etc. in Frage (vgl. FRANCK 1999, S. 90). In jedem Fall besteht der Einzelhandelsbereich aus primär freizeitorientierten Angeboten, wie Sportartikeln und Textilien allgemein sowie Büchern, Tonträgern und Souvenirs. Diese durchaus großflächigen Angebote werden ergänzt durch kleinteilige Läden, unter Umständen gar mit Flohmarkt-Atmosphäre, die Abwechslung und Lebendigkeit signalisieren sollen (vgl. REIFF 1998, S. 37).

Grundlegendes Ziel eines Urban Entertainment Centers ist die Schaffung eines überregionalen Bedeutungsüberschusses im Bereich der angebotenen Komponenten im Sinne einer touristischen Destination, wobei Beherbergungskapazitäten nicht in jedem Fall Element eines Urban Entertainment Centers sind.[1]

Es sind verschiedene Schwerpunkte im Center möglich. FRANCK (1999, S. 91ff.) unterscheidet
- einzelhandelsorientierte Urban Entertainment Center,
- Abendunterhaltungszentren,
- mediale und High-Tech-Unterhaltungszentren sowie
- thematisierte und unterhaltungsorientierte Großhotels mit ergänzenden Freizeiteinrichtungen.

Der Bedeutungsüberschuss eines Urban Entertainment Centers basiert hierbei auf dem jeweiligen Schwerpunkt in Verbindung mit den weiteren Schlüsselkomponenten: Die Einzigartigkeit der Anlage ergibt sich aus ihrer Kombination mit ergänzenden Elementen, die zentral gesteuert, vermarktet und gemanagt werden. Die daraus ableitbaren konzeptionellen Unterziele werden von REIFF (1998, S. 41ff.) wie folgt zusammengefasst (vgl. Abb. 1): Die Teilziele hohe Anziehungskraft, hohe Verweildauer sowie hohe Ausgabenbereitschaft können als die zentralen Ziele einer Urban Entertainment Center-Konzeption angesehen werden. Ein Urban Entertainment Center ist letztlich als ein einheitliches Unternehmen zu sehen, dessen primäres Ziel ein möglichst hoher Ertrag ist. Das Kerngeschäft liegt im Bereich des jeweiligen Schwerpunktes (z. B. Einzelhandel oder Multiplex-Kino), die weiteren Komponenten sind sowohl Frequenzbringer im Sinne des zu erzeugenden Gesamteindrucks (Erlebnis), brauchen aber selbst wiederum die durch die Ankerbetriebe erzeugte Frequenz, um ihrerseits betriebswirtschaftlich sinnvoll operieren zu können. Hierin begründet liegen auch die Teilziele Synergien (Nutzungsmix, Kosten) sowie besonders das Ziel Ausgleich von Nachfrageschwankungen. Verfügt ein Urban Entertainment Center beispielsweise über einen bedeutenden Einzelhandelsschwerpunkt, dessen Umsatzmaximum im Jahresverlauf im Winter liegt und zugleich über eine primär außenorientierte Gastronomie (Umsatzmaximum im Sommer), können hier frequenz- und damit umsatzgenerierende

Synergien erzielt werden. Urban Entertainment Center sind damit eindeutig dem Freizeitsektor zuzuordnen. Dies gilt auch für den Fall eines starken Einzelhandelsschwerpunktes, da das Center stets erlebnisorientierte Zielgruppen anspricht und das angebotene Einzelhandelssortiment dem Rechnung trägt, indem auf primär der Versorgung dienende Waren (z. B. Lebensmittel) weitgehend verzichtet wird.

Abb. 1: Zielebenen in Urban Entertainment Centers

Diagramm: UEC als Destination mit den Zielebenen:
- hohe Anziehungskraft
- hohe Marktdurchdringung
- hohe Verweildauer
- Ausgleich von Nachfrageschwankungen
- hohe Ausgabenbereitschaft
- Kostensynergien
- Synergien durch Nutzungsmix
- Alleinstellungscharakter im Einzugsgebiet

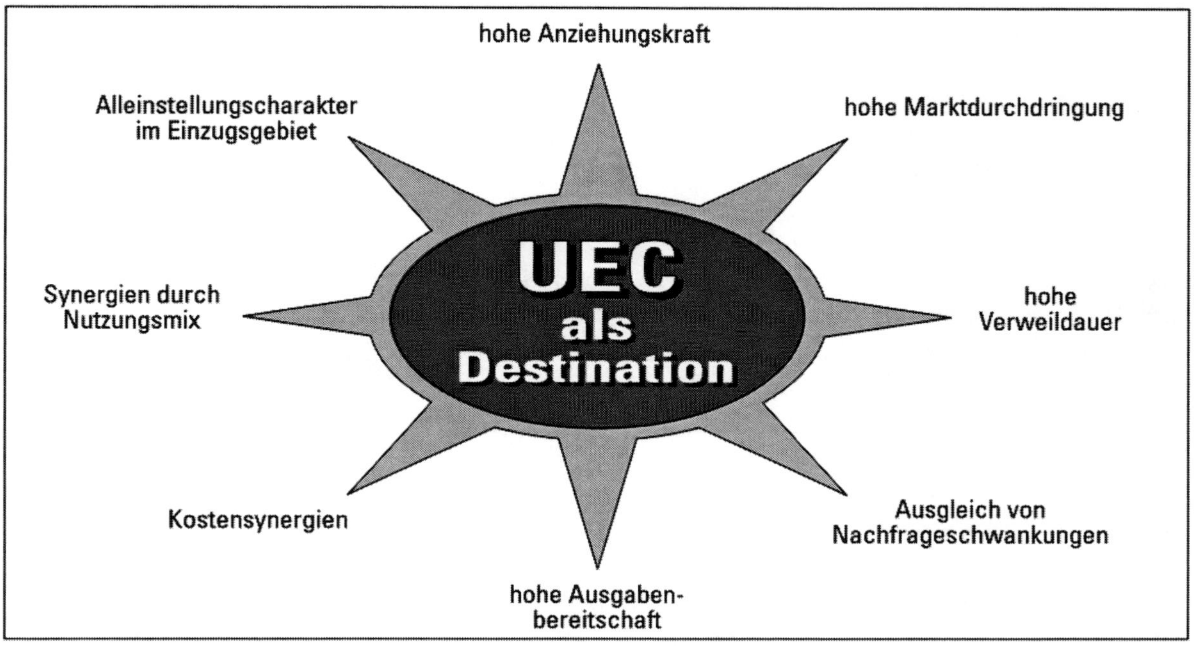

Quelle: REIFF 1998, S. 41

Die Zielsetzung, einen Alleinstellungscharakter im Einzugsgebiet zu erreichen, folgt der betriebswirtschaftlichen Logik der Projekte, impliziert jedoch - den entsprechenden Erfolg der Strategie vorausgesetzt - in jedem Fall spürbare, unter Umständen auch erhebliche Auswirkungen auf das Einzugsgebiet in denjenigen Bereichen bzw. Branchen, die im Urban Entertainment Center vertreten sind.

1.2 Erfolgsfaktoren multifunktionaler Freizeit- und Konsumangebote

Aktuelle Akzeptanzuntersuchungen zeigen, dass diese - künstlich geschaffenen - Einrichtungen offenbar weit besser in der Lage sind, den komplexen Motivationsstrukturen der Konsumenten gerecht zu werden als andere, eher traditionell gewachsene Angebote: Eine Studie zur Bewertung künstlicher Freizeit- und Erlebniswelten kommt zu dem Ergebnis, dass
- 47% der Befragten ein Vergnügen mit Familie und Freunden damit verbinden,
- 34% solche Einrichtungen für Attraktionen und Sehenswürdigkeiten halten,
- 29% die anregende Atmosphäre loben,
- 25% hier Ablenkung vom Alltag finden und
- 19% sich von der ‚perfekten Illusion' begeistern lassen (vgl. OPASCHOWSKI 1998, S. 32).

Demgegenüber sind kritische Stimmen in weitaus geringerer Zahl erfasst worden:
- 21% der Befragten sprachen von Geschäftemacherei,
- 13% von einem anspruchslosen Unterhaltungsangebot,
- 13% von phantasieloser Freizeitgestaltung,

- 12% von Kitschinszenierung und
- 9% skizzierten die Erlebniswelten als sterile Kunstgebilde (vgl. OPASCHOWSKI 1998, S. 32).

Traditionelle Freizeit- und Konsumeinrichtungen bieten in der Regel lediglich eine Aktivitätsoption: Sie dienen dem Einkaufen oder dem Kinobesuch, dem Sport oder dem Gastronomiebesuch, dem zwanglosen Treffen mit Freunden und Bekannten oder der Beschäftigung mit Kulturangeboten etc. Mixed Use Center hingegen werden den beiden großen Steuerfaktoren des derzeitigen Freizeit- und Konsumverhaltens, Multioptionalität und Convenience, weitaus besser gerecht: Sie bieten an einem Ort nahezu idealtypische Bedingungen für den wetterunabhängigen Kombinationskonsum aus Einkaufen und Kino und Kulturangebot und Gastronomie und Sport etc. Entscheidend hierbei ist, dass sich die Konsumenten aus dem konzentrierten umfangreichen Angebot ihr eigenes Freizeitprogramm so zusammenstellen können, dass - aus ihrer subjektiven Sicht - hieraus ein individuelles Programm wird: Obwohl von Anbieterseite stark standardisiert, haben die Konsumenten die Gelegenheit, sich wie an einem Büffet zu bedienen und so ihr eigenes Aktivitätsbündel zusammenstellen zu können.

STEINECKE (2000, S. 24) analysiert die zentralen Erfolgsfaktoren neuer Konsumorte, indem er ihr wichtigstes Differenzierungsmerkmal, die Emotionalisierung per se profaner Güter und Dienstleistungen, als den Versuch der Schaffung einer Gegenwelt zum Alltag „in die man temporär abtauchen kann" charakterisiert. Er schlägt den Begriff *MINDSCAPES* als Definitionsgrundlage vor. Der Ausdruck setzt sich zusammen aus (vgl. STEINECKE 2000, S. 22ff. sowie Abb. 2):

- **Marken**:
  Mixed Use Centern gelingt es, ein emotional geladenes und unverwechselbares Profil zu signalisieren,

- **Illusionen**:
  Schaffung temporärer Traumwelten für die Kunden,

- **Normung**:
  Signalisierung verlässlicher Qualitätsstandards,

- **Dramaturgie**:
  stringente Inszenierung der Einzelangebote unter einem einheitlichen Rahmen- oder Dachthema,

- **Stories/Themen**:
  Umsetzung der thematischen Inszenierung in attraktive Geschichten,

- **Cocktails**:
  Gewährleistung der Multioptionalität,

- **Allianzen**:
  Mixed Use Center sind ideale Partner für strategische Allianzen (z. B. im Konsumgüterbereich),

- **Prominente**:
  die Authentizität einer Inszenierung kann beispielsweise durch den engen Kontakt zu Stars der Medienlandschaft hergestellt werden,

- **Emotionen**:
  eine erfolgreiche Inszenierung weckt Gefühle beim Kunden, die für ihn ein als angenehm empfundenes Konsumklima bewirken,

- **Serien/Filialen**:
erfolgreich eingeführte Mixed Use Center-Konzepte werden kopiert (Filialisierung).

Abb. 2: Das MINDSCAPES-Modell

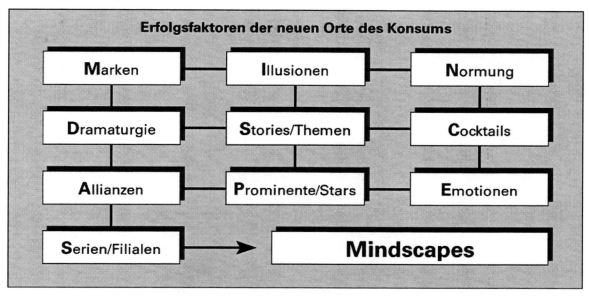

Quelle: STEINECKE 2000, S. 23

STEINECKE (2000) weist darauf hin, dass diese MINDSCAPES den Mixed Use Centers dazu verhelfen können, ursprünglich urbane Funktionen zu übernehmen, die bislang in den Innenstadtlagen größerer Städte verortet waren.

In Deutschland beispielhaft verwirklicht wurde der Ansatz eines Mixed Use Centers mit der Eröffnung des CentrO Oberhausen.

2 Räumliche Dimensionen des Konsums: Das CentrO Oberhausen

2.1 Konzept und Akzeptanz des CentrO

Das im Herbst 1996 auf einer ehemaligen industriellen Brachfläche von 83 ha in der geographischen Mitte der Stadt Oberhausen eröffnete CentrO zeichnet sich durch einen umfangreichen Mix verschiedener Freizeitangebote aus. Im Einzelnen umfasst der Komplex folgende bislang realisierte Einrichtungen:
- eine Shopping Mall mit 200 Einzelhandelsgeschäften und einer Nettoverkaufsfläche von 70.000 qm und integriertem Gastronomiebereich,
- eine außenorientierte "gastronomische Meile" (Promenade) mit über 20 thematischen Gastronomiebetrieben (z. B. Planet Hollywood) und künstlichen Wasserflächen,
- ein Multiplex-Kino,
- einen Freizeitpark mit familienorientierten Angeboten auf einer Fläche von 80.000 qm,
- die Arena (eine multifunktionale Veranstaltungshalle mit 11.500 Sitzplätzen),
- 10.500 kostenlose Parkplätze mit neugeschaffenen Zubringerstraßen (einschl. Autobahnausfahrt) und einer eigens geschaffenen ÖPNV-Anbindung,
- ein Musical-Theater (seit Herbst 1999),
- einen Business Park mit 140.000 qm Fläche sowie
- ein Hotel mit 140 Betten (vgl. http://www.centro.de).

Nach Darstellung der CentrO Management GmbH zählte das CentrO in seinem ersten vollen Geschäftsjahr 20 Mio., im abgelaufenen (zweiten) Geschäftsjahr 23 Mio. Besucher. Unmittelbar an das Gelände angrenzend befinden sich auf weiteren ehemaligen Brachflächen
- ein Gasometer, der nach seiner industriellen Nutzung zu einer Ausstellungshalle umgestaltet wurde und inzwischen zu den Ausstellungszentren mit den höchsten Besucherzahlen in Deutschland zählt,
- Technologie- und Umweltzentren,
- der erste Smart-Händler Deutschlands,
- eine neugestaltete bundesligataugliche Tennisanlage sowie mehrere Freizeiteinrichtungen wie eine Großraumdiskothek u. ä.

Abb. 3: Der CentrO-Komplex im Luftbild (Teilansicht)

Quelle: http://www.centro.de

Ende 1997 sind, angrenzend an das CentrO-Gelände, weitere umfangreiche Flächen brachgefallen, für die derzeit weitere freizeit- und erlebnisorientierte Nutzungskonzepte erarbeitet werden.

Das von der eigens gegründeten CentrO Management GmbH zentral verwaltete und vermietete Areal basiert auf einem *geschlossenen Konzept*: Ziel ist es, einem Besucher möglichst all das an Einkaufs-, Vergnügungs-, Freizeit- und Kulturangeboten auf dem eigenen Gelände zu bieten, was er im Laufe eines Besuchstages in Anspruch zu nehmen wünscht. Ein Verlassen des Geländes zum Aufsuchen weiterer Freizeiteinrichtungen soll nicht erforderlich sein. Das CentrO ermöglicht im vorgesehenen Ausbaustand so *die räumlich eng konzentrierte Inanspruchnahme sämtlicher Daseinsgrundfunktionen* (vgl. Abb. 4).

Mit dem CentrO wird also versucht, eine *idealtypische Innenstadt* nachzubilden mit ihrem umfangreichen Angebot an Versorgungs-, Freizeit- und Kultureinrichtungen, an Kommunikations-, Beschäftigungs- und auch Wohnmöglichkeiten. Im Gegensatz zu einem traditionell gewachsenen Innenstadtbereich verfügt das CentrO zudem über folgende Vorteile:
- durch die vollständige Überdachung der Shopping Mall über *Wetterunabhängigkeit*,
- durch den Charakter des Privatgeländes über das *Hausrecht* (die hauseigene Sicherheitstruppe bewacht das Areal und behält sich das Hausrecht in jedem Einzelfall vor),
- durch die zentrale Vermietung über einen *idealtypischen Branchen- und Angebotsmix*,
- über *einheitliche Ladenöffnungszeiten* sowie eine *einheitliche Vermarktung*: Der Werbeslogan des CentrO - "Immer für Sie da" - verspricht zudem eine aus gewachsenen Innenstädten nicht immer bekannte *Serviceorientierung*.

Abb. 4: Realisierung der Daseinsgrundfunktionen im CentrO-Komplex[2]

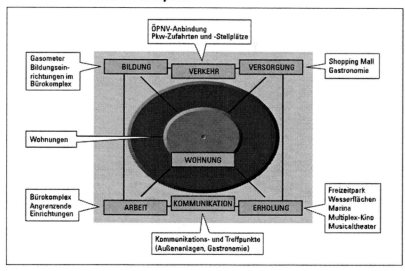

Quelle: Eigener Entwurf

Deutliche Belege für die generelle Attraktivität künstlicher Erlebniswelten sind nicht allein die hohen Besucherzahlen des CentrO, sie finden sich auch in den Ergebnissen umfangreicher empirischer Erhebungen, die unter Mitarbeit des Verfassers in den Jahren 1996 bis 1999 in Oberhausen durchgeführt wurden (vgl. hierzu QUACK/WACHOWIAK 1999 sowie QUACK 2000 und 2001). Es würde den Rahmen dieses Beitrages sprengen, die empirischen Ergebnisse in ihrer Gesamtheit darzustellen. An dieser Stelle soll daher eine Beschränkung auf zwei beispielhafte Aspekte vorgenommen werden.

Im Rahmen der Erhebungen des Jahres 1998 wurden Einwohnerinnen und Einwohner Oberhausens, die das CentrO besuchten, u. a. nach dem wichtigsten Besuchsmotiv sowie den Push- und Pull-Faktoren des Komplexes aus ihrer Sicht befragt. Zu den *wichtigsten Besuchsanlässen* zählten hiernach (vgl. Abb. 5):
- der *Kombinationskonsum*, d. h. die Verbindung unterschiedlicher Aktivitäten wie Einkaufen, Bummeln, Freunde/Bekannte treffen usw. (22%),
- *Bummeln*, hier im Sinne einer freizeit- bzw. erlebnisorientierten Aktivität (17%) sowie
- *Kommunikative* Elemente wie „Leute kennen lernen", „Ausspannen", „das Freizeitangebot wahrnehmen" (13%).

Die *besonderen Attraktivitätsfaktoren* des CentrO aus Sicht der Befragten waren demnach (vgl. Abb. 6):
- der *Angebotsmix* (43%),
- *Ambiente bzw. Atmosphäre* des Gesamtkomplexes (15%) oder auch
- *"Einfach alles"* (12%).

Negative und kritische Äußerungen wurden in deutlich geringerem Maß festgestellt. Unter diesen *Mängeln* wurden häufiger genannt:
- *unzureichender Service/Beratungsmängel*,
- *zu viele Besucher* und
- eintöniges, zu sehr auf jüngeres Publikum zielendes *Gesamtangebot*.

Die besonderen Wettbewerbsvorteile des CentrO gegenüber traditionellen Innenstädten - *Konzentration des Angebotes, Atmosphäre, Sicherheit* und *Serviceorientierung* - gelten analog auch für die zeitgleich durchgeführte Befragung von Tagesgästen (Personen mit Wohnort außerhalb der Stadtgrenze von Oberhausen, die sich für einen Tagesbesuch in der Stadt aufhalten).

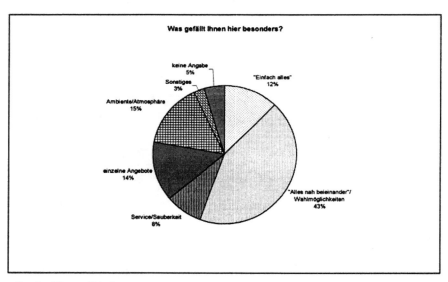

Abb. 5: Hauptbesuchsanlässe Einheimischer im CentrO-Komplex (1998)

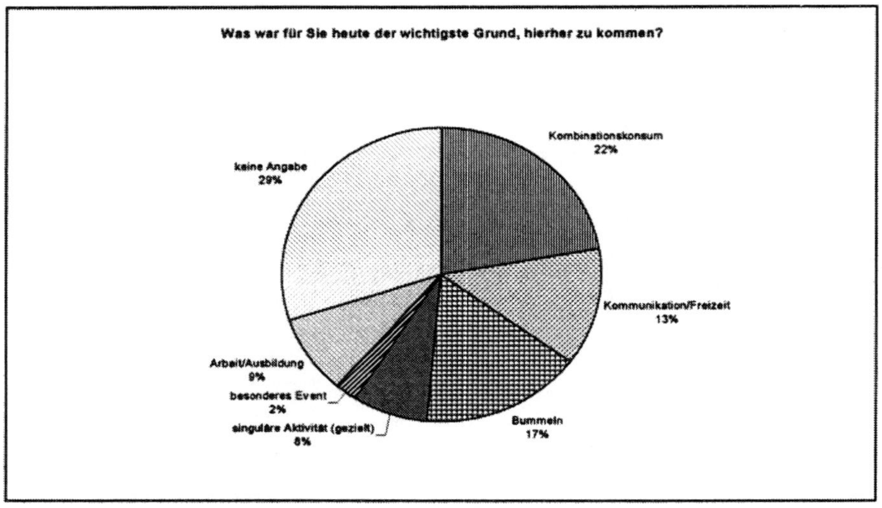

Quelle: Eigene Erhebung

Abb. 6: Attraktivitätsfaktoren des CentrO aus Sicht der Oberhausener Bevölkerung (1998)

Quelle: Eigene Erhebung

Dass das CentrO die Ansprüche der Menschen an eine attraktive Freizeitumgebung besser erfüllt als klassische Innenstädte, verdeutlicht auch die Untersuchung der durchschnittlichen Aufenthaltsdauer der Tagesgäste in Oberhausen: Bei einem Gesamtdurchschnitt von 3,88 Stunden verweilen Tagesgäste im CentrO-Komplex mit *4,26 Stunden* durchschnittlich deutlich länger als in den Fußgängerzonen der Oberhausener Stadtteile (3,51 Stunden).

2.2 Raumstrukturelle Wirkungen des CentrO

Wie anlässlich des Konzeptes des CentrO erläutert, verfolgt das Projekt das Ziel der Schaffung einer (neuen) Innenstadt mit allen ihren räumlichen Funktionen. Die Überprüfung der raumstrukturellen Wirkung des CentrO orientiert sich daher an der Frage, wo sich die Ausübung bzw. Wahrnehmung bestimmter Daseinsgrundfunktionen verorten lässt. Folgender Abschnitt skizziert die ermittelten Funktionsverschiebungen beispielhaft an den Funktionen „Versorgung", „Kommunikation" und „Freizeit".

2.2.1 Funktion „Versorgung"

Die Befragung der Einwohner im Jahr 1996 ergab für den Bereich „überwiegender Einkauf von Bekleidung/Textilien" zunächst eine gewisse Eigenorientierung der drei Stadtbezirke, allerdings auch eine Betonung der zentralen Funktion des Stadtbezirkes Altoberhausen mit der Marktstraße als 1a-Lage für die Bewohner des Stadtgebietes (vgl. Abb. 7). Dennoch müssen nicht unerhebliche Kaufkraftabflüsse in die Nachbarstädte, besonders nach Essen, festgehalten werden.[3] Im Jahr 1998 ergibt sich ein völlig anderes Bild: Die in allen Stadtbezirken äußerst starke Orientierung auf das CentrO führt zu erheblichen Nachfrageverlusten für alle Oberhausener Zentren, ebenso ist die Orientierung auf die Nachbarstädte deutlich zurückgegangen (vgl. Abb. 7).

Abb. 7: Einkaufsorientierung der Oberhausener im Bereich Bekleidung/Textilien (1996 und 1998)

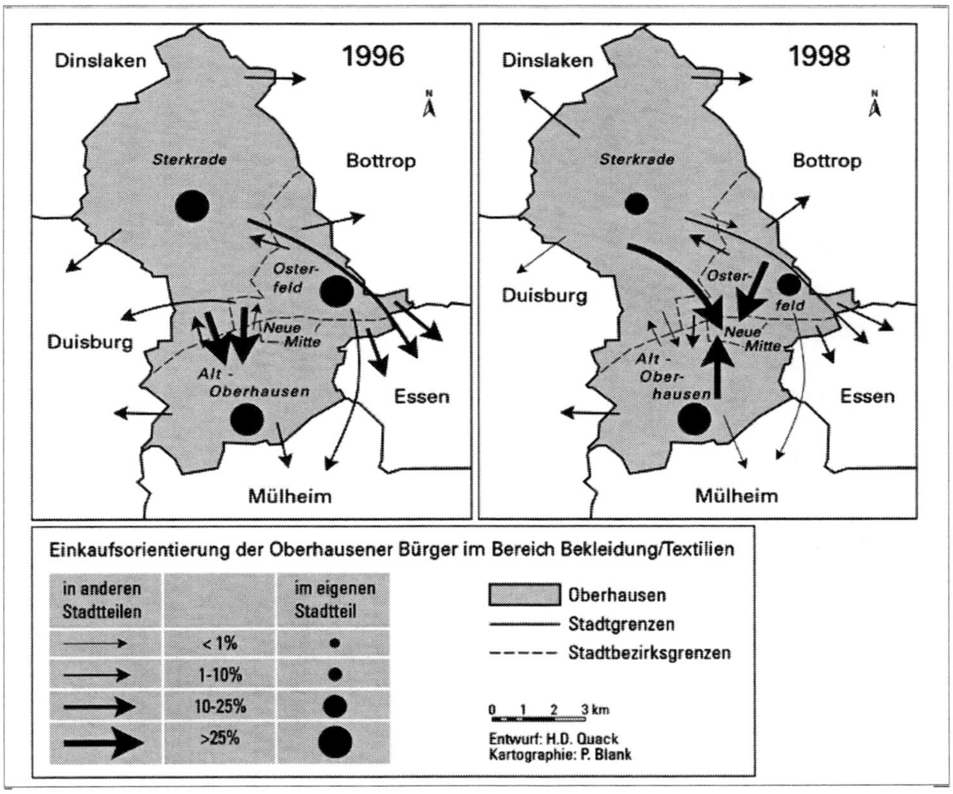

Quelle: Eigene Erhebung

2.2.2 Funktion „Kommunikation"

Neben der reinen Versorgungsfunktion sind Innenstadtlagen immer auch Anlaufpunkte bzw. Orte sozialer Kommunikation, nicht zuletzt dank Maßnahmen der Stadtmöblierung sowie gastronomischer Angebote. Im Jahr 1996 erfüllte das eigenen Stadtzentrum für die überwiegende Mehrheit der Befragten diesen Zweck für den Bereich der außerhäuslichen Kommunikation (vgl. Abb. 8). Für das Jahr 1998 muss ein erheblicher Bedeutungsverlust des eigenen Zentrum festgehalten werden, der nahezu ausschließlich zugunsten des CentrO ausfiel. Zwar orientieren sich die Befragten mehrheitlich noch immer auf das Stadtteilzentrum, jedoch sind die ermittelten Bedeutungsverluste mit bis zu 30 Prozentpunkten als durchaus gravierend zu bezeichnen (vgl. Abb. 8).

Abb. 8: Orte sozialer Kommunikation (1996 und 1998)

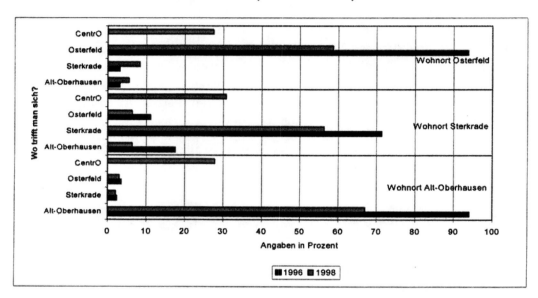

Quelle: Eigene Erhebung

2.2.3 Funktion „Freizeit"

Neben den Versorgungs- und Kommunikationsfunktion sind Innenstädte auch Orte von Freizeitaktivitäten. Hierzu gehörten im Rahmen dieser Untersuchung beispielsweise die Bereiche Kino-, Theater- und Ausstellungsbesuch, Besuch von Museen, Festen etc. Ebenfalls der Funktion „Freizeit" zugeordnet wurde der Einkaufsbummel. In der Befragung wurde u. a. klar getrennt zwischen dem Einkaufen zu Versorgungszwecken (gezielter Einkauf) sowie dem Einkaufsbummel, der zu einem (Impuls-)Kauf führen kann, aber nicht muss.

An dieser Stelle soll lediglich der Bereich Einkaufsbummel näher dargestellt werden, die weiteren untersuchten Bereiche weisen durchaus ähnliche Ergebnisse auf. Speziell die Funktion „Einkaufsbummel" unterstreicht die zentrale Rolle des Stadtbezirks Altoberhausen mit der Marktstraße für die befragten Besucher im Jahr 1996 (vgl. Abb. 9).

Für die Befragungszeiträume 1998 und 1999 muss jedoch von einem Bedeutungsverlust sowohl für die drei traditionellen Stadtteilzentren wie auch die Nachbarstädte gesprochen werden, der in seinen Dimensionen die oben festgestellten Ausmaße noch übersteigt. Offenbar ist es den Betreibern des CentrO gelungen, ein Angebot zu kreieren, das nicht nur in seinem Angebotsmix, sondern auch atmosphärisch die Attraktivität der traditionellen Innenstädte übersteigt.

Konsum im inszenierten Raum

Abb. 9: Ausübung der Freizeitaktivität „Einkaufsbummel" der Oberhausener (1996, 1998 und 1999)

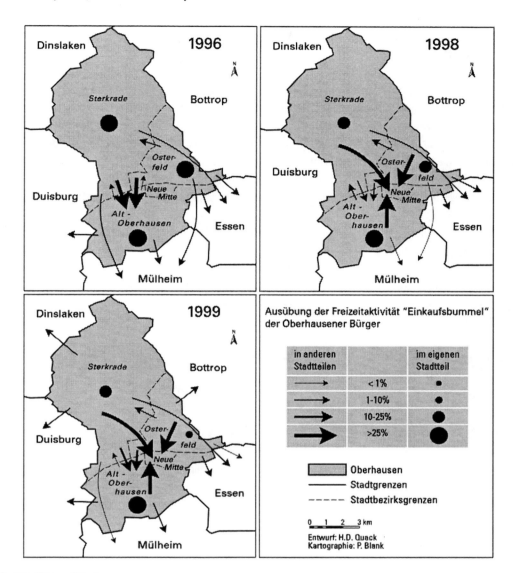

Quelle: Eigene Erhebung

Die beschriebenen Funktionsverluste für die drei traditionellen Zentren im Stadtgebiet führen zwangsläufig zu Transformationsprozessen, die in Ansätzen bereits zum Jahreswechsel 1998/99 im Stadtbild sichtbar wurden und sich seitdem noch verstärkt haben.

In der *Marktstraße* als traditioneller 1a-Lage in Oberhausen (Altoberhausen) ist ein erheblicher Nachfragerückgang festzustellen, der seinen Ausdruck bereits in *Transformationsprozessen* des Einzelhandelsangebotes findet. Die *Abwertung* der Marktstraße mit den sichtbaren Folgen des Leerstandes und der Abwanderung des spezialisierten Einzelhandels zugunsten von Filialbetrieben des unteren Preissegmentes ist Folge der seit der Eröffnung des CentrO vorherrschenden Käuferstruktur.

Neben einer spürbar rückläufigen Passantenfrequenz haben die Anteile der älteren und der preissensiblen Käufer zugenommen. Das Zentrum des Stadtteils *Sterkrade* im Nordwesten der Stadt profitiert bislang von den getroffenen Aufwertungsmaßnahmen sowie von einer relativ konstanten Mischung aus spezialisiertem, inhabergeführtem Einzelhandel und Filialbetrieben. Gewisse *Sogwirkungen* des CentrO sind zwar zu erkennen, haben aber bislang noch nicht zu strukturellen Änderungen im Angebot geführt. Das Stadtteilzentrum *Osterfeld*, unmittelbar an das Gelände der Neuen Mitte angrenzend, war auch vor Eröffnung des CentrO ein Ort der Nahversorgung für Waren und Dienstleistungen des täglichen Bedarfs der Bewohner des Stadtteils. Die Funktion der *Grundversorgung* des Stadtteils ist erhalten geblieben, zumal das CentrO weniger ein versorgungs- als vielmehr ein erlebnisorientiertes Konzept verfolgt.

Die Attraktivität des CentrO und seine (innerstädtischen) Wirkungen werfen die Frage nach den Wettbewerbsvorteilen dieser (und anderer) künstlich geschaffener Attraktionen gegenüber traditionellen (organisch gewachsenen) Angeboten sowie Folgerungen für die Innenstadtentwicklung auf. Zu den aus den Erhebungen ableitbaren *strukturellen Wettbewerbsvorteilen* des CentrO gehören die Aspekte Sicherheit und Sauberkeit, architektonische (einheitliche) Gestaltung sowie insbesondere das Management aus einer Hand, d. h. die aufeinander abgestimmte Vermarktung der Einzelangebote. Es muss betont werden, dass keiner dieser Aspekte in traditionellen Innenstädten nicht auch im Prinzip zu realisieren wäre, es ist lediglich bislang noch nicht gelungen. Ein weiterer Faktor, der die Transformationsprozesse der traditionellen Lagen begünstigt, ist die *fehlende Integration* des Standortes des CentrO. Die ursprüngliche Zielsetzung des Zusammenwachsens der drei Stadtbezirke mit Hilfe des Projektes Neue Mitte hat sich bislang nicht erfüllt; die Ausführungen im vorangegangenen Kapitel haben vielmehr deutlich gezeigt, dass die Sogwirkungen des CentrO-Komplexes eher zu neuen funktionsräumlichen Trennlinien im Stadtgebiet geführt haben.

3 Herausforderungen für das Innenstadtmanagement

3.1 Grundlagen

Die aus den bisherigen Analysen ableitbaren Erfolgsfaktoren und Wirkungen des CentrO stellen unmittelbar Handlungsempfehlungen für gewachsene Innenstadtlagen dar, wenn man die für Oberhausen festgestellten Funktionsverluste des öffentlichen Raumes im Sinne einer verantwortungsvollen Stadtentwicklungspolitik verhindern will. Auf den ersten Blick sind die in den Befragungen vor Ort ermittelten Wettbewerbsvorteile des CentrO ausgesprochen trivialer Natur:
- Sicherheit und Sauberkeit,
- einheitliche Vermarktung (Management aus einer Hand),
- einheitliche Gestaltung und Beschilderung.

Wenn diese geschilderten Faktoren bereits als konkrete Wettbewerbsvorteile von Urban Entertainment Centers zu sehen sind, zeigt dies, dass
- diese Projekte kein von Innenstadtlagen grundverschiedenes Angebot haben, sondern vielmehr
- die Fehler städtebaulicher und ökonomischer Entwicklungen in gewachsenen Innenstädten zu vermeiden suchen und
- nur mit Einzelhändlern zusammenarbeiten, die von dem langfristigen Erfolg kooperativer Maßnahmen überzeugt sind.

JUNKER/KRUSE (1998, S. 138) beispielsweise fordern zur Förderung gewachsener Innenstadtlagen eine „Kampagne für die Stadt", deren Ziel in der Sicherung bzw. Förderung der Einsicht in den Wert einer (öffentlichen) Innenstadt liegen soll. Tatsächlich sind die aus den skizzierten trivialen Vorteilen von Urban Entertainment Centers ableitbaren Empfehlungen in diesem Handlungsfeld ebenso banal wie schwierig umsetzbar.

Erforderlich für die langfristige Erhaltung attraktiver und offener Innenstädte ist die Einsicht aller Akteure (und hier besonders der Einzelhändler) in die Notwendigkeit der Zusammenarbeit zur Sicherung eines attraktiven Profils der Innenstadt. Gerade die Aspekte der Sicherheit, der Bequemlichkeit und der Vernetzung der Einzelangebote können in gewachsenen Innenstädten nur dann erreicht werden, wenn entsprechende Kompetenzen und Mittel zur Verfügung gestellt werden, beispielsweise zur Gründung einer City-Management-Agentur.

3.2 Handlungsebenen

Neben diesen grundlegenden Bedingungen einer zielgerichteten Zusammenarbeit in Innenstädten, deren Realisierung offenbar schon große Probleme aufwirft, sollte ein effektives Innenstadtmanagement weitere Arbeitsbereiche umfassen. Eine Ableitung relevanter Handlungsfelder kann beispielsweise über eine Analyse der Vorteile nichtintegrierter Einzelhandelsstandorte gegenüber Innenstadtlagen erfolgen. Demnach ergeben sich mehrere Handlungsebenen (vgl. Tab. 1).

3.2.1 Handlungsebene Standortstruktur

Innenstadtlagen sehen sich gegenüber nichtintegrierten Standorten oft mit eingeschränkter Flächenverfügbarkeit und vergleichsweise hohen Bodenpreisen konfrontiert. Im Rahmen eines Innenstadtmanagements können Investitionen räumlich gesteuert werden, indem beispielsweise die planerischen Nutzungsvorgaben im Innenstadtbereich liberalisiert oder auch geplante Projekte an nichtintegrierten Standorten restriktiver beurteilt werden. Hierzu empfiehlt sich eine Neubewertung der Warenbereiche, die als innenstadtrelevant angesehen werden können. HATZFELD (1996, S. 64) kategorisiert verschiede Warengruppen hinsichtlich ihrer zentrenprägenden Eigenschaften und unterscheidet:
- stark zentrenprägende Effekte (Textilien, Schuhe, Uhren/Schmuck, Photo/Optik, Sportartikel),[4]
- durchschnittlich zentrenprägende Effekte (Nahrungsmittel/ohne großflächige Betriebe, Drogerie/Pharmazie, Elektroartikel, Haushaltsgeräte, Bürobedarf, Unterhaltungselektronik) und
- geringe oder keine zentrenprägende Effekte (Möbel, Bodenbelag/Tapeten, Fahrzeuge/Kfz-Teile, Bau- und Heimwerkerartikel, Nahrungsmittel/Großmengeneinkauf).

Warengruppen mit stark oder auch durchschnittlich zentrenprägenden Effekten sind in hohem Maße innenstadtrelevant und sollten an nichtintegrierten Standorten daher nicht genehmigt werden. Gleiches gilt für die Bildung von Standortgemeinschaften in Außenlagen, da auch eine Massierung per se wenig zentrenprägender Angebote im Außenbereich zu einer potenziellen Gefährdung von Innenstadtlagen führen kann. In der Praxis noch weitgehend unberücksichtigt ist die in neuen Freizeit- und Konsumorten verfolgte Strategie der emotionalen Überhöhung profaner Warenangebote durch Verknüpfung und Thematisierung. Während eine planerische Beurteilung gegebener oder geplanter Einzelhandelsangebote sich stets an objektiven Kriterien wie der Nettoverkaufsfläche u. ä. orientiert, fehlen die für eine valide Bewertung von Standortstrukturen notwendigen Methoden zur Messung emotional orientierter Gestaltungs- bzw. Angebotselemente.

Tab. 1: Faktoren der Einzelhandelsentwicklung in unterschiedlichen Lagen und Handlungsfelder im Innenstadtmanagement

Erfolgsfaktoren in nichtintegrierten Lagen und Shopping Malls	Entwicklungshemmnisse in Innenstadtlagen	Mögliche Handlungsfelder eines Innenstadtmanagements
Standortstruktur		
- Freiflächen ausreichend vorhanden - Niedrige Grundstückspreise - One-stop-shopping in überdachten Einkaufszentren	- eingeschränkte Flächenverfügbarkeit - hohe Boden- und Mietpreise - oft unattraktive städtebauliche Strukturen	- vorausschauende Flächensicherung - Liberalisierung planerischer Nutzungsvorgaben ODER restriktive Beurteilung von Grüne-Wiese-Projekten
Standortplanung		
- relativ unproblematische Planungsverfahren (z. B. bei kleinen Kommunen im Umland größerer Städte) - relativ wenig Vorschriften zur architektonischen Gestaltung, daher kostengünstige Bauweise oft möglich	- langwierige und komplizierte Entscheidungsprozesse in Innenstadtbereichen - hohe Anforderungen an architektonische und städtebauliche Gestaltung (z. B. durch Denkmalschutzauflagen), daher hohe Baukosten	- konsensfähige Leitbilder als Grundlage vorausschauender Stadtentwicklungspolitik - Kommunikation der Vorteile von Innenstadtlagen ggü. Investoren (Thematisierung)
Standorterreichbarkeit		
- verkehrszentrale Lage (BAB oder Ausfallstraßen) - kostenlose Parkplätze in großem Umfang	- schlechte MIV-Erreichbarkeit - geringe Akzeptanz von Parkraumbewirtschaftung	- Verpflichtung zur Parkraumbewirtschaftung in Außenlagen - Vergütung von Parkgebühren, ÖPNV-Förderung
Standortmanagement und -marketing		
Centermanagement gewährleistet: - attraktiven Branchenmix, - einheitliche Öffnungszeiten, - Sicherheit und Sauberkeit, - abgestimmte Werbemaßnahmen und Sonderaktionen	- Mangel tragfähiger Strategien zur Innenstadtentwicklung - Einzelkämpfermentalität der Einzelhändler, fehlende Abstimmung der Akteure	- moderierte Stadtmarketingprozesse und Überzeugungsarbeit - Selbstverpflichtung zu gemeinsamen Aktionen als langfristige ökonomische Notwendigkeit - Markenbildung

Quelle: Eigener Entwurf in Anlehnung an MEYER/PÜTZ 1997, S. 493

3.2.2 Handlungsebene Standortplanung

Planungsprozesse bei Ansiedlungsvorhaben in Außenlagen sind häufig schneller und unproblematischer durchzuführen als Projekte im Innenstadtbereich. Dies nicht zuletzt deshalb, weil der Kreis potenziell Betroffener in Innenstadtlagen in der Regel größer ist; schließlich artikulieren nicht nur Anrainer, sondern auch Besucher bzw. Nutzer der Innenstadt ihre Bedürfnisse und Wünsche an die Innenstadtgestaltung.

Geeignete Grundlage einer vorausschauenden (Innen-)Stadtentwicklungspolitik und Aufgabe eines verantwortungsvollen Innenstadtmanagements ist die Erarbeitung konsensfähiger Vorstellungen (Leitbilder) an die zukünftige Innenstadtgestalt. Bedauerlicherweise ist die vorherrschende Form der Standortplanung noch immer die reaktive Planung, die jedes einzelne Ansiedlungsvorhaben als Einzelfall prüft. Hierbei ist dann eine Überprüfung der Verträglichkeit des Vorhabens mit übergeordneten, langfristigen Zielvorstellungen nur selten möglich. Der Trend der zunehmenden Thematisierung von Einzelhandelsangeboten kann sich mittelfristig durchaus als förderndes Element der weiteren Innenstadtentwicklung darstellen - dann nämlich, wenn es gelingt, einem Investor die Vorteile der Innenstadtlage als bereits inszeniertem Konsumraum mit hoher Passantenfrequenz zu vermitteln.

3.2.3 Handlungsebene Standorterreichbarkeit

Insbesondere in Deutschland als Land mit hoher MIV-Affinität spielt die bequeme Erreichbarkeit attraktiver Einkaufsgelegenheiten eine bedeutende Rolle in der Innenstadtentwicklung. Da nichtintegrierte Standorte häufig keine Parkraumbewirtschaftung durchführen, erleiden Innenstadtlagen Wettbewerbsnachteile. Hier bieten sich jedoch vergleichsweise einfach zu realisierende Optionen an: Neben einer Verpflichtung zur Parkraumbewirtschaftung in Außenanlagen bieten sich für Innenstädte Vergütungen von Parkgebühren oder auch von Aufwendungen für ÖPNV-Nutzung an.

3.2.4 Handlungsebene Standortmanagement und -marketing

Die verschiedentlich bereits skizzierten Vorteile des einheitlichen Managements in Shopping Malls sind weniger Ausdruck logistischer oder beschaffungspolitischer Überlegenheit großer Einzelhandelsunternehmen bzw. Investoren als vielmehr deutlicher Hinweis auf die Marktferne und teilweise auch das fehlende Managementwissen in zahlreichen mittelständischen Einzelhandelsbetrieben in gewachsenen Innenstadtlagen. Nun mag man in einer Marktwirtschaft hierin nicht zwangsläufig Anlass zu staatlichem Handeln sehen. Bewirken diese Faktoren jedoch mittelfristig Abwertungstendenzen von Innenstadtlagen (FREHN 1996a und KAISER/FRIEDRICH 2000 sprechen für ostdeutsche Beispiele von Verödungs- und Auflösungstendenzen) bei gleichzeitiger Privatisierung des öffentlichen Raumes in Shopping Malls, muss es Aufgabe der Kommunalpolitik sein, an der Wahrung gesellschaftspolitischer Zielsetzungen wie dem ungehinderten Zugang zum öffentlichen Raum für alle Angehörige der Gesellschaft mitzuarbeiten.[5]

Grundsätzlich sollten City-Management-Agenturen daher versuchen, die wirtschaftlich dominierten Bedürfnisse des Einzelhandels mit den gesellschaftspolitisch dominierten Wünschen der Kommune zu verbinden. Dies erfordert finanzielle Leistungen aller Beteiligter. Idealerweise können die skizzierten Vorteile künstlich geschaffener Einkaufswelten mit den Stärken der Realkulissen kombiniert werden: Die verbesserte, weil inszenierte Realkulisse schafft attraktive Bühnen für alle Angehörige der Gesellschaft.

Als erfolgversprechender Weg der Operationalisierung dieser normativen Forderung können fünf Elemente des Innenstadtmanagements gesehen werden, die die notwendige Bildung emotional geladener Markenbegriffe für gewachsene Innenstadtlagen unterstützen sollen (vgl. Abb. 10):

Abb. 10: Elemente der Markenbildung für Realkulissen

- *Marketing*
- *All-in-one-Management*
- *Konzentration bzw. Verknüpfung*
- *Kunden- und Serviceorientierung*
- *Entertainment und Animation*

Quelle: Eigener Entwurf

- **Marketing**
Fundierte Marktkenntnis und professionelles Marketing sind in der Gesamtheit gewachsener Innenstadtlagen bedauerlicherweise noch immer Fremdwörter. Allzu oft fehlt es an den notwendigen Kompetenzen und Mitteln zur Durchsetzung einer professionellen Marktbearbeitung nach innen und außen. Die am Beispiel der Stadt Oberhausen gewonnenen Erkenntnisse sind dabei stellvertretend für eine Vielzahl deutscher Städte zu sehen, wie die in der einschlägigen Literatur umfangreich dokumentierten Beispiele belegen (vgl. z. B. FREHN 1996b; KAISER/FRIEDRICH 2000; MEYER/PÜTZ 1997; MINISTERIUM FÜR ARBEIT, SOZIALES UND STADTENTWICKLUNG, KULTUR UND SPORT DES LANDES NORDRHEIN-WESTFALEN 1999d).

- **All-in-one-Management**
Kunstwelten bemühen sich um eine weitgehende Konzentration der Bestandteile der Leistungskette. Nur dieses Management aus einer Hand erlaubt ein vernetztes, aufeinander abgestimmtes Vorgehen (wie beispielsweise Sonderaktionen, Mitarbeiterschulung etc.). In Realkulissen können die Grundlagen hierzu beispielsweise im Rahmen einer Public-Private-Partnership-Organisation gelegt werden. Neben der formalen Organisationsform ist jedoch die Einsicht der Akteure in die Notwendigkeit der Zusammenarbeit von erfolgsentscheidender Bedeutung. KAISER/FRIEDRICH (2000, S. 111) weisen darauf hin, dass besonders die Bürger als Nutzer oder Nicht-Nutzer über den Erfolg der Aufwertungsbemühungen einer Innenstadt entscheiden. Gerade deren Urteil sollte frühzeitig Berücksichtigung finden, was aber in der Realität in vielen Innenstadtentwicklungskonzepten fehlt.

- **Räumliche Konzentration bzw. Verknüpfung**
Der bereits skizzierte spezifische Charakter des vielfältigen Angebotsmixes von Kunstwelten erleichtert dem multioptionalen Konsumenten die Entscheidung zum Besuch: Im Gegensatz zu vielen traditionellen Innenstadtlagen muss sich der Besucher nicht schon im voraus festlegen, welche Angebote er in Anspruch nehmen kann oder soll; er kann vor Ort spontan aus einer Vielzahl unterschiedlicher Kultur-, Freizeit- und auch Versorgungsangebote wählen. Zudem sind diese Angebote auf einer Fläche räumlich eng konzentriert und entsprechen so dem

Wunsch nach Bequemlichkeit (convenience). Ebenso banal wie in einer gewachsenen Innenstadtlage kaum vorstellbar ist das Beispiel der klaren Ausschilderung einzelner Einzelhandelsbetriebe in einer Shopping Mall. Dies erleichtert nicht nur dem ortsunkundigen Besucher die Orientierung, sondern vermittelt jedem Besucher sehr deutlich die Dienstleistungsbereitschaft und konsequente Kundenorientierung aller Anbieter in der Mall. Obwohl der Angebotsmix einer Mall die Angebotsvielfalt von Innenstadtlagen nachahmt, findet die Kopie oft größeren Zuspruch als das Original. Hier muss die Frage gestellt werden, ob die in den letzten Jahren in nahezu jeder deutschen Kommune beobachtbaren Bemühungen, kommunale Dienstleistungen - von der Straßenreinigung bis zu kulturellen Angeboten - als (ausgegründete) Profit Center zu betreiben, mittel- und langfristig das Gemeinwohl tatsächlich steigern helfen: Kein Manager einer Shopping Mall würde ernsthaft erwarten, dass die von ihm eingesetzten Servicekräfte ihr Gehalt direkt z. B. durch Nutzungsgebühren erwirtschaften. Die Serviceangebote dienen vielmehr der Steigerung des Gesamteindrucks und werden über die getätigten Einzelhandels- oder Gastronomieumsätze finanziert.[6]

- **Kunden- und Serviceorientierung**
Kunstwelten zeigen, dass die strikte Orientierung an Wünschen und Bedürfnissen der Kunden in der Praxis möglich ist. Das einheitliche Management erlaubt eine professionelle Ausbildung bzw. Schulung der Mitarbeiter und schafft so die Grundlagen für den Erfolg am Markt. Während Kunstwelten also eine weitgehende und effektive Kontrolle über die Elemente der Leistungskette ausüben können, stehen viele Citymanager vor dem Problem, dass einige Einzelhändler zwar von dem positiven Gesamteindruck als Trittbrettfahrer profitieren wollen, jedoch durch suboptimales Management auch den Erlebnischarakter des gesamten Innenstadtbereiches schmälern.

- **Entertainment und Animation**
Die häufig thematische Inszenierung, wie sie in Kunstwelten zu finden ist, stellt im Grunde keine Innovation dar: Innenstädte waren schon immer auch Kulissen zur Darstellung und Repräsentation für bestimmte gesellschaftliche Gruppen und insofern emotional überfrachtet. Dass nun künstlich geschaffene Emotionen von einer zunehmenden Anzahl von Konsumenten realen Erlebnissen vorgezogen werden, ist daher lediglich ein - wenn auch deutlicher - Ausdruck des häufig suboptimalen Managements in vielen gewachsenen Innenstadtlagen.

Literatur

BIEGER, T. ([4]2000): Management von Destinationen und Tourismusorganisationen. (= Lehr- und Handbücher zu Tourismus, Verkehr und Freizeit), München u. a.

BOSSHART, D. ([2]1998): Die Zukunft des Konsums. Wie leben wir morgen? Düsseldorf u. a.

FRANCK, J. (1999): Urban Entertainment Centers. Entwicklung nationaler und internationaler Freizeitmärkte. In: ISENBERG, W. (Hrsg., 1999): Musicals und urbane Entertainmentkonzepte: Markt, Erfolg und Zukunft. Zur Bedeutung multifunktionaler Freizeit- und Erlebniskomplexe. (= Bensberger Protokolle 90), Bergisch Gladbach, S. 75-123.

FRANCK, J. (2000a): Erlebnis- und Konsumwelten: Entertainment Center und kombinierte Freizeit-Einkaufs-Center. In: STEINECKE, A. (Hrsg., 2000): Erlebnis- und Konsumwelten. München u. a., S. 28-43.

FRANCK, J. (2000b): „Als beträte man eine andere Welt ..." - Urban Entertainment Centers. In: ISENBERG, W./ SELLMANN, M. (Hrsg., 2000): Konsum als Religion? Über die Wiederverzauberung der Welt. Mönchengladbach, S. 35-4

FREHN, M. (1996a): Erlebniseinkauf in Kunstwelten (Shopping-Malls) und in Realkulissen (City-Einkauf) vor dem Hintergrund einer ökologisch verträglichen Mobilität - Teil 1: Stand der Diskussion und Sekundäranalysen. (= Arbeitspapier Nr. 5.1), Wuppertal.

FREHN, M. (1996b): Erlebniseinkauf in Kunstwelten (Shopping-Malls) und in Realkulissen (City-Einkauf) vor dem Hintergrund einer ökologisch verträglichen Mobilität - Teil 2: Durchführung und Ergebnisse der empirischen Erhebung. (= Arbeitspapier Nr. 5.2), Wuppertal.

HAHN, 3. (1996): Die Privatisierung des öffentlichen Raumes in nordamerikanischen Städten. In: STEINECKE, A. (Hrsg., 1996): Stadt und Wirtschaftsraum (= Berliner Geographische Studien, Band 44), Berlin, S. 259-269.

HATZFELD, U. (1996): Die Probleme des Handels sind die Probleme der Städte. Entwicklung und Prognose der Handlungsbereiche im Überschneidungsbereich zwischen Handel und Stadt. In: MINISTERIUM FÜR STADTENTWICKLUNG, KULTUR UND SPORT DES LANDES NORDRHEIN-WESTFALEN (Hrsg., 1996): Handel in der Stadt - Handeln in der Stadt, Düsseldorf, S. 31-90.

JUNKER, R./KRUSE, S. (1998): Perspektiven des Handels und deren Bedeutung für die Entwicklung von Zentren. In: INFORMATIONEN ZUR RAUMENTWICKLUNG, Heft 2/3, S. 133-139.

KAISER, C./FRIEDRICH, K. (2000): Chancen und Probleme ostdeutscher Stadtzentren in Konkurrenz zu peripheren Einzelhandelsstandorten. In: ZEITSCHRIFT FÜR WIRTSCHAFTSGEOGRAPHIE, Heft 2, S. 100-112.

MEYER, G./PÜTZ, R. (1997): Transformation der Einzelhandelsstandorte in ostdeutschen Großstädten. In: GEOGRAPHISCHE RUNDSCHAU, Heft 9, S. 492-498.

MINISTERIUM FÜR ARBEIT, SOZIALES UND STADTENTWICKLUNG, KULTUR UND SPORT DES LANDES NORDRHEIN-WESTFALEN (Hrsg., 1996): Handel in der Stadt - Handeln in der Stadt. Düsseldorf.

MINISTERIUM FÜR ARBEIT, SOZIALES UND STADTENTWICKLUNG, KULTUR UND SPORT DES LANDES NORDRHEIN-WESTFALEN (Hrsg., 1999a): Innerstädtische Einkaufszentren. Anforderungen und Integration. Düsseldorf.

MINISTERIUM FÜR ARBEIT, SOZIALES UND STADTENTWICKLUNG, KULTUR UND SPORT DES LANDES NORDRHEIN-WESTFALEN (Hrsg., 1999b): Stadtplanung als Deal? Urban Entertainment Center und private Stadtplanung - Beispiele aus den USA und Nordrhein-Westfalen. Dokumentation zur internationalen Konferenz am 2. Dezember 1998 in der Landeshauptstadt Düsseldorf. Düsseldorf.

MINISTERIUM FÜR ARBEIT, SOZIALES UND STADTENTWICKLUNG, KULTUR UND SPORT DES LANDES NORDRHEIN-WESTFALEN (Hrsg., 1999c): Multiplex-Kinos in der Stadtentwicklung. Beurteilungskriterien und Handlungsmöglichkeiten. Eine Arbeitshilfe. Düsseldorf.

MINISTERIUM FÜR ARBEIT, SOZIALES UND STADTENTWICKLUNG, KULTUR UND SPORT DES LANDES NORDRHEIN-WESTFALEN (Hrsg., 1999d): Stadtmarketing in Nordrhein-Westfalen. Bilanz und Perspektiven. Düsseldorf.

OPASCHOSWKI, H.W. (1998): Kathedralen des 21. Jahrhunderts. Die Zukunft von Freizeitparks und Erlebniswelten. (= Skript zur Freizeitforschung), Hamburg.

OPASCHOWSKI, H.W. (2000): Kathedralen und Ikonen des 21. Jahrhunderts: Zur Faszination von Erlebniswelten. In: STEINECKE, A. (Hrsg., 2000): Erlebnis- und Konsumwelten. München u. a., S. 44-54.

QUACK, H.-D. (2000): Die Inszenierung der Innenstadt: Das CentrO in der Neuen Mitte Oberhausen. In: STEINECKE, A. (Hrsg., 2000): Erlebnis- und Konsumwelten. München u. a., S. 183-199.

QUACK, H.-D. (2001): Freizeit und Konsum im inszenierten Raum. Eine Untersuchung räumlicher Implikationen neuer Orte des Konsums, dargestellt am Beispiel des CentrO Oberhausen. (= Paderborner Geographische Studien, Band 14), Paderborn.

QUACK, H.-D./WACHOWIAK, H. (Hrsg., 1999): Die Neue Mitte Oberhausen/CentrO. Auswirkungen eines Urban Entertainment Centers auf städtische Versorgungs- und Freizeitstrukturen. (= Materialien zur Fremdenverkehrsgeographie, Heft 53), Trier.

REIFF, F. (1998): Amerikanische Urban Entertainment Center - Konzepte und deren Übertragbarkeit auf den deutschen Markt. (= Freiberger Arbeitspapiere 98/16), Freiberg

ROHR, H.-G. VON (1990): Angewandte Geographie. (= Das geographische Seminar), Braunschweig.

STEINECKE, A. (1997): Inszenierung im Tourismus: Motor der künftigen touristischen Entwicklung. In: STEINECKE, A./TREINEN, M. (Hrsg., 1997): Inszenierung im Tourismus. (= ETI-Studien, Band 3), Trier, S. 7-17.

STEINECKE, A. (Hrsg., 2000): Erlebnis- und Konsumwelten. München u. a.

STEINECKE, A. (2000a): Tourismus und neue Konsumkultur: Orientierungen - Schauplätze - Werthaltungen. In: STEINECKE, A. (Hrsg., 2000): Erlebnis- und Konsumwelten. München u. a., S. 11-28.

STEINECKE, A. (2000b): Erlebniswelten und Inszenierungen im Tourismus. In: GEOGRAPHISCHE RUNDSCHAU, Heft 2, Jg. 52, S. 42-45.

STEINECKE, A. (2000c): Auf dem Weg zum Hyperkonsumenten: Orientierungen und Schauplätze. In: ISENBERG, W./SELLMANN, M. (Hrsg., 2000): Konsum als Religion? Über die Wiederverzauberung der Welt. Mönchengladbach, S. 85-94.

http://www.centro.de

---

[1] „Eine Destination ist ein Raum (Ort, Region, großes Hotel), den der Gast (oder ein Gästesegment) als Reiseziel wählt. Sie enthält sämtliche für einen Aufenthalt notwendigen Einrichtungen für Beherbergungen, Verpflegung, Unterhaltung/Beschäftigung. Sie ist damit das eigentliche Produkt und die Wettbewerbseinheit. Sie muss als solche strategisch geführt werden" (BIEGER 2000, S. 385).

[2] Die Grafik der Daseinsgrundfunktionen wurde entnommen aus VON ROHR 1990, S. 20.

[3] Dies wird dann virulent, wenn man bedenkt, dass eine Passantenbefragung in den Stadtbezirken durchgeführt wurde. Es wurden also nur diejenigen Einwohner befragt, die sich zumindest gelegentlich in Oberhausen versorgen. Das tatsächliche Ausmaß der Kaufkraftabflüsse 1996 liegt daher tendenziell noch höher.

[4] Die im CentrO angebotenen Warengruppen sind nahezu ausschließlich dieser Kategorie zuzuordnen.

[5] HAHN (1996) berichtet von Shopping Malls aus den USA, bei denen die Betreiber mangels vorhandener gewachsener Innenstadtlagen verpflichtet wurden, gewisse Bereiche der Mall von der regulären Hausordnung auszunehmen und als „public spaces" jedem zugänglich zu machen.

[6] Das CentrO beispielsweise betreibt einen eigenen Kindergarten mit 13 angestellten Erzieherinnen. Alle Besucher des CentrO können ihre Kinder während der Öffnungszeiten dort kostenlos betreuen lassen.

Aktuelle Probleme der Tages- und Kurzzeittourismusforschung

Peter Schnell

Einleitung

Im Jahre 1974 führten die Industrie- und Handelskammer in Koblenz und die Stadtverwaltung Cochem an der Mosel eine Untersuchung in Cochem durch, um die ökonomische Bedeutung des bis dahin weitgehend unbeachteten und unterschätzten Tagestourismus zu ermitteln. Ausgangspunkt war die - auch heute noch gültige - Erkenntnis, dass die Erfolgsbilanz des Tourismus an den Übernachtungen gemessen wird, dem Tagestouristen und seinen Ausgaben dagegen kaum Beachtung zukommt. Der Titel der Ergebnispräsentation „Tagestourist - guter Tourist" beleuchtet schlagartig die wichtigste Erkenntnis: Der Tagestourismus stellt eine wichtige ökonomische Größe für Fremdenverkehrsgemeinden und -regionen dar. Die auch heute noch häufig zu findende Unterschätzung des Wirtschaftsfaktors Tagestourismus geht auch aus BECKERs Ansicht hervor, dass „die Zunahme der Ausflüge zu teilweise gravierenden Problemen in einzelnen Fremdenverkehrsgemeinden (führt), auch wenn die - freilich eng begrenzten - Ausgaben der Ausflügler in diesen Gemeinden durchaus willkommen sind" (1998, S. 533). In allgemeiner Sicht hat diese Aussage vielleicht Gültigkeit, in Regionen wie dem Münsterland allerdings, in der dem Tagestourismus oder Ausflugsverkehr sehr große Bedeutung zukommt, machen die Einnahmen aus dem Tagestourismus drei Viertel der gesamten touristischen Einnahmen aus (LANDGREBE 1998, S. 13).

Im Folgenden werden nach einem kurzen Rückblick über die Entwicklung von der Naherholung zum Tages- und Kurzzeittourismus zunächst Begriffe geklärt und Definitionen vorgestellt. Inhaltlich gehen diese beiden Abschnitte allerdings zum Teil fast ineinander über bzw. überlagern sich. Daran schließen sich Ausführungen über aktuelle Forschungs- und Problemfelder an. Zum Abschluss wird auf Projekte und Arbeiten eingegangen, die in Münster von der Arbeitsstelle 'Tages- und Kurzzeittourismus' am Institut für Geographie durchgeführt bzw. geplant werden.

1 Von der 'Naherholung' zum 'Tagestourismus'

Bis in die 1960er Jahre hinein beschäftigte sich die Geographie überwiegend mit dem 'Fremdenverkehr', der mit der Arbeit POSERs über das Riesengebirge aus dem Jahre 1939 nach heutiger Ansicht als eigener Forschungszweig innerhalb der Geographie etabliert wurde und nach allgemeinem Verständnis immer mit Übernachtungen verbunden war. Naherholung, Tagesausflüge oder Tagestourismus waren in dieser Phase der 'Fremdenverkehrsgeographie' kein Thema. Der Begriff Tourismus existierte zwar, war jedoch auf den außerdeutschen Sprachraum beschränkt. Immer wenn im Ausland Ergebnisse der deutschen Fremdenverkehrsgeographie vorgetragen oder darüber schriftlich berichtet wurde, musste der Tourismusbegriff als Übersetzung benutzt werden, obwohl er von der etymologischen Seite her nicht unbedingt deckungsgleich ist, denn der englische Begriff 'tourism', der auf griechische, lateinische und französische Wurzeln zurückgeführt werden kann und dessen Verwendung nach Angaben des Shorter Oxford English Dictionary erstmals 1811 belegt ist, wird dort definiert als 'the theory and practice of touring; travelling for pleasure' (ONIONS 1962, 2219). In der jüngeren Vergangenheit, speziell seit Beginn der 1980er Jahre, ist auch im deutschen Sprachraum eine immer stärkere Verwendung des Tourismusbegriffes zu beobachten, ein Trend, der zum einen mit der terminologischen Angleichung an den internationalen Sprachgebrauch zu erklären ist, und zum anderen mit dem Wunsch, den ortsfremden Besucher, der als Wirtschaftsfaktor von steigender Bedeutung ist, nicht als Fremden zu diskriminieren, sondern ihm das Gefühl zu vermitteln, als Gast willkommen zu sein (vgl. WOLF/JURCZEK 1986).

Wann der Begriff 'Naherholung' in der deutschen Sprache zum ersten Mal verwandt worden ist, ist nicht bekannt. In der zweiten Hälfte der 1960er Jahre kommt er jedoch zunehmend häufig vor, so dass in dem von RUPPERT und MAIER 1969 veröffentlichten Literaturbericht „Naherholungsraum und Naherholungsverkehr" bereits mehr als 250 Veröffentlichungen erfasst wurden. Schon in dieser Studie wird deutlich, dass Naherholung - wie der gesamte Freizeit- und Tourismusbereich - ein Querschnittsthema darstellt, das von vielen Seiten analysiert und bearbeitet wird. Bildete 'Naherholung' als geographischer Arbeits- und Forschungszweig mit der Entstehung der 'Münchener Schule' Ende der 1960er und in den 1970er Jahren noch einen Schwerpunkt innerhalb der ‚Geographie des Freizeitverhaltens', so hat die Beschäftigung mit diesem Thema im Zuge der Veränderungen von gesellschaftlichen und ökonomischen Rahmenbedingungen seit den 1980er Jahren stark nachgelassen.

Bei der Naherholung handelt es sich um eine Variante des Freizeitverhaltens, die von der wissenschaftlichen Seite her in Deutschland erst seit den 1960er Jahren bearbeitet wird. Die ersten großen Naherholungsstudien entstanden in der zweiten Hälfte der 1950er Jahre in den Niederlanden (RIJKSDIENST VOOR HET NATIONALE PLAN o. J.) und in Deutschland in der zweiten Hälfte der 1960er Jahre. Vorreiter waren hier Karl RUPPERT und seine Mitarbeiter in München, die sich im Rahmen der Konzeptentwicklung der 'Sozialgeographie' und deren Teildisziplin 'Geographie des Freizeitverhaltens' sowie mit praxisorientierten Arbeiten (1970) mit den räumlichen Aspekten dieser Art der Freizeitgestaltung auseinandergesetzt haben.

Obwohl der Begriff 'Naherholung' eine jüngere sprachliche Entwicklung darstellt, ist das Phänomen selbst schon länger bekannt. So findet sich in einer aus dem Jahre 1917 stammenden Denkschrift eine sehr anschauliche Schilderung der Sonntagssituation im Ruhrgebiet, in der der Ausflugsverkehr in das Ruhrtal bei Essen geschildert wird: „Besehen wir uns ein Sonntagsbild unseres Hauptbahnhofes. Dicht gedrängt wartet hier die Menschenmenge auf die Züge nach Essen. Diese Strecke ist stark überlastet. Ein jeder ist froh, in einem völlig überfüllten Abteil noch Platz zu finden. So legt man die kleine Stunde Fahrzeit in beängstigendem Gedränge bis Essen zurück. In Essen ist ein Schieben und Drängen des Menschenstromes. Nun hat man die Auswahl, entweder mit der Eisenbahn oder Straßenbahn das Grüne zu erreichen. Werden oder Kettwig (im Ruhrtal) wird vom größten Teil dieser Ausflügler als Ziel gewählt. Die Straßenbahnen sind meist weit vor dem Bahnhof schon überfüllt, so daß man oft recht lange auf Fahrgelegenheit warten muß. Also nimmt man die Eisenbahn! Aber auch hier dieselbe Überfüllung, da sich zu den Anschlußzügen noch eine große Menschenmasse aus Essen und dessen nächster Umgebung einstellt. Nach etwa einstündiger Fahrt im Ruhrtal angekommen, findet man dieses voller Menschen und alle Ausflugslokale sind überfüllt" (zitiert in PFLUG 1970, S. 100).

Die wesentlichen Unterschiede zur Situation der 1960er und 1970er Jahre liegen darin, dass die Entwicklung der Verkehrstechnologie noch nicht den heutigen Stand erreicht hatte (Motorisierung der Privathaushalte, Straßenausbau), das für Freizeitzwecke verfügbare Zeitbudget noch sehr gering war (seit 1919 Acht-Stunden-Tag, vgl. DGF 1988) und auch der Teil des Haushaltseinkommens, der in Freizeitzwecke investiert werden konnte, nicht annähernd die heutige Höhe erreicht hatte (2000: Arbeitnehmerhaushalt West, mittleres Einkommen, vier Personen: 14,0% des ausgabefähigen Einkommens, vgl. DGF 2000).

Neben der verkehrstechnologischen Entwicklung, die zunehmend größere Distanzüberwindungen bei relativ kleinem Zeitaufwand ermöglichte und somit die Auswahl von möglichen Naherholungszielen erweiterte, wirkt sich nach Untersuchungen von BORCHERDT (1957) ein weiterer Trend auf Veränderungen im Naherholungsverhalten aus: Ausflugsziele im Nahbereich von München wurden als Wohngebiete so attraktiv, dass die Naherholungsfunktion als Ausflugsziel verloren ging und neue Ziele in größerer Entfernung erschlossen wurden. Das Münchener Umland wurde jedoch nicht gleichmäßig für die Naherholung erschlossen und genutzt; der Schwerpunkt lag eindeutig im Münchener Süden mit den Alpenrandseen, dem Alpenvorland und den in die Alpen hineinführenden Tälern. Als einen wesentlichen Grund für die asymmetrische Ausbildung des Münchener Naherholungsraumes führt BORCHERDT die Unterschiede in der landschaftlichen Attraktivität an.

Bereits Ende der 1950er Jahre war in den Niederlanden die Studie 'Mensen op Zondag' erschienen (1957), in der es um das Ausflugsverhalten der Bevölkerung von Amsterdam, Rotterdam, Hilversum und Zaandam ging. Diese Untersuchung wurde in den 1960er und 1970er Jahren immer wieder als eine der grundlegenden Arbeiten im Zusammenhang mit der Naherholungsforschung zitiert. Einen Meilenstein auf der deutschen Seite stellt die vom Wirtschaftsgeographischen Institut der Universität München unter Leitung von Karl RUPPERT im Jahr 1968 durchgeführte repräsentative Quellgebietserhebung im Raum München dar, in der der Naherholungsraum und das Naherholungsverhalten der Münchener Bevölkerung hinsichtlich Distanzen, zeitlicher Nutzung (saisonaler Aspekt/Dauer) und Aktivitäten analysiert wurde (RUPPERT/MAIER 1970).

In der Folgezeit nahm das Interesse am Thema 'Naherholung' schnell zu, wie die wachsende Zahl der Untersuchungen belegt. Als Beispiele können hier stellvertretend die Arbeiten 'Ein Modell zur Schätzung des gegenwärtigen und zukünftigen Bedarfs an Naherholungsräumen' von VON SCHILLING (1972) und 'Ermittlung von aktuellen und potentiellen Erholungsgebieten in der Bundesrepublik Deutschland' von MRASS u. a. (1974) angeführt werden. Auch im Rahmen von Ziel- und Quellgebietsanalysen beschäftigte man sich mit der Naherholung (vgl. u. a. FISCHER 1972 a und b; KLÖPPER 1972; SCHNELL 1977; KEMPER 1977; AMMANN 1978).

Dem Thema 'Naherholung' wurde auch von der Regional- und Landesplanung zunehmend Beachtung geschenkt, wie aus den Raumordnungsberichten der Bundesregierung zu ersehen ist. Anhand von Wiederholungsbefragungen in München 1978 und Münster 1988 konnten Veränderungen im Naherholungsverhalten nachgewiesen werden (RUPPERT/GRÄF/LINTNER 1986; SCHNELL 1994). In den 1980er Jahren verlor die Naherholung an Interesse, was zum einen auf die stärkere Beachtung des Freizeitverhaltens im Wohnumfeld und innerhalb der Städte und zum anderen auf die Verschlechterung der wirtschaftlichen Situation und damit geringeren Investitionsmitteln für die Förderung und den Ausbau von Naherholungsgebieten zurückzuführen war.

Bei aktuellen Untersuchungen zur Naherholung ist eine inhaltliche Akzentverschiebung zu beobachten, denn einen neuen Schwerpunkt bilden die mit der Naherholung bzw. dem Tagestourismus verbundenen ökonomischen Effekte. An erster Stelle zu nennen ist hier die vom Deutschen Wirtschaftswissenschaftlichen Institut für Fremdenverkehr an der Universität München (DWIF) durchgeführte Repräsentativerhebung mit dem Thema 'Tagesreisen der Deutschen' (DWIF 1995), die auf der Basis von Haushaltsbefragungen für den Gesamtraum der Bundesrepublik aufschlussreiche Daten lieferte. Nach den Hochrechnungen des DWIF unternehmen die Deutschen 2,1 Mrd. Tagesausflüge pro Jahr; bei durchschnittlichen Ausgaben in Höhe von DM 37,60 pro Ausflügler ergibt sich ein Bruttoumsatz von 76,5 Mrd. DM in Zielgebieten innerhalb der BRD (op. cit., S. 80). Auch in regionalen Fallstudien, in denen methodisch z. T. anders vorgegangen wurde als bei der DWIF-Studie - zum Teil handelt es sich um Zielgebietsbefragungen - wurde dem ökonomischen Potential des Tagestourismus verstärkte Aufmerksamkeit gewidmet (vgl. KLEMM/KREILKAMP 1993; POTTHOFF 1998; LANDGREBE 1998; HAEDRICH/KLEMM/LÜTTERS 1999; KLEMM 1999; SCHNELL/POTTHOFF 1999).

2 Zur Terminologie: Begriffe und Definitionen

KASPAR verwendet die Begriffe 'Fremdenverkehr' und 'Tourismus' synonym und definiert sie als „Gesamtheit der Beziehungen und Erscheinungen, die sich aus der Ortsveränderung und dem Aufenthalt von Personen ergeben, für die der Aufenthaltsort weder hauptsächlicher und dauernder Wohn- noch Aufenthaltsort ist" (1996, S. 16). Bei den Tourismusformen unterscheidet er nach der Dauer des Aufenthaltes einerseits den langfristigen Tourismus und andererseits den kurzfristigen oder Kurzzeittourismus, der sich wiederum in folgende Kategorien unterteilen lässt (KASPAR, op. cit., S. 18):
- Durchreise- oder Passantentourismus,
- eigentlicher Kurzzeittourismus,
- Tagesausflugstourismus und
- Wochenend- oder Freizeittourismus.

Hinsichtlich des Begriffes 'Tagestourismus', der im englischen Sprachraum seit langem in Gebrauch ist, gibt es eigentlich nicht viele Möglichkeiten zu Missverständnissen. Eindeutig ist zumindest die zeitliche Dimension, denn es kann sich nur um Aktivitäten handeln, die nicht mehr als einen Tag in Anspruch nehmen, also ohne Übernachtung durchgeführt werden können. Schwieriger wird es, wenn es um die inhaltliche Füllung des Begriffes geht. Die bereits erwähnte Untersuchung des Deutschen Wirtschaftswissenschaftlichen Instituts für Fremdenverkehr an der Universität München, deren Ergebnisse sehr oft als Grundlage für die Berechnung des wirtschaftlichen Effektes des Tagestourismus dienen, unterscheidet Tagesausflüge und Tagesgeschäftsreisen (DWIF 1995). Von der inhaltlichen Seite her umfasst der Tagesausflug ein heterogen strukturiertes Paket von Aktivitäten, die in Abb. 1 dargestellt sind. Die angeführten Aktivitäten gehen sicherlich über das hinaus, was man unter Naherholung versteht, denn die Begriffe 'Tagestourismus' und 'Naherholung' stellen keine Synonyma dar, Naherholung ist vielmehr als eine Variante des Tagestourismus zu verstehen.

Abb. 1: Tagestourismus (1993)

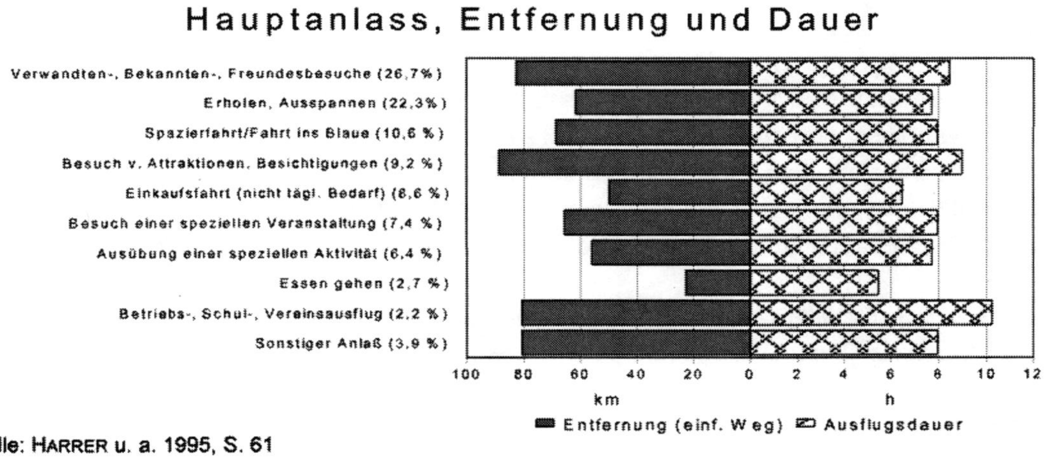

Hauptanlass, Entfernung und Dauer

- Verwandten-, Bekannten-, Freundesbesuche (26,7 %)
- Erholen, Ausspannen (22,3 %)
- Spazierfahrt/Fahrt ins Blaue (10,6 %)
- Besuch v. Attraktionen, Besichtigungen (9,2 %)
- Einkaufsfahrt (nicht tägl. Bedarf) (8,6 %)
- Besuch einer speziellen Veranstaltung (7,4 %)
- Ausübung einer speziellen Aktivität (6,4 %)
- Essen gehen (2,7 %)
- Betriebs-, Schul-, Vereinsausflug (2,2 %)
- Sonstiger Anlaß (3,9 %)

■ Entfernung (einf. Weg) ▨ Ausflugsdauer

Quelle: HARRER u. a. 1995, S. 61

Als unabhängige Variablen, die das Naherholungsverhalten determinieren, wurden in einem älteren Modell, das aber nach wie vor Gültigkeit hat, die zur Verfügung stehende Freizeit, die demographischen und sozioökonomischen Strukturen sowie die Wohnsituation angeführt (vgl. Abb. 2). Die Interdependenzen, die zwischen diesen Variablen bestehen, sind in der Modelldarstellung zwar nicht in vollem Umfang wiedergegeben, können bei der Interpretation jedoch berücksichtigt werden.

Naherholung wurde Ende der 1960er Jahre von RUPPERT und MAIER definiert als „die inner- und außerstädtischen Erholungsarten von der stundenweisen Erholung (besser Entspannung) bis hin zur Wochenend- und teilweise Feiertagserholung" (1969, S. 2). Mit der Erweiterung der ‚Geographie des Freizeitverhaltens' um die Erholung im Wohnumfeld, die der stundenweisen bzw. innerstädtischen Erholung entspricht, und der Einführung des Begriffes ‚Kurzreisen' veränderte sich auch das Naherholungskonzept.

In den 1970er Jahren wurde intensiv über den Naherholungsraum und seine Ausdehnung diskutiert. Dabei ging es zum einen um die Bedeutung und Interpretation des Präfixes „Nah-", das bei der oben angeführten zeitlichen Dimension Verständnisschwierigkeiten bereitete; zum anderen war aber auch nicht eindeutig geklärt, wo der Naherholungsraum beginnt.

Abb. 2: Schema der Bestimmungsfaktoren für die Naherholung nach ALDSKOGIUS (1977) und SCHNELL (1977)

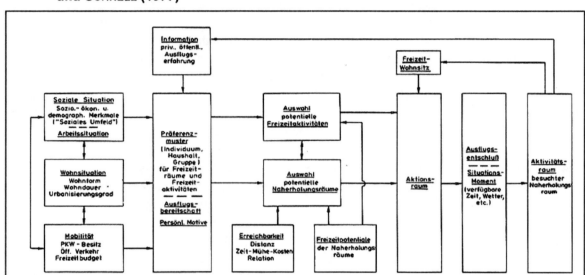

Quelle: KULINAT/STEINECKE 1984, S. 59

So wurde z. B. bei den Mikrozensus-Erhebungen zur Naherholung ein Ausflug erst mit dem Überschreiten der Gemeindegrenzen statistisch erfasst - eine Auffassung, die auch von NEWIG (1975) vertreten wurde, die aber mit dem Einsetzen von kommunalen Neugliederungen in verschiedenen Bundesländern keinen Sinn mehr machte, da durch die Entstehung von Flächengemeinden Naherholung durchaus ohne ein Verlassen der Kommune möglich wurde.

Als eine terminologische Alternative wurde auch ‚stadtnahe Erholung' vorgeschlagen; die Außengrenze des zugehörigen ‚stadtnahen Erholungsraumes' sollte durch die 30-Minuten-Isochrone - beginnend am Rande der geschlossen bebauten Fläche - bestimmt werden, da 60-80% aller aus Großstädten unternommenen Ausflüge ihre Ziele innerhalb dieser zeitlichen Grenze hatten (ANGERER u. a. 1981, S. 5). Als aktuell gültige Definition kann nach KULINAT/STEINECKE (1984, S. 21) davon ausgegangen werden, dass es sich bei der Naherholung um außerhäusliches Freizeitverhalten ohne Übernachtung handelt, das sich entweder im innerörtlichen Erholungsraum (erreichbar mit Transportmitteln; innerhalb der Siedlungsfläche, z. B. Stadtregion) oder im außerörtlichen Erholungsraum (erreichbar mit Transportmitteln; außerhalb der geschlossenen Siedlungsfläche) abspielt. Eine ähnliche Definition benutzt das Statistische Bundesamt für den Begriff ‚Tagesausflug', der häufig im Zusammenhang mit dem Tagestourismus Verwendung findet und der „jedes Verlassen des Wohnbereiches" bezeichnet, „mit dem keine Übernachtung verbunden und das nicht als Fahrt von oder zur Schule, zum Arbeitsplatz zur Berufsausübung vorgenommen wird, nicht als Einkaufsfahrt zur Deckung des täglichen Bedarfs dient und nicht einer gewissen Routine oder Regelmäßigkeit unterliegt" (1998, S. 214). Mit dieser Definition arbeitete auch das Deutsche Wirtschaftswissenschaftliche Institut für Fremdenverkehr an der Universität München bei der Untersuchung 'Tagesreisen der Deutschen' (1995).

An der Arbeitsstelle 'Tages- und Kurzzeittourismus' am Institut für Geographie der Westfälischen Wilhelms-Universität Münster werden bei der Bearbeitung von münsterlandbezogenen Themen drei Arten von Tagestourismus unterschieden:
- endogener Tagestourismus: der Ausflügler hat seinen Wohnsitz innerhalb der Region;
- exogener Tagestourismus: der Ausflügler hat seinen Wohnsitz außerhalb der Region;
- sekundärer Tagestourismus: Übernachtungsgäste, die von ihrem Übernachtungsstandort aus Tagesausflüge unternehmen.

Diese Differenzierung hat sich bei großflächigeren bzw. regionalen Untersuchungen als sehr gut brauchbar herausgestellt (vgl. FEIGE 1991).

Die Definition von Kurzreisen ist weitaus unproblematischer als die von Naherholung und Tagestourismus, denn hier kann die Anzahl der Übernachtungen bzw. die Aufenthaltsdauer als Definitionskriterium benutzt werden. An der Definition von 'Kurzreisen', die RUPPERT Mitte der 1970er Jahre als „jede Reise über die Grenzen der Wohnsitzgemeinde hinaus, wenn dabei mindestens eine und höchstens vier Nächte verbracht werden", definierte (1976), hat sich im Wesentlichen nicht viel geändert, denn das Statistische Bundesamt versteht unter Kurzreisen 'Reisen mit weniger als vier Übernachtungen' (1996, S. 262). Distanzen, denen bei der Naherholung bzw. beim Tagestourismus eine sehr große Bedeutung zukommt, fallen bei Kurzreisen kaum noch ins Gewicht, da aufgrund der größeren Zeitspanne und der modernen Verkehrstechnologie durchaus auch Fernziele angesteuert werden können.

Bedeutsam scheint die Tendenz, dass in ausgesprochenen Kurzreiseregionen wie z. B. dem Münsterland von den Tourismuspraktikern der offiziellen Definition keine große Bedeutung beigemessen wird und auch die Grenze zwischen 'Kurzurlaub' und 'Urlaub' verwischt, da allgemein bekannt ist, dass Kurzaufenthalte dominieren; wichtiger ist die Unterscheidung von Haupt- und Zweiturlauben, denn man ist sich darüber im Klaren, dass das Münsterland keine Haupturlaubsdestination ist oder werden kann, wohl aber Chancen als Kurz- und Zweiturlaubsreiseziel hat.

3 Probleme der Tages- und Kurzzeittourismusforschung

Wenn es darum geht, Problemfelder abzugrenzen und zu definieren, muss zunächst einmal darauf hingewiesen werden, dass man bei der Beschäftigung mit dem Tagestourismus auf erheblich größere Probleme stößt als beim Kurzzeittourismus. Der Hauptgrund hierfür liegt darin, dass der Kurzzeittourismus als Form des Übernachtungstourismus - unabhängig davon, ob man die amtliche Definition akzeptieren kann oder nicht - statistisch amtlich erfasst und dokumentiert wird, dies jedoch gemeinsam mit allen anderen Übernachtungsgästen geschieht. Lediglich anhand der durchschnittlichen Übernachtungszahl kann eine Gemeinde als Kurzreiseziel charakterisiert werden. Außerdem gelten natürlich die gleichen Einschränkungen wie beim Übernachtungstourismus insgesamt, dass nämlich aufgrund der Meldegesetzgebung nur die Übernachtungen in Betrieben mit neun und mehr Betten erfasst werden und dass die erfassten Daten die Informationen, die für tourismusgeographische Zwecke wünschenswert wären, nur bruchstückhaft und unvollkommen enthalten. Demographische und sozialstatistische Daten werden bei der Gästemeldung zwar erfasst, bei der statistischen Auswertung aber nicht ausgeworfen. Ähnlich ungenau sind die Informationen zur Besucherherkunft, denn zum Teil liegen nicht einmal Angaben über die Herkunft der Besucher nach Bundesländern vor.

In Anbetracht der Tatsache, dass die Kurzreisenden unter ökonomischen Gesichtspunkten von besonderem Interesse sind, da sie mehr Geld ausgeben als der Langzeiturlauber oder der Tagesgast, wäre es sehr wünschenswert, dass die amtliche Statistik auf diese Gästegruppe detaillierter eingeht. Außerdem wären Informationen über Gästeaktivitäten, -verhalten und -erwartungen während ihres Aufenthaltes von großer Bedeutung für die Kurzzeittourismusforschung, die bei uns noch in den Kinderschuhen steckt, denn bei den Reiseanalysen des früheren Studienkreises für Tourismus und der Forschungsgemeinschaft Urlaub und Reisen waren Kurzreisen höchstens Rand- und Sonderthemen.

Beim Tagestourismus ist zunächst einmal die absolut desolate Datenlage zu beklagen, denn in der Bundesrepublik Deutschland gibt es - im Unterschied zu anderen Staaten - keine amtliche Statistik, in der das Ausflugsverhalten erfasst wird. Alle Informationen basieren entweder auf den Untersuchungen des DWIF, die aufgrund ihres Stichprobenumfanges - 36.000 Erhebungen in 12 Monatswellen - als repräsentativ für die Bundesrepublik anzusehen sind, oder auf regionalen oder lokalen Einzelstudien. Letztere wiederum weisen das Manko auf, dass die Ergebnisse aufgrund unterschiedlicher Fragestellungen und Fragebögen nicht direkt miteinander vergleichbar sind.

Bei der Bearbeitung des Themas „Naherholung in Deutschland" für den Band ‚Freizeit und Tourismus' des Nationalatlas der Bundesrepublik Deutschland traten gerade hier Probleme auf, die letztendlich nicht lösbar waren. Die beim DWIF vorhandenen Daten, die auf der Basis der Reisegebiete, die mit Naherholung nur sehr wenig zu tun haben, ausgewertet worden sind, standen nicht zur Verfügung. Andere Daten lagen für einzelne Regionen zwar vor, waren aber zum Teil sehr alt und mit nicht vergleichbaren Erhebungsansätzen zustande gekommen, so dass die Herstellung einer Karte, in der die wichtigsten Naherholungsgebiete ausgewiesen waren, unmöglich war. Aus diesem Grund wurde eine geometrisch-konstruktive Lösung zur Abgrenzung der Brutto-Naherholungsfläche der deutschen Städte mit 100.000 und mehr Einwohnern benutzt, bei der von den durchschnittlichen einfachen Wegstrecken der DWIF-Studie bei Berücksichtigung eines Umwegfaktors ausgegangen wurde (SCHNELL/ POTTHOFF 2000, S. 46).

Diese auf theoretischer Basis erstellte Karte, die in Abb. 3 in der für den Nationalatlas vorgesehenen Manuskriptform wiedergegeben ist, die aber leider nicht in der von den Autoren vorgeschlagenen Form übernommen wurde, entspricht durchaus der Realität, wie der Vergleich mit der von BILLION/ FLÜCKIGER entwickelten Karte aus dem Jahre 1978 zeigt (vgl. Abb. 4).

Ein weiteres Problem bei der Beschäftigung mit dem Thema Tagestourismus besteht darin, dass häufig neue Daten empirisch erhoben werden müssen - eine sehr personal- und kostenintensive Maßnahme. Als Beispiel kann hier der von der Geographischen Kommission für Westfalen des Landschaftsverbandes Westfalen-Lippe herausgegebene 'Geographisch-landeskundliche Atlas von Westfalen' angeführt werden. Eine Karte zum Themenbereich 'Tagestourismus' war zwar vorgesehen, konnte aber noch nicht bearbeitet werden, da für zu große Teile Westfalens Daten zum Tagestourismus fast völlig fehlen und die DWIF-Daten kleinräumig nicht ausgewertet oder auswertbar sind.

Ein anderes Problem ist methodischer Art. Ein großer Teil der verfügbaren Daten - auch der eigenen - basiert auf Zielgebietserhebungen, Quellgebietsbefragungen liegen großräumig - abgesehen von der DWIF-Studie - so gut wie gar nicht vor. Der Nachteil der Zielgebietserhebungsdaten besteht darin, dass kaum mit negativen Einstellungen zu den Zielräumen zu rechnen ist, während bei Quellgebietsanalysen auch das erhoben wird, die Ergebnisse also objektiver sind. Ein weiterer Vorteil von Quellgebietserhebungen besteht darin, dass auch Informationen zur Konkurrenz anderer Destinationen gesammelt werden können, so dass eine insgesamt objektivere Bestimmung der eigenen Position ermöglicht wird.

Aktuelle Probleme der Tages- und Kurzzeittourismusforschung

Abb. 3: Naherholung in Deutschland: Brutto-Naherholungsfläche der Städte mit 100.000 und mehr Einwohnern

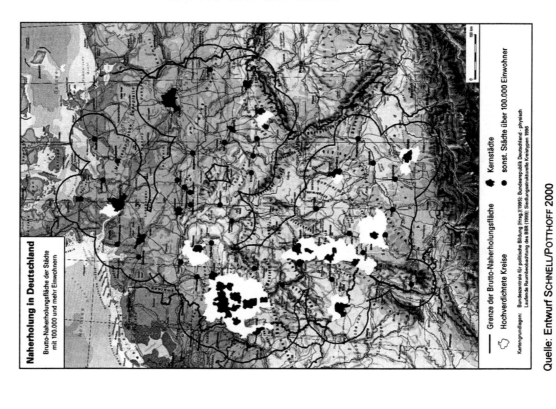

Quelle: Entwurf SCHNELL/POTTHOFF 2000

Abb. 4: Ausstrahlungsbereiche der Verdichtungsräume nach Distanzzonen (0-30km, 31-50km, 51-75km)

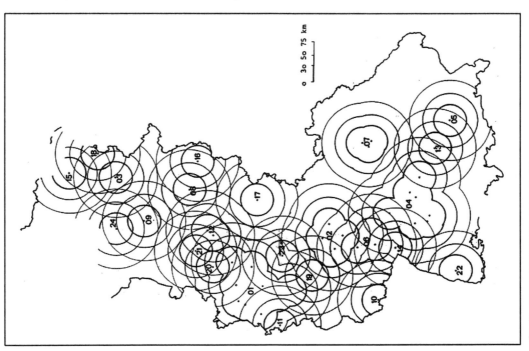

Quelle: BILLION/FLÜCKIGER 1979, S. 77

4 Arbeiten und Projekte der Arbeitsstelle 'Tages- und Kurzzeittourismus'

Tages- und kurzzeittouristische Themen wurden bereits vor der offiziellen Einrichtung der Arbeitsstelle im Frühjahr 1999 bearbeitet. Als wichtigste können hier die Untersuchungen zum wohnungs- und stadtnahen Freizeitverhalten der Münsteraner Bevölkerung aus den Jahren 1975 und 1988 genannt werden. Anhand von Haushaltsbefragungen, die in Form repräsentativer Flächenstichproben innerhalb der kreisfreien Stadt Münster bei Verwendung von weitgehend identischen Fragebögen durchgeführt wurden, betreffen die wichtigsten Veränderungen die Verkehrsmittelwahl. Im Unterschied zu 1975, als das Fahrrad von 24,5% aller Haushalte bei Wochenendausflügen zum Einsatz kam, war dieser Anteil bis 1988 auf 62,5% angestiegen. Die Auswirkungen dieser Veränderung betreffen nicht nur die Ausflugsdistanzen, sondern machen sich auch bei der Ausflugsgruppenstruktur, der Zielgebietswahl und den Aktivitäten bemerkbar (vgl. SCHNELL 1994).

Im Jahre 1997 wurde damit begonnen, in Abstimmung mit dem Fremdenverkehrsverband Münsterland Touristik Grünes Band e.V. münsterlandweite Erhebungen zum Tagestourismus und seinen Strukturen im Münsterland durchzuführen, wobei ein Schwerpunkt zunächst auf der ökonomischen Bedeutung lag. Aus zwei Erhebungswellen an insgesamt 42 Standorten im Frühjahr, Sommer und Herbst 1997 sowie im Winter 1998 liegen mit insgesamt knapp 3.500 Face-to-face-Befragungen für das Münsterland repräsentative Ergebnisse vor, die Basisinformationen liefern über Aspekte wie Tourismusart, Besucherherkunft, Besucher- und Besuchsverhalten, Präferenzstrukturen sowie nach Ausgabearten differenziertes Ausgabeverhalten. Im Sommer 1999 wurde eine dritte Befragung von knapp 700 Tagesbesuchern durchgeführt, bei der das Hauptthema das Eigen- und Fremdimage war. Der benutzte Fragebogen war in wesentlichen Teilen identisch mit dem bei den beiden vorherigen Befragungen verwandten, so dass rund 4.100 Befragungen von insgesamt 57 Standorten, die sich über das ganze Münsterland verteilen, vorliegen. Im Folgenden werden einige der wesentlichen Ergebnisse kurz vorgestellt. Der weitaus größte Teil der Besucher stammt aus dem Münsterland selbst, kann also als endogen bezeichnet werden (vgl. Abb. 5). Bei den exogenen Tagestouristen handelt es sich um Tagesausflügler, die ihren Wohnsitz außerhalb des Münsterlandes haben, während sekundäre Tagestouristen als Übernachtungsgäste im Münsterland oder der Umgebung verweilen und von ihrem Übernachtungsstandort aus Tagesausflüge im oder in das Münsterland unternehmen.

Abb. 5: Tagesausflugsarten im Münsterland: Ausflugsarten

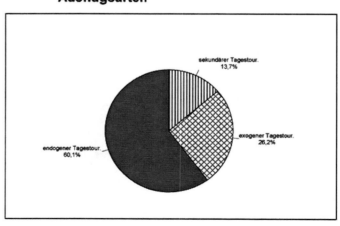

Quelle: Eigene Erhebungen 1997, 1998 u. 1999

Der geringe Anteil an sekundären Tagestouristen belegt die Tatsache, dass es sich beim Münsterland um eine Kurzreisedestination handelt, denn die durchschnittliche Übernachtungszahl liegt bei 2,4. Genauere Angaben zur Relation von Tagestouristen zu Übernachtungsgästen sind nicht machbar, da es sich bei den statistischen Angaben für das Münsterland um Schätzungen handelt. Exakte Angaben stellen aufgrund der fehlenden Daten für die Übernachtungsbetriebe mit weniger als neun Betten nicht zur Verfügung und die Zahl der Tagestouristen basiert auf Hochrechnungen, denen die Daten der DWIF-Studie zugrunde liegen.

Zur Anreise an den Standort wird vom überwiegenden Teil der Besucher der Pkw benutzt (vgl. Abb. 6). Von besonderer Bedeutung für das Münsterland ist allerdings der Fahrradtourismus, der das wichtigste Standbein des Tages- und Kurzzeittourismus bildet. Die hervorragende Fahrradwege-Infrastruktur - dem interessierten Besucher stehen mehr als 10.000 km markierte Radwege in einer schwach reliefierten Region zur Verfügung - bildete über lange Zeit ein markantes Alleinstellungsmerkmal, zu dessen Markenzeichen sich die 1987 eröffnete 100 Schlösser Route entwickelte.

Abb. 6: Tagestourismus im Münsterland: Standortbezogene Anreiseverkehrsmittel

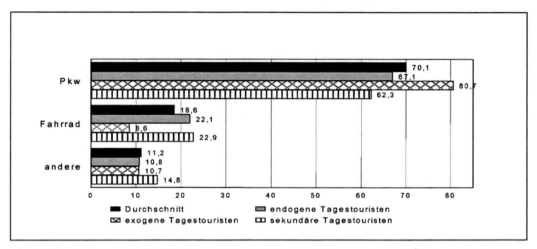

Quelle: Eigene Erhebung 1997, 1998 u. 1999

18% der Tagesbesucher nannten das Fahrrad als das Verkehrsmittel, das zum Erreichen des Befragungsstandortes benutzt wurde. Dieser Wert belegt einerseits die Bedeutung dieser Art der Fortbewegung, spiegelt andererseits jedoch sicherlich nicht den realen Modal-Split wider, denn bei der Auswahl der Befragungsstandorte wurde aus befragungstechnischen Gründen auf reine Fahrradrouten-Standorte verzichtet. Deshalb ist davon auszugehen, dass Radfahrer in der Realität mit einem größeren Anteil an der Gesamtzahl der Tagesbesucher vertreten sind.

In Abb. 7 lässt sich erkennen, dass sich die Alterszusammensetzung der Besuchergruppen auf die Verkehrsmittelwahl auswirkt. Das Fahrrad wird in höherem Maße von Jugendlichen und Erwachsenen ohne Kinderbegleitung mit Ausnahme der über 65-Jährigen benutzt, während Erwachsene in Begleitung von kleineren und größeren Kindern stärker zur Benutzung des Pkw neigen. Der Pkw dominiert allerdings in allen Altersgruppen eindeutig.

Ein deutlich feststellbarer Zusammenhang besteht zwischen der Ausflugsart und der Anreisedistanz (vgl. Abb. 8). Mit zunehmender Anreiseentfernung nehmen die Besucheranteile kontinuierlich ab. Am extremsten trifft diese Aussage natürlich für die endogenen Tagestouristen zu, die ihre höchsten Anteilswerte in einer Entfernung bis zu 50 km erreichen. Bei den exogenen Tagesbesuchern treten die Spitzenwerte in Entfernungen zwischen 26 und 100 km auf, während bei den sekundären Tagestouristen der Spitzenwert bei Anreiseentfernungen von mehr als 200 km liegt. Die Unterschiede in der Anreisedistanz treten besonders deutlich zutage, wenn man die Durchschnittsentfernungen betrachtet: Das arithmetische Mittel liegt bei 58,58 km, der Medianwert jedoch nur bei 28,0 km. Beim endogenen Tagestourismus betragen diese Werte 19,6 bzw. 14,0 km, beim exogenen Tagestourismus 75,5 bzw. 61,0 km und bei mit Übernachtungen verbundenem sekundären Tagestourismus 202,0 bzw. 150,0 km.

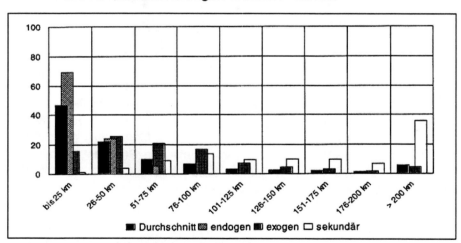

Abb. 7: Tagestourismus im Münsterland: Altersgruppen und Anreiseverkehrsmittel

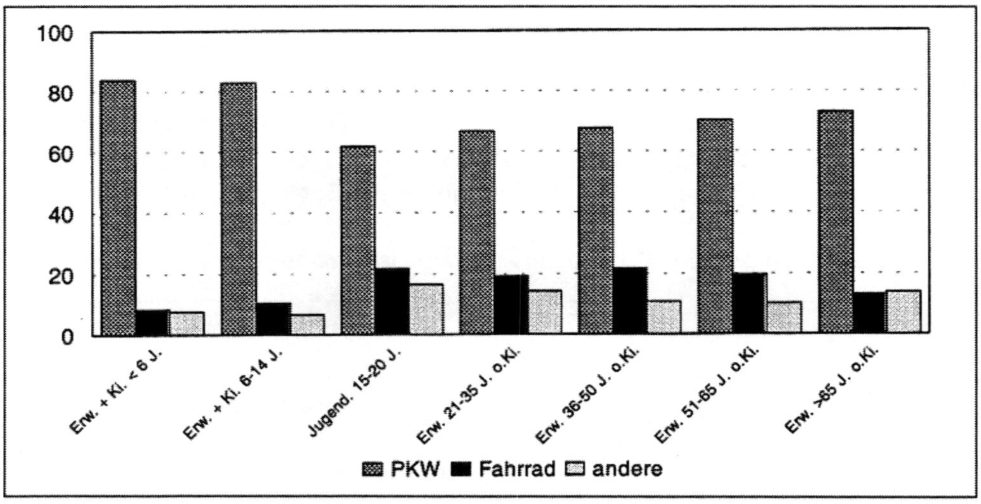

Quelle: Eigene Erhebungen 1997, 1998 u. 1999

Abb. 8: Tagestourismus im Münsterland: Ausflugsarten und Anreiseentfernungen Wohnort - Zielort

Quelle: Eigene Erhebungen 1997, 1998 u. 1999

Unter der Annahme, dass der sekundäre Tagestourist von seinem Übernachtungsquartier aus Tagesausflüge zu im Münsterland gelegenen Zielen unternimmt, verändern sich die Anreisedistanzen erheblich. Wie aus Abb. 9 zu erkennen ist, spielen für diese Tagesausflügler, bei denen es sich in der überwiegenden Mehrzahl um Kurzurlauber handelt, kurze Distanzen eine noch größere Rolle als für die endogenen Tagestouristen; ein Grund hierfür könnte darin liegen, dass ein größerer Teil der Kurzurlauber im Münsterland mit dem Fahrrad unterwegs ist (vgl. auch Abb. 6).

Abb. 9: Tagestourismus im Münsterland: Tourismusart und Anreiseentfernungen Wohn-/Übernachtungsort - Zielort

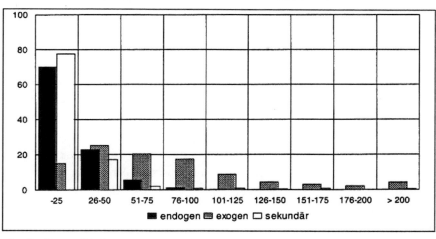

Quelle: Eigene Erhebungen 1997, 1998 und 1999

Die Kumulation der für die Anreise vom Wohnort aus zurückgelegten Distanzen lässt erkennen, dass die Anteile der endogenen Tagestouristen mit zunehmenden Distanzen sehr schnell abnehmen, während es sich bei den sekundären Tagestouristen fast genau umgekehrt verhält (vgl. Abb. 10). Die exogenen Tagesbesucher stellen hinsichtlich des Einzugsbereiches ein relativ konstantes Besuchersegment dar, das seine höchsten Anteile im mittleren Entfernungsbereich erreicht.

Abb. 10: Tagestourismus im Münsterland: Kumulierte Anreisedistanzen Wohnort - Zielort

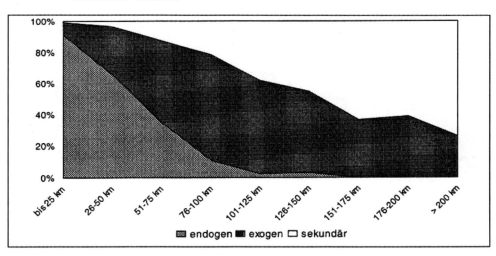

Quelle: Eigene Erhebungen 1997, 1998 und 1999

Von zunehmendem Interesse für die lokalen und regionalen Tourismusvereine und -verbände hat sich in der jüngeren Vergangenheit die ökonomische Bedeutung des Tourismus entwickelt. LANDGREBE (1998) hat in einer Überblicksdarstellung über die ökonomische Bedeutung des Tourismus im Münsterland darauf hingewiesen, dass über den Tagestourismus - wie bereits erwähnt - drei Viertel des touristischen Einkommens erwirtschaftet werden. An der Reaktion des damaligen Sprechers der Landesarbeitsgemeinschaft Tourismus von Bündnis 90/Die Grünen NRW wird das schlechte ‚Image' des Tagestourismus deutlich, denn er spricht mit Hinweis auf die Tagesausgaben, die nach der erwähnten DWIF-Studie deutlich niedriger liegen als beim Übernachtungsgast, von einem geringeren wirtschaftlichen Multiplikatoreffekt des Tagestourismus im Vergleich mit dem Übernachtungstourismus (Münstersche Zeitung vom 27.05.1998). Diese Einschätzung ist allein schon deshalb falsch, weil der ökonomische Effekt an den Ausgaben des einzelnen Gastes gemessen wird und die Zahlenrelation von Tages- und Übernachtungstouristen nicht beachtet wird.

Der von LANDGREBE (1998) angesetzte Einnahmenbetrag von 2 Mrd. DM muss allerdings insofern in Frage gestellt werden, als die Ausgabenwerte der DWIF-Studie als Berechnungsgrundlage für den Tages- und Übernachtungstourismus zugrundegelegt wurden, die auf Quellgebietsbefragungen beruhen. Der Tagesgast gibt mit DM 32,80 zwar etwas weniger aus als für den nordrhein-westfälischen Durchschnitt berechnet wurde (DM 36,30), aber dieser Ausgabewert liegt deutlich höher, als bei den Zielgebietserhebungen ermittelt wurde (DM 11,00). Der Grund für diesen auffälligen Unterschied ist methodischer Art, denn bei einer Zielgebietsbefragung erreicht der Anteil endogener Tagestouristen, die hinsichtlich ihrer Tagesausgaben am niedrigsten liegen, eine Höhe, die sich in den Ausgabewerten natürlich niederschlägt. Aus Abb. 11 ist zunächst einmal ersichtlich, dass das zur Anreise benutzte Verkehrsmittel keine Differenzierung der Ausgaben verursacht. Unabhängig davon, ob der Erhebungsstandort mit dem Pkw oder dem Fahrrad erreicht wurde, schwanken die Tagesausgaben pro Person nur unerheblich. Anders stellt sich die Situation in Abhängigkeit von der Tagestourismusart dar, denn sekundäre Tagestouristen sind offensichtlich erheblich ausgabefreudiger als die exogenen und vor allem die endogenen Ausflügler. In den Tagesausgaben in Höhe von DM 16,58 sind die Übernachtungskosten nicht enthalten, die bei durchschnittlich DM 49,86 liegen.

Abb. 11: Tagestourismus im Münsterland: Tagesausgaben pro Besucher (in DM) nach Ausflugsart und Verkehrsmittel

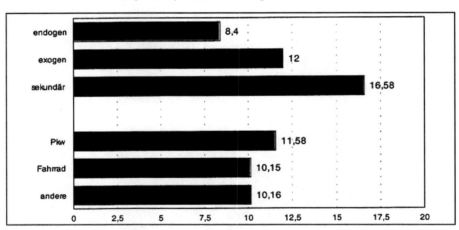

Quelle: Eigene Erhebungen 1997, 1998 und 1999

Berechnet man auf der Basis der über Zielgebietsbefragungen erfassten tagestouristischen Ausgaben die Einnahmen für das Münsterland, dann liegen diese deutlich unter den von LANDGREBE ermittelten (1998, S. 13). Insgesamt ergeben sich Einnahmen in Höhe von rund 630 Mio. DM, die sich zu zwei Dritteln auf den endogenen und exogenen Tagestourismus und zu einem Drittel auf den sekundären Tagestourismus (inklusive Ausgaben für Übernachtungen) verteilen; unberücksichtigt sind bei dieser Berechnung die Einnahmen aus Übernachtungen in Betrieben mit weniger als neun Betten sowie auf Campingplätzen, da für diese beiden Unterbringungsarten keine eigenen Daten vorliegen. Für die deutlichen Unterschiede zwischen den von LANDGREBE ermittelten Einnahmebeträgen und den über Zielgebietsbefragungen hochgerechneten lassen sich im Wesentlichen darauf zurückführen, dass die Ergebnisse der DWIF-Studie auf Quellgebietserhebungen (Haushaltsbefragungen) basieren, bei denen der Anteil der endogenen Tagestouristen systembedingt niedriger liegt als bei einer Zielgebietserhebung, so dass allein schon hierdurch der Mittelwert abgesenkt wird. Die vom DWIF veröffentlichten Tagesausgaben (DM 32,80) erscheinen in Anbetracht der im Münsterland empirisch ermittelten Ausgaben (DM 11,00) sehr hoch, so dass die von LANDGREBE errechneten touristischen Einnahmen von DM 2,0 Mrd. in ihrer Höhe in Frage zu stellen sind. Es ist durchaus nachvollziehbar, dass lokale und regionale Tourismusorganisationen für die Bestimmung der ökonomischen Bedeutung des Tourismus auf die DWIF-Ausgabenwerte zurückgreifen, denn das Ergebnis sind in der Regel überraschend hohe Ausgaben- bzw. Einnahmenbeträge; für das Münsterland müssen diese Werte jedoch aufgrund der vorliegenden Ausgabenwerte nach unten korrigiert werden.

Dem Tagestourismus ist für das Münsterland - wie nachgewiesen werden konnte - auf jeden Fall eine hohe wirtschaftliche Bedeutung zuzusprechen, die in Zukunft noch vergrößert werden kann, wenn von Seiten des Fremdenverkehrsverbandes Münsterland Touristik Grünes Band e. V. sowie den lokalen Tourismusstellen die Stärken des Münsterlandes weiter verbessert und die Schwächen abgebaut werden (vgl. Abb. 12).

Überdurchschnittlich positive Beurteilungen (Durchschnitt: 2,3) erhalten das Radwegenetz, die historischen Ortskerne und Gebäude, das Wanderwegenetz, die Gastronomie, die Museen, die allgemeinen Freizeitmöglichkeiten sowie die Einkaufsmöglichkeiten. Das Radwegenetz hat mit der Installation des Radwegesystems 2000, das in Zusammenarbeit mit dem ADFC entwickelt wurde, eine Verbesserung erfahren; eine Erfolgskontrolle liegt allerdings noch nicht vor.

Abb. 12: Tagestourismus im Münsterland: Stärken und Schwächen des Münsterlandes (Schulnoten)

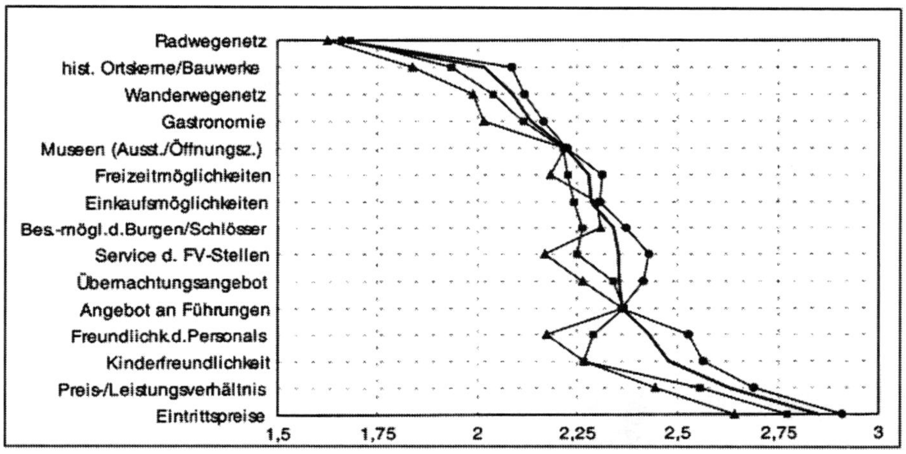

Quelle: Eigene Erhebungen 1997, 1998 u. 1999

Ein Angebotssegment, das noch nicht voll ausgeschöpft ist, bilden die vielfach kleinen Orte des Münsterlandes mit ihren historischen Ortskernen, die sehr geschätzt werden, über die jedoch nach Aussagen der Besucher vielfach zu wenig Informationen verfügbar sind. Zu den wesentlichen Schwächen des Münsterlandes zählen die zu hohen, häufig als familienunfreundlich bezeichneten Eintrittspreise, das als zu teuer erachtete Preis-Leistungs-Verhältnis sowie fehlende Kinderfreundlichkeit und die Unfreundlichkeit des Personals. Hier müsste über qualitative Verbesserungen versucht werden, das negative Erscheinungsbild des Münsterlandes abzubauen. Auffällig ist - und das geht eindeutig aus Abb. 12 hervor -, dass die endogenen Tagesbesucher eine weitaus negativere Einstellung zeigen als die exogenen und vor allem die sekundären Tagesgäste, d. h. mit zunehmender Distanz zwischen dem Wohnort und den Zielen innerhalb des Münsterlandes nimmt die positive Ausprägung des Destinationsimages zu. Für den in der Region heimischen Tagestouristen bildet diese die Alltagsumwelt und die negativen Assoziationen sind allein schon aufgrund der Alltagserfahrungen deutlicher ausgeprägt.

Da die endogenen Tagestouristen die anteilsmäßig stärkste Zielgruppe unter den Münsterlandnutzern bilden, wäre sicherlich eine Imageverbesserung bei dieser Gruppe sinnvoll und ein höheres Maß an Übereinstimmung zwischen dem Fremd- und dem Eigenimage erstrebenswert. Ökonomisch gesehen stellt der einzelne endogene Ausflügler zwar nicht den interessantesten Kunden dar, die große Anzahl gleicht diesen Nachteil jedoch wieder aus. Aufgrund der höheren Tagesausgaben von Touristen, die ihren Wohnsitz außerhalb des Münsterlandes haben, bietet es sich für den Fremdenverkehrsverband Münsterland Touristik Grünes Band e. V. an, diese Zielgruppe stärker zu bewerben.

Außerdem sollte - noch stärker als es bisher der Fall war - von Seiten des Tourismusverbandes Anstrengungen unternommen werden, neue Angebote zu entwickeln, die einerseits eine eigenständige, andererseits aber auch eine kombinationsfähige Ergänzung zu den fahrradtouristischen Angeboten darstellen und mit denen neue Zielgruppen als Münsterlandbesucher gewonnen werden können. Von der soziodemographischen und sozioökonomischen Struktur her kommen als potentielle Zielgruppen die Gruppen der Jugendlichen und der Senioren in Frage, die im Münsterland im Vergleich zu ihren Anteilen an der Bevölkerung unterrepräsentiert sind. Von der thematischen Seite her bieten sich die historischen Ortskerne besonders an, aber auch ein Abbau der kritisierten fehlenden Kinderfreundlichkeit und Unfreundlichkeit des Personals - hier wurden besonders die gastronomischen Einrichtungen, zum Teil aber auch die touristischen Informationsstellen erwähnt - könnte zu einer Imageverbesserung beitragen.

5 Perspektiven

Aufgrund der bisherigen Erfahrungen sollte eine praxisorientierte Tagestourismus- bzw. Naherholungsforschung in weitaus stärkerem Maße als bisher auf die Bedürfnisse eingehen, die auf der lokalen und regionalen Ebene in erheblichem Umfang vorhanden sind. Der Bedarf für Grundlagenforschung ist deshalb groß, weil das Thema in keiner offiziellen amtlichen Statistik mit eigenen Daten dokumentiert wird. Aus diesem Grunde ist der von KLEMM (1999, S. 65) gemachte Vorschlag, einen Erfahrungs- und Informationsaustausch zwischen den mit der Thematik befassten Institutionen aufzubauen, zu unterstützen und in der Hinsicht zu erweitern, dass Absprachen bezüglich der zu bearbeitenden Thematik, der Fragestellung sowie der Auswertungsverfahren getroffen werden, damit eine Vergleichbarkeit der Untersuchungsergebnisse gewährleistet ist.

Auf nationaler, lokaler und regionaler Ebene wäre ein Monitoring des Tagestourismus wünschenswert, um Entwicklungen - vor allem Verhaltens- und Einstellungsveränderungen - beobachten und im Bedarfsfall lenkend eingreifen zu können. Eine nationale Untersuchung des Tagestourismus wäre ebenfalls wünschenswert, damit großräumige Entwicklungen fassbar würden (vgl. COUNTRYSIDE COMMISSION 1998).

Literatur

AMMANN, F. (1978): Analyse der Nachfrageseite der motorisierten Naherholung im Rhein-Neckar-Raum. (= Heidelb. Geogr. Arb. 51).

ANGERER, D./BEYER, L./SCHNELL, P./STONJEK, D. (1981): Naherholung. Stuttgart (= Der Erdkundeunterricht, Heft 38).

BECKER, Chr. (1998): Neue Herausforderungen für die Fremdenverkehrsgemeinden und die Rolle der Raumordnung. In: Der Landkreis 8/9 1998, S. 532-534.

BENTHIEN, B. (1997): Geographie der Erholung und des Tourismus. Gotha.

BILLION, F./FLÜCKIGER, B. (1978): Bedarfsanalyse Naherholung und Kurzzeittourismus. Bremen.

BORCHERDT, Chr. (1957): Die Wohn- und Ausflugsgebiete in der Umgebung Münchens. Eine sozialgeographische Skizze. In: Ber. zur deutschen Landeskunde 19. Band 1957, S. 173-187.

COUNTRYSIDE COMMISSION u. a. (Hrsg., 1998): UK Leisure Day Visits. Summary of the 1996 Survey Findings. London.

FEIGE, M. (1991): Zum Ausflugsverkehr in Reisegebieten. Ein Beitrag zur angewandten Wirtschafts- und Sozialgeographie. München (= Schriftenr. d. Dt. Wirtschaftswiss. Inst. f. Fremdenv. a. d. Univ. München, 41).

FISCHER, E. (1972a): Der Ausflugsverkehr der Städte Osnabrück, Oldenburg und Emden. Eine vergleichende Untersuchung. In: N. Arch. f. Nds. 2/72, S. 108-131.

FISCHER, E (1972b): Der Ausflugsverkehr der Städte Osnabrück, Oldenburg und Emden. Eine vergleichende Untersuchung (Zweiter Teil). In: N. Arch. f. Nds. 3/72, S. 220-245.

HAEDRICH, G./KLEMM, K./LÜTTERS, H. (1999): Das Ausflugsverhalten der Berliner 1998. Berlin.

HARRER, B./ZEINER, M./MASCHKE, J./SCHERR, S. (1995): Tagesreisen der Deutschen. Struktur und wirtschaftliche Bedeutung des Tagesausflugs- und Tagesgeschäftsreiseverkehrs in der Bundesrepublik Deutschland. München (= Schriftenreihe des DWIF, Heft 48).

KEMPER, F.-J. (1977): Inner- und außerstädtische Naherholung am Beispiel der Bonner Bevölkerung. Ein Beitrag zur Geographie der Freizeit. Bonn (= Arb. z. Rhein. Landeskunde, Heft 42).

KLEMM, K./KREILKAMP, E. (1993): Das Ausflugsverhalten der Berliner. In: KLEMM, K./MIELITZ, G. (Hrsg., 1993): Raumansprüche durch Freizeitverhalten. Ausgewählte Untersuchungsergebnisse aus den alten und neuen Bundesländern, S. 111-136. Berlin (= Inst. f. Tourismus, Berichte und Materialien Nr. 13).

KLEMM, K. (1999): Untersuchungen zum Ausgabeverhalten von Tagestouristen im Berliner Umland - Methoden und Ergebnisse. In: SCHNELL, P./POTTHOFF, K. E. (Hrsg., 1999): Wirtschaftsfaktor Tourismus (= Münstersche Geographische Arbeiten, Band 42), S. 61 - 66.

KLÖPPER, R. (1972): Zur quantitativen Erfassung räumlicher Phänomene der Kurzerholung (Naherholungsverkehr). In: HÖVERMANN, J./OVERBECK, G. (Hrsg., 1972): Hans-Poser-Festschrift, S. 539-548. Göttingen (= Gött. Geogr. Abhandl. 60).

KULINAT, K./STEINECKE, A. (1984): Geographie des Freizeit und Fremdenverkehrs. Darmstadt.

LANDGREBE, S. (1998): Zur Ökonomie des Tourismus im Münsterland. In: Regionales Tourismus Marketing. Daten und Fakten zur wirtschaftlichen Bedeutung des Tourismus im Münsterland, S. 9-18. Steinfurt.

MEUTER, H./RÖCK, S. (1974): Wochenendfreizeit in besiedelten Räumen: Einige Daten zur Bedeutung von Landschaft als Freizeitraum. In: Inform. z. Raumentw. 9/74, S. 333-346.

MRASS, W. u. a. (1974): Ermittlung von aktuellen und potentiellen Erholungsgebieten in der Bundesrepublik Deutschland. Bonn-Bad Godesberg (= Schriftenreihe für Landschaftspflege und Naturschutz, Heft 9).

ONIONS, C. T. (Hrsg., 1962): Shorter Oxford English Dictionary on Historical Principals. Oxford. University Press, London.

POSER, H. (1939): Geographische Studien über den Fremdenverkehr im Riesengebirge: ein Beitrag zur geographischen Betrachtung des Fremdenverkehrs. Göttingen (= Abh. d. Ges. d. Wiss. zu Göttingen, Mathematisch-physikalische Klasse, Dritte Klasse, 20).

POTTHOFF, K. E. (1998): Der Tagestourismus im Münsterland - seine Strukturen und ökonomische Bedeutung. In: Regionales Tourismus-Marketing: Daten und Fakten zur wirtschaftlichen Bedeutung des Tourismus im Münsterland. S. 25-38. Steinfurt.

POTTHOFF, K. E./SCHNELL, P. (2000): Naherholung. In: Institut für Länderkunde, Leipzig (Hrsg., 2000): Nationalatlas Bundesrepublik Deutschland - Freizeit und Tourismus. S. 46-47. Heidelberg/ Berlin.

Rijksdienst voor het Nationale Plan (Hrsg., o.J.): Mensen op Zondag. Den Haag (= Publikatie Nr. 14).

RUPPERT, K./MAIER, J. (1969): Naherholungsraum und Naherholungsverkehr. Ein sozial- und wirtschaftsgeographischer Literaturbericht zum Thema Wochenendtourismus. Starnberg.

RUPPERT, K./MAIER, J. (1970): Naherholung und Naherholungsverkehr - Geographische Aspekte eines speziellen Freizeitverhaltens. In: RUPPERT, K./MAIER, J. (Hrsg., 1970): Zur Geographie des Freizeitverhaltens. Beiträge zur Fremdenverkehrsgeographie. S. 55-78. Kallmünz (= Münchner Studien z. Wirtsch.- u. Soz.geogr. 6).

RUPPERT, K. (1976): Kleines Wörterbuch der Fremdenverkehrsgeographie. In: WARSZYNSKA, J./JACKOWSKI, A. (Hrsg., 1976): Terminological Problems in Geography of Tourism, S. 107-116. Krakau (= Materials of International Symposium Cracow-Zakopane 7-10 November 1974).

RUPPERT, K./GRÄF, P./LINTNER, P. (1986): Naherholungsverhalten im Raum München. Persistenz und Wandel freizeitorientierter Regionalstrukturen 1968/1980. Hannover (= ARL Arbeitsmaterial Nr. 116).

SCHILLING, H. von (1972): Ein Modell zur Schätzung des gegenwärtigen und zukünftigen Bedarfs an Naherholungsräumen. In: Informationen 5/72, S. 119-135.

SCHNELL, P. (1977): Naherholungsraum und Naherholungsverhalten, untersucht am Beispiel der Solitärstadt Münster. In: Geogr. Kommission für Westfalen (Hrsg., 1977): Westfalen und Niederdeutschland, S. 179-218. Münster (= Spieker 25, Band II).

SCHNELL, P. (1994): Das wohnungs- und stadtnahe Freizeitverhalten der Münsteraner. In: FELIX-HENNINGSEN, P./ HEINEBERG, H./MAYR, A. (Hrsg., 1994): Untersuchungen zur Landschaftsökologie und Kulturgeographie der Stadt Münster, S. 113-128. Münster (MGA 36).

SCHNELL, P./POTTHOFF, K. E. (2000): Naherholung. In: Institut für Länderkunde (Leipzig) (Hrsg., 2000): Nationalatlas Bundesrepublik Deutschland, Freizeit und Tourismus, S. 46-47. Heidelberg/Berlin.

STATISTISCHES BUNDESAMT (Hrsg., 1997): Tourismus in Zahlen 1996. Wiesbaden.

STATISTISCHES BUNDESAMT (Hrsg., 1999): Tourismus in Zahlen 1998. Wiesbaden.

WOLF, K./JURCZEK, P. (1986): Geographie der Freizeit und des Tourismus. Stuttgart.

Industrieerlebniswelten zwischen Heritage und Markt:
Konzepte - Modelle - Trends

Albrecht Steinecke

Industrie ist eine widerspenstige touristische Ressource: Fliessbänder und Förderanlagen, Hochöfen und Haldenlandschaften zählen nicht zu den traditionellen Attraktionen im Tourismus. Die Gründe für das touristische Schattendasein industrieller Einrichtungen und Regionen sind vielfältig:
- Zentrale Reisemotive der Urlauber sind - neben Erholung und Entspannung - vor allem Tapetenwechsel und Distanz zum (Berufs-)Alltag. Industrieunternehmen und -relikte sind aber Stätten der Arbeit; damit symbolisieren sie genau die Lebenswelt, die man im Urlaub vergessen will. Bei den Urlaubsarten dominiert - neben dem generellen Erholungsurlaub - der Sommer-Sonne-Strand-Urlaub. Auch in diesem Kontext wirken industrietouristische Attraktionen deplaziert.
- Das Wachstumssegment des Kulturtourismus basiert im Wesentlichen auf einem klassischen Verständnis von Hochkultur: Danach gelten vor allem historische Sakral- und Profanbauten wie Kirchen, Klöster, Burgen und Schlösser als Sehenswürdigkeiten, während Bergwerke, Eisenhütten und Keramikfabriken (als Zeugnisse der Alltagskultur) bislang kaum auf touristisches Interesse gestoßen sind (vgl. BECKER/STEINECKE/HÖCKLIN 1997).
- Innerhalb des Wettbewerbs der Regionen zählen altindustrielle Räume zumeist zu den Verlierern: Strukturprobleme und Identitätskrisen sind die Folgen. Eine touristische Inwertsetzung des industrietouristischen Potentials stößt deshalb häufig auf erhebliche Widerstände seitens der Bevölkerung und der Entscheidungsträger (vgl. SOYEZ 1993).

Trotz dieser ungünstigen Ausgangsbedingungen und unterschiedlichen Hemmnisse weist der Industrietourismus in den vergangenen zwei Jahrzehnten eine erhebliche Dynamik auf:
- Zum einen positionieren sich immer mehr traditionelle Industrieregionen als neue Tourismusdestinationen, indem sie ihr industriegeschichtliches Erbe (Heritage) durch denkmalpflegerische Maßnahmen bewahren und durch Marketingmaßnahmen für den Tourismusmarkt aufbereiten (vgl. JANSEN-VERBECKE 1999; MAIER 1994; WILHELM 2000).
- Zum anderen öffnen sich immer mehr Unternehmen der Konsumgüterbranche für Betriebsbesichtigungen und für den Fabrikverkauf bzw. schaffen multifunktionale Firmenwelten mit einer klaren Freizeit- und Konsumorientierung. Sie treten damit ebenfalls als neue Wettbewerber auf dem Tourismusmarkt auf (vgl. STEINECKE 2000a).

Welche Merkmale weisen diese neuartigen Industrieerlebniswelten auf, die im öffentlichen und privatwirtschaftlichen Sektor entstehen? Welche Interessen verfolgen die Akteure? Was sind die zentralen Erfolgsfaktoren dieser Einrichtungen, welche Trends zeichnen sich ab?

1 Zur Phänomenologie von Industrieerlebniswelten

Industrieerlebniswelten sind thematisierte, komplexe und multifunktionale Einrichtungen bzw. Angebots-Kombinationen an der Schnittstelle von Wirtschaft, Unterhaltung, Geschichte, Konsum und Freizeit. Sie verfügen über ein breites, vielfältiges und standardisiertes Angebotsspektrum, aus dem sich die Besucher - wie bei einem Büfett - ihre individuelle Mischung selbst zusammenstellen können.

Zu den Schlüsselkomponenten von Industrieerlebniswelten zählen:
- Dauerausstellung(en) zu einem spezifischen Themenbereich (Unternehmen, Branche, Produktionstechniken, Produkt/-Marke),
- Sonderausstellungsbereich(e) und Aktionsfläche(n),
- gastronomische Einrichtung(en),
- Shop(s),
- allgemeine Serviceeinrichtung(en) für die Besucher.

Zusätzliche Angebotsoptionen können umfassen:
- multimediale Informationsvermittlung (Touch Screens etc.),
- Experimentierräume mit Aktionsmöglichkeiten für die Besucher,
- Fahrgeschäfte (Simulationen, After Dark Rides),
- Kinos (Standardkinos, IMAX-Kinos),
- Kunstobjekte/-galerien,
- VIP-Lounges für ausgewählte Zielgruppen,
- integrierte Unterkunftsangebote (eigene Hotels bzw. Kooperation mit lokalem Hotelgewerbe).

Das infrastrukturelle Angebot von Industrieerlebniswelten wird zumeist durch regelmäßige Veranstaltungen und singuläre Events ergänzt:
- öffentliche Führungen,
- Führungen für Fachbesucher,
- Animationsangebote für spezielle Zielgruppen (Schulklassen, Hochschulen etc.),
- Vorführungen aktueller und historischer Produktionstechniken,
- saisonale Einzelveranstaltungen,
- Sonderveranstaltungen (Präsentationen, Empfänge, Hochzeiten etc.).

Aufgrund dieser Multifunktionalität unterscheiden sich Industrieerlebniswelten von traditionellen Industrie- und Technikmuseen, die ausschließlich Ausstellungs- und Sammlungszwecken dienen. Obwohl Industrieerlebniswelten durchaus museale Elemente aufweisen können, sind sie eher als freizeitorientierte Mixed-Use-Centers anzusehen, die durch eine Entgrenzung des Angebots charakterisiert werden. Zu diesen zählen u. a. Freizeitparks, Themen- und Resorthotels, Ferienzentren der zweiten Generation, Musical-Theater, Multiplex-Kinos, Infotainment Center, Freizeit-Einkaufs-Erlebnis-Center (vgl. Beitrag QUACK in diesem Band; HATZFELD 1997; STEINECKE 2000).

Der spezifische Angebotsmix der einzelnen Industrieerlebniswelten resultiert aus der Zielsetzung, dem Thema und dem Konzept der Einrichtungen. Generell lassen sich dabei zwei Typen von Industrieerlebniswelten abgrenzen, die sich hinsichtlich dieser Kategorien deutlich voneinander unterscheiden (vgl. Abb. 1):
- Zum einen finden sich öffentliche Industrieerlebniswelten, deren Trägerschaft in Händen der Kommunen, der Länder oder von Vereinen liegt. Das Spektrum der Einrichtungen reicht dabei von Industrierelikten/-museen an Einzelstandorten über Industrierouten bis hin zu Industrieerlebnislandschaften (Destinationen). Zentraler Bezugspunkt für die Arbeit der Trägerorganisationen ist die Bewahrung des industriekulturellen Erbes für künftige Generationen (Denkmalpflege, Heritage). Darüber hinaus sind mit dem Erhalt und der touristischen Erschließung weitere Zielsetzungen verbunden: Sie reichen von Informations- und Bildungszielen bis hin zu wirtschaftlichen Überlegungen (Nutzung des endogenen Potenzials und regionalpsychologische Stabilisierungseffekte). In diesen öffentlichen Einrichtungen wird die Industriegeschichte unter einem gesamtwirtschaftlichen und gesamtgesellschaftlichen Blickwinkel aufgearbeitet und dargestellt, häufig auch unter Einbeziehung sozialgeschichtlicher Aspekte (z. B. soziale Lage der Arbeiter).

- Zum anderen finden sich privatwirtschaftliche Industrieerlebniswelten, die von Unternehmen als Marketing-Instrumente eingesetzt werden. Auch hier lassen sich unterschiedliche Typen beobachten (Unternehmensmuseen, Brand Parks/Brand Lands, Brand Destinationen), die sich - je nach Angebotsbreite und Kooperation mit der Tourismusbranche - als Einzelstandorte oder als eigenständige Destinationen positionieren. Mit diesen Einrichtungen verfolgen die Unternehmen das vorrangige Ziel, ihre Wettbewerbsposition zu verbessern. Im Detail reichen die Zielsetzungen von der Imagepflege und der Produktwerbung über den Konsumentendialog und die Kundenbindung bis hin zu Absatz und Mitarbeitermotivation. Entsprechend zählen die Unternehmensgeschichte, die Produktinformation und die Übersicht über Produktionsverfahren zu den zentralen Themen dieser Einrichtungen; damit dominiert also eine unternehmensspezifische, partikulare Sichtweise.

Abb. 1: Merkmale öffentlicher und privatwirtschaftlicher Industrieerlebniswelten

	Öffentliche Industrieerlebniswelten	Privatwirtschaftliche Industrieerlebniswelten
Trägerschaft	Vereine etc.	Unternehmen
Typen	Industrierelikte/-museen Industrierouten Industrieerlebnislandschaften	Unternehmensmuseen Brand Lands/Brand Parks Brand Destinationen
Gebäude	historische Bauten	Neubauten
Zielsetzungen	Denkmalpflege Information/Bildung/Erziehung Bewahrung des kulturellen Erbes regionale Identitätsbildung sozialpsychologische Stabilisierungseffekte wirtschaftliche Nutzung des endogenen Potenzials	Imagepflege Produktwerbung Konsumentendialog/-aufklärung Kundenbindung/-pflege Verkauf/Absatz Mitarbeitermotivation (Corporate Identity)
Themen	Industriegeschichte Technikgeschichte Architekturgeschichte Sozialgeschichte	Unternehmensgeschichte Produktionsverfahren Produktinformation
Darstellung	gesamtgesellschaflich/gesamtwirtschaftlich	firmenspezifisch/partikular

Quelle: Eigene Darstellung

Die Typisierung der öffentlichen und privatwirtschaftlichen Industrieerlebniswelten zeigt, dass sich diese Einrichtungen in einem Wettbewerbsumfeld positionieren, das durch folgende Koordinaten bestimmt wird (vgl. Abb. 2):
- Heritage vs. Markt,
- Standort vs. Destination.

Die nachfolgende Darstellung einiger Beispiele macht deutlich, dass öffentliche und private Industrieerlebniswelten (trotz divergierender Interessen und Konzepte der Akteure) zahlreiche Gemeinsamkeiten aufweisen: in der Angebotsgestaltung, bei den Methoden der Inszenierung und Informationsvermittlung, in der Kommunikationspolitik - und nicht zuletzt bei wirtschaftlichen Zielen.

**Abb. 2: Öffentliche und privatwirtschaftliche Industrie-
erlebniswelten - Typen und Trends**

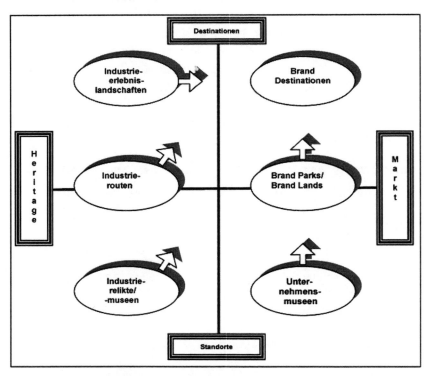

Pfeile: künftige Entwicklung/strategische Zielsetzung

2 Heritage als industrietouristisches Paradigma: Vom Industrierelikt zur Industrieerlebnislandschaft

Schutz und Erhaltung des industriekulturellen Erbes sind zumeist die Ausgangspunkte für öffentliche Industrieerlebniswelten. Erst in einem zweiten Schritt erfolgt dann die Öffnung der Einrichtungen für Besucher und die gezielte touristische Erschließung. Den Hintergrund für diese Entwicklung bilden dabei das wachsende öffentliche Interesse, aber auch knappe finanzielle Ressourcen und der Wunsch, das endogene regionale Potenzial wirtschaftlich zu nutzen. Diese Entwicklung lässt sich recht anschaulich am Beispiel der Alten Völklinger Hütte im Saarland verdeutlichen.

2.1 Industrierelikt: Beispiel Alte Völklinger Hütte

Die Völklinger Hütte im Saarland stammt aus dem Jahr 1873; sie gehört damit zu den letzten im 19. Jahrhundert gegründeten Eisenhütten in Westeuropa. Bei ihrer Stilllegung im Jahr 1986 wurde sie nach dem Saarländischen Denkmalschutzgesetz zum Kulturdenkmal erklärt und unter Schutz gestellt. Eine weitere Nutzung als Museum war zunächst noch ungewiss, „zumal in der Anfangszeit überhaupt noch nicht klar war, in welchem Umfang die Hütte erhalten werden kann" (SKALECKI 1999, S. 31). Zu den ersten Schritten gehörten notdürftige Reparaturen und notwendige Sicherungsmaßnahmen. Um das Interesse der Öffentlichkeit zu stimulieren, wurde die Gasgebläsemaschinenhalle - ein besonders spektakuläres Element der Anlage - zu einer Veranstaltungsstätte umgebaut. Im Jahr 1992 fasste die saarländische Landesregierung dann den Beschluss, den Bereich der Roheisenerzeugung vollständig zu erhalten; nach einem entsprechenden Antrag wurde die Hütte 1994 in die Liste des Weltkulturerbes der UNESCO aufgenommen.

Inzwischen wurde außer einem Besucherzentrum (mit Buch-Shop, Bistro und Kartenverkauf) ein Besucherweg eingerichtet, der auf einem ehemaligen Kohlegleis verläuft. Ein kleiner broschierter Führer beschreibt die einzelnen Stationen dieses Weges und enthält historische sowie technische Erläuterungen. Von Fachleuten wird dieses individuell nutzbare Angebot allerdings sehr kritisch beurteilt (vgl. Besichtigungsmöglichkeiten noch bescheiden 2000). Außerdem werden täglich Führungen durch die Anlage angeboten. Die Besucherzahl der Hütte stieg von 2.000 im Jahr 1990 auf 30.000 im Jahr 1998 (vgl. SKALECKI 1999, S. 37).

Trotz dieser positiven Entwicklung steht die Völklinger Hütte offensichtlich noch am Anfang einer konsequenten touristischen Erschließung. Sie repräsentiert den Typus eines erschlossenen Industrierelikts, das bislang kaum mit anderen (industrie)touristischen Angeboten vernetzt worden ist. Ein Beleg für den isolierten Standortcharakter findet sich auch in der Tatsache, dass die Hütte über keine eigene Homepage verfügt und deshalb auch keine Links zu touristischen Anbietern im Saarland herstellen kann (vgl. www.saargebiet.de/saarland/ausflug/ausstellungen.htm, Stand 10/2000).

Erheblich professioneller präsentiert hingegen das Zeppelin Museum in Friedrichshafen sein spektakuläres Thema: Dieses traditionelle Museum wurde in den letzten Jahren zu einer komplexen Industrieerlebniswelt weiterentwickelt.

2.2 Industriemuseum: Beispiel Zeppelin Museum Friedrichshafen

Die Anfänge dieses Museums gehen bis auf das Jahr 1869 zurück, als auf Initiative eines Geschichtsvereins ein Museum gegründet wurde, um Zeugnisse der regionalen Vergangenheit zu bewahren. Nach diversen Zwischenstationen wurde das Zeppelin Museum Friedrichshafen im Jahr 1996 im ehemaligen Hafenbahnhof eröffnet. Es versteht sich als „Leitmuseum weltweit zu Geschichte und Technik der Luftfahrt ‚Leichter als Luft'" (MEIGHÖRNER 2000, S. 252).

Das Konzept des Museums beinhaltet zum einen die klassischen Museumsziele Sammeln, Bewahren, Forschen und Vermitteln, zum anderen aber auch eine ausgeprägte Serviceorientierung (sie spiegelt sich z. B. in der regelmäßigen Marktforschung wider, die von dem Museum durchgeführt wird). Damit findet sich hier ein grundsätzliches Marktdenken, das das Museum mit privatwirtschaftlichen Industrieerlebniswelten teilt. Das Angebotsprofil umfasst u. a. einen 620 qm großen Teilnachbau des Zeppelins LZ 129, der mit rekonstruierten Einrichtungsgegenständen möbliert ist und von den Besuchern begangen werden kann. Außerdem werden zahlreiche Originalgegenstände der Zeppelin-Ära ausgestellt; Konstruktionsprinzipien und zeitgeschichtliche Dokumente sind auf Touch-Screens abrufbar. Das Angebotsspektrum wird ergänzt durch einen gut sortierten Museums-Shop und ein Restaurant. Darüber hinaus verfügt das Museum über Tagungsräume, bietet regelmäßig Führungen an, steht als Veranstaltungsort für Pressekonferenzen, Präsentationen und Empfänge zur Verfügung und wird als Kulisse für Modephotographien genutzt.

Mehr als die Hälfte der 340.000 jährlichen Besucher reist speziell nach Friedrichshafen, um das Zeppelin Museum zu besichtigen. Damit stellt diese Einrichtung eine wichtige Attraktion innerhalb der Tourismusdestination Bodensee dar. Einzelhandels- und Gastronomiebetriebe werben mit der Nähe des Museums, können aber auch Tickets für den Museumsbesuch verkaufen. Eine ähnliche Allianz besteht mit der „Weißen Flotte" der Deutschen Bahn AG, die Kombitickets Schifffahrt-Museumsbesuch anbietet (vgl. MEIGHÖRNER 2000, S. 261).

Mit seinem marktorientierten Konzept und Angebotsspektrum stellt das Zeppelin Museum Friedrichshafen eine innovative öffentliche Industrieerlebniswelt dar. Ohne selbst eine eigenständige Tourismusdestination (mit Übernachtungsangebot) zu sein, leistet es aufgrund der Verknüpfung mit touristischen und anderen Unternehmen einen Beitrag zur Destinationsbildung (allerdings finden sich auf der Homepage bislang keine Links zu Tourismusbetrieben bzw. -organisationen, sondern nur zu anderen Museen - vgl. www.zeppelin-museum.de).

Eine weitergehende Vernetzung (industrie-)touristischer Einrichtungen - und damit einen Schritt hin zur Destination - stellen hingegen die Industrierouten dar, die am Beispiel der „Route der Industriekultur" in Nordrhein-Westfalen erläutert werden sollen.

2.3 Industrierouten: Beispiel „Route der Industriekultur"

Die „Route der Industriekultur" in Nordrhein-Westfalen entstand im Rahmen der Internationalen Bauausstellung Emscher Park und wurde am 29. Mai 1999 eröffnet. Träger des Projektes, das vom Land Nordrhein-Westfalen und von der Europäischen Gemeinschaft mit einer Investitionssumme von 11 Mio. DM gefördert wurde, ist der Kommunalverband Ruhrgebiet (KVR); die Konzeption lag in Händen der Deutschen Gesellschaft für Industriekultur (vgl. Route der Industriekultur 1998).

Mit der „Route der Industriekultur" wird der Versuch unternommen, das Ruhrgebiet im internationalen Industrietourismus als Marktführer zu positionieren. Dazu stellt die Route „das industriekulturelle Erbe als unverwechselbares Markenzeichen der Region in den Mittelpunkt" (EBERT 1999, S. 68). Sie besteht aus einem gestuften System unterschiedlicher Einrichtungen:
- 19 besonders eindrucksvolle Zeugen der Industriekultur dienen als Ankerpunkte der Route (davon drei als Besucherzentren: Landschaftspark Duisburg-Nord, Zeche Zollverein XII Essen und Zeche Zollern II/IV Dortmund),
- 6 überregionale Museen vermitteln Informationen zur Technik- und Sozialgeschichte,
- 9 besondere Aussichtspunkte fungieren als ‚Panoramen der Industrielandschaft',
- 12 herausragende Siedlungen zeigen typische städtebauliche Strukturen des Ruhrgebietes.

Dieses umfangreiche Kernangebot der „Route der Industriekultur" wird kleinräumlich durch 24 Themenrouten ergänzt, durch die einzelne Stadtteile, Städte und Teilregionen erschlossen bzw. spezielle thematische Angebote miteinander verknüpft werden (z. B. frühe Industrialisierung, Bahnen im Revier, Unternehmervillen im Ruhrgebiet). Die einzelnen Attraktionen sind jeweils mit verschiedenen Verkehrsmitteln zu erreichen (u. a. auch umweltverträglich mit dem ÖPNV, per Rad und zu Fuß); dazu wurde ein spezielles Beschilderungssystem für unterschiedliche Zielgruppen entwickelt (vgl. EBERT 1999).

Darüber hinaus werden zahlreiche Orte der Industriekultur als Schauplätze von Events, Ausstellungen, Theateraufführungen, Konzerten und anderen kulturellen Veranstaltungen genutzt (z. B. Gasometer in Oberhausen, Lindenbrauerei in Unna, Meidericher Eisenhütte - vgl. EBERT 1999, S. 72-73).

Diese Hardware an Einrichtungen und Software an Veranstaltungen wird durch ein professionelles Medienkonzept mit einem durchgängigen Corporate Design kommuniziert: Es umfasst Printmedien (Karte, Führer, Reisebuch, Folder, Werbeflyer für Reisebüros, Veranstaltungskalender etc.), Informationsterminals in den Besucherzentren, eine CD-ROM mit Video und eine Homepage (vgl. www.route-industriekultur.de).

Durch die Vernetzung und Aufwertung vorhandener Einrichtungen ist mit der „Route der Industriekultur" im Ruhrgebiet eine Industrieerlebnislandschaft (also eine öffentliche Industrieerlebniswelt) entstanden, die auch organisatorisch den Charakter einer Tourismusdestination hat: Inzwischen sind von der Ruhrgebiet Tourismus GmbH in Dortmund zahlreiche Kurzreise-Pauschalangebote zusammengestellt worden (z. B. „Die Glückauf-Tour", „Zu den Kathedralen der Arbeit", „Durch die Hinterhöfe des Ruhrgebiets"), die über das Internet und durch Reisebüros vertrieben werden (vgl. www.ruhrgebiettouristik.de).

Damit hat das Ruhrgebiet eine Entwicklung nachvollzogen, die in Großbritannien - dem Mutterland der Industrialisierung, der Industriearchäologie und des Industrietourismus - bereits in den 1950er Jahren begonnen hat: In Ironbridge (in der Nähe von Shrewsbury) wurde - von einem einzelnen Industrierelikt ausgehend - eine größere Region sukzessiv zu einer Industrieerlebnislandschaft mit zahlreichen Attraktionen erschlossen.

2.4 Industrieerlebnislandschaften: Beispiel Ironbridge (Großbritannien)

„History can be entertaining, and the Museum runs an imaginative programme of special events all year round" - dieser Satz auf der Homepage des Ironbridge Gorge Museum Trust scheint programmatischen Charakter zu haben, denn die Industrieerlebnislandschaft, die sich um die erste Eisenbrücke der Welt (1779) herum entwickelt hat, versteht sich als Tagesausflugs- und Kurzreiseziel mit einem umfangreichen Angebot an Informationseinrichtungen, Attraktionen und Museen auf ca. 20 ha Fläche (vgl. www.ironbridge.org.uk/mus.html):
- The Ironbridge & Tollhouse,
- Blist Hill Victorian Town,
- Museum of Iron & Darby Furnace,
- The Darby Houses,
- Museum of the Gorge,
- Coalport China Museum,
- Jackfield Tile Museum,
- Broseley Pipeworks, Clay Tobacco Pipe Museum,
- The Teddy Bear Shop.

Der Erlebnischarakter des Ironbridge Gorge Museums wird in der Blist Hill Victorian Town besonders deutlich: Auf ca. 5 ha Fläche ist eine viktorianische Stadt mit Straßen, Kanal, Läden und Handwerkseinrichtungen originalgetreu nachgebaut worden. Freiwillige Mitarbeiter in zeitgenössischen Kostümen leben tagsüber in dieser Stadt, führen den Besuchern traditionelle Techniken vor und erläutern den historischen Hintergrund. Lehrer können mit ihren Schulklassen in der rekonstruierten Schule ihren Unterricht durchführen (ebenfalls in viktorianischen Leihkostümen); zu bestimmten Anlässen steht die Stadt für Hochzeiten im Stil der Jahrhundertwende zur Verfügung. Blist Hill Victorian Town zählt zu den beliebtesten Attraktionen des Museums (mehr als 200.000 Besucher jährlich).

Generell bietet das Ironbridge Gorge Museum, das von einem gemeinnützigen Museum Trust betrieben wird, ein breites und kreatives *Education Programme* an:
- freier Eintritt für Lehrer zur Vorbereitung ihres Besuchs mit Schulklassen,
- *In-Service-Training* zur Vorbereitung der Lehrer auf den Museumsbesuch,
- Einführungsvideo zum Einsatz im Schulunterricht,
- *Hands-on-Workshops* für Schulklassen in mehreren Museen,
- Unterrichtsmaterialien für unterschiedliche Klassenstufen und Fächer,
- weiterführende Literaturhinweise (vgl. www.ironbridge.org.uk/edu-01.html).

Darüber hinaus weist das Ironbridge Gorge Museum einen ausgeprägten touristischen Bezug auf (vgl. HAUSER 1999, S. 17):

- So ist in die Anlage ein *Tourist Information Centre* integriert, in dem Unterkünfte gebucht werden können.
- Auch die Materialien für Lehrer enthalten Hinweise auf Übernachtungsmöglichkeiten innerhalb der Region.
- Die Homepage des Museums verfügt über einen direkten Link zu Unterkunftsbetrieben (vgl. www.virtual-shropshire.co.uk).
- Das Museum bietet - als preispolitische Maßnahme - spezielle Besucherpässe für unterschiedliche Zielgruppen an, die auch als Instrument der Besucherlenkung dienen.
- Alle Materialien des Museums enthalten detaillierte Informationen für Besucher mit Behinderungen (Geh-, Seh- und Hörbehinderungen).
- Auf der Homepage werden Links zu anderen Museen zur Verfügung gestellt.

Am Beispiel des Ironbridge Gorge Museums (aber auch des Zeppelin Museums Friedrichshafen und der „Route der Industriekultur") lassen sich einige Erfolgsfaktoren der touristischen Nutzung des industriellen Erbes aufzeigen - auf dem Weg vom Relikt und Standort hin zur Destination:
- Bewahrung der authentischen industriellen Relikte,
- konsequente Marktorientierung bei der Angebotsentwicklung und Informationsvermittlung (Marktforschung, Corporate Identity, differenzierte Kommunikations- und Preispolitik),
- animativer und zielgruppenspezifischer Charakter der Informationsvermittlung,
- Multifunktionalität des Angebots (Kultur, Gastronomie, Konsum etc.),
- Schaffung neuer Attraktionen mit Erlebnischarakter (z. B. Blist Hill Victorian Town, Teilnachbau des Zeppelins LZ 129),
- Vernetzung des industriekulturellen Angebots mit dem Unterkunftsgewerbe in der Region.

Diese Erfolgsfaktoren der öffentlichen Industrieerlebniswelten leiten sich (zumindest teilweise) aus den Erfahrungen und Modellen der unterschiedlichen Mixed-Use-Centres ab (vgl. STEINECKE 2000). Sie gelten entsprechend auch für die privatwirtschaftlichen Industrieerlebniswelten: Industriemuseen, Brand Lands/Brand Parks und Brand Destinationen, die im Folgenden anhand einiger Beispiele dargestellt werden sollen.

3 Markt als industrietouristisches Paradigma: Von Unternehmensmuseen zu Brand Destinationen

In den gesättigten Konsumgütermärkten stehen die Unternehmen zunehmend unter dem Druck, sich von Mitbewerbern zu unterscheiden, ihr Profil in der Öffentlichkeit zu schärfen und die Konsumenten an die eigenen (prinzipiell austauschbaren) Produkte zu binden. Zu den neuen Instrumenten der Kommunikationspolitik gehören - neben dem Cross-Marketing - auch zunehmend speziell eingerichtete Firmenwelten, die nicht nur rationale Informationen über das Unternehmen vermitteln, sondern einen emotional geprägten Entertainment-Charakter aufweisen.

Die Ursprünge für diese Entwicklung finden sich häufig in Werksbesichtigungen, die zunächst für ein Fachpublikum und - aufgrund der großen Nachfrage - später auch für die breite Öffentlichkeit angeboten werden. Wesentliche Motive der Unternehmen, Betriebsbesichtigungen durchzuführen, sind Imagepflege und Werbung, Information und Aufklärung, Schaffung von Vertrauen und der Dialog mit den Konsumenten (vgl. BAUMANN 1999, S. 90).

Diese Beweggründe der Firmen liegen auch den multifunktionalen Industrieerlebniswelten zugrunde, die in einem weiteren Schritt für diesen Werkstourismus geschaffen werden: Sie stellen im Kern eine Mischung aus Museum, Produktionsanlage, Besucherinformation, Shop und Gastronomie dar.

Wie bei den öffentlichen Industrieerlebniswelten lässt sich auch hier auf der Koordinate Standort - Destination eine Abfolge unterschiedlicher Typen feststellen - von Unternehmensmuseen mit Standortcharakter bis hin zu Brand Destinationen (vgl. Abb. 2).

3.1 Unternehmensmuseen: Beispiel Imhoff-Stollwerck-Museum Köln

„1975, beim Umzug der Firma Stollwerck von der Kölner Südstadt nach Porz, sollten viele große Kisten weggeworfen werden, deren Inhalt als Plunder und Schrott galt" - mit dieser Erinnerung wird der Stollwerck-Chef Dr. Hans Imhoff auf der Homepage des Museums zitiert (vgl. www.schokoladenmuseum.de). Der firmeneigene Bestand an Etiketten, Pralinenschachteln, Schokolade-Verkaufsautomaten, Fotos und Briefen wurde zum Ausgangspunkt einer umfangreichen Sammlung, die seit 1993 in einem neu eingerichteten Museum der Öffentlichkeit präsentiert wird. Dabei wurde der engere Rahmen der Firmengeschichte um allgemeine Aspekte der Kulturgeschichte der Schokolade erweitert.

Spektakulär auf der Rheinauinsel im Zentrum von Köln gelegen, weist das Imhoff-Stollwerck-Museum ein breites Angebotsspektrum auf:
- 4.000 qm Ausstellung (u. a. mit Tropenhaus, Miniaturproduktionsanlage, Schokoladenbrunnen, Exponaten zur Geschichte des Kakaos und der Schokolade sowie zur Firmengeschichte, Schoko-Schule und Schoko-Kino),
- Schoko-Shop,
- Panorama-Restaurant.

Dieses Angebot wird ständig durch zahlreiche Veranstaltungen und Events ergänzt:
- öffentliche Führungen,
- Themenführungen (z. B. „Frauen brauchen Schokolade", „Erotik & Schokolade", „Schokolade als Medizin?"),
- Rundgänge für Blinde,
- Führungen für Kinder,
- Events (z. B. Tanz in den Mai, Open-Air-Kino, Halloween-Party, Mittelalterlicher Weihnachtsmarkt),
- öffentliche und private Abendveranstaltungen in der „Bel Etage" und im Panorama-Restaurant (mehr als 250 Veranstaltungen jährlich),
- Nutzung des Museums als Film- und Foto-Location.

In Kooperation mit dem Köln Tourismus Office bietet das Imhoff-Stollwerck-Museum darüber hinaus touristische Tagesausflugsprogramme an.

Eine konsequente Besucher- und Serviceorientierung liegt der Arbeit des Museums zugrunde. Dazu stehen u. a. 50 Studenten unterschiedlicher Fakultäten als fachlich geschulte Museumsführer für Erklärungen zur Verfügung. Regelmäßige Marktuntersuchungen haben ergeben, dass bei 80% der Besucher eine Wiederbesuchsabsicht besteht. Entsprechend hohe Zufriedenheitswerte und Wiederholungsbesucherraten weisen z. B. auch professionell arbeitende Freizeitparks wie der Europa-Park in Rust auf (vgl. KREFT 2000).

Aus dem methodischen Instrumentarium der Freizeitparks stammt auch das Maskottchen - in diesem Fall der Sarotti-Mohr, der seit 1998 als Sympathieträger des Imhoff-Stollwerck-Museums fungiert. Diese Form der emotionalen Ansprache der Besucher wurde erstmalig in den Disney-Parks entwickelt: Die bekannten *characters* aus Cartoons und Filmen (Micky Mouse, Donald Duck, Goofy etc.) wandeln

- als überlebensgroße Figuren - durch die Parks, begrüßen die Besucher, geben Autogramme und unterhalten die Gäste bei einem speziell buchbaren *character breakfast*.

Seit seiner Gründung haben mehr als 2,5 Mio. Gäste das Imhoff-Stollwerck-Museum besucht (pro Jahr ca. 400.000). Dieser große Erfolg ist u. a. auf die ständige Überarbeitung der Ausstellung und damit auf die Anpassung an die steigenden Ansprüche der Besucher zurückzuführen. Unter dem Motto „Inszenierung statt Exposition" wurden seit 1995 alle Ausstellungsebenen neu gestaltet (vgl. BAETZ/ HERING 1997; www.schokoladenmuseum.de/Presseinformation). Diese Notwendigkeit, Industrieerlebniswelten als „company-theatre in progress" zu begreifen, wird auch von Vertretern anderer Einrichtungen betont (vgl. BRAUN 1996, S. 108).

Das Imhoff-Stollwerck-Museum repräsentiert einen Typ von Industrieerlebniswelt, bei dem der museale Charakter und der Bezug zur Geschichte des Unternehmens eine zentrale Rolle spielen. Damit stehen Imagepflege und Kontaktpflege mit der Öffentlichkeit im Mittelpunkt der Arbeit. Deutlich andere Zielsetzungen verfolgen die Brand Parks/Brand Lands wie die NikeTowns - also Produkt- und Firmenwelten mit einer ausgeprägten Verkaufs- und Absatzorientierung.

3.2 Brand Parks/Brand Lands: Beispiel NikeTown

Als Prototyp dieses Typs von Industrie- bzw. Produkterlebniswelten gelten die NikeTowns - die Firmenwelten des global agierenden Sportschuh-Herstellers Nike. Im Jahr 1992 wurde in Portland (Oregon) zum ersten Mal dieses völlig neue Konzept einer Produktpräsentation realisiert, die weit über ein klassisches Einzelhandelsgeschäft hinausgeht und teilweise religiöse Züge der Inszenierung von Waren annimmt: „More than a store, it's a veritable sports arena of Nike footwear, apparel, accessories and equipment, in a motivating retail environment that showcases the brand's rich sports heritage" (www.nikebiz.com/media/n_chicago.shtml).

NikeTown Chicago bietet z. B. auf fünf Etagen und über 20.000 qm Fläche zahlreiche ungewöhnliche Angebotselemente:
- eine auffällige architektonische Gestaltung der Fassade, aus der lebensgroße Figuren von Leistungssportlern herauszuwachsen scheinen,
- ein Entrée mit Großphotos erfolgreicher Sportler (die von der Firma Nike gesponsort werden) und philosophisch-visionären Aussagen zum Sport (z. B. „Run. Not because you're being chased. Not because you're in a hurry. Just Because".),
- mehrere künstlerisch gestaltete Schuh-Abteilungen (z. B. mit Strand- und Tauchschuhen vor einem großen Salzwasser-Aquarium, mit in den Fußboden integrierten Video-Installationen und mit gläsernen Aufzügen, in denen Sportschuhe wie Pretiosen transportiert werden),
- spezielle Licht- und Toneffekte in den einzelnen Abteilungen (z. B. das Gezwitscher von Vögeln und das Zirpen von Grillen in der Outdoor-Abteilung),
- museale Ausstellungsteile (in denen z. B. die Basketball-Schuhe des Top-Spielers Michael Jordan aus verschiedenen Spielzeiten wie Reliquien präsentiert werden),
- Aktionsflächen, auf denen die Sportschuhe getestet werden können (z. B. im Stil eines Basketball-Feldes),
- regelmäßige Events (u. a. gemeinsames Lauftraining des NikeTown's Running Club).

Aufgrund des großen Erfolgs wurden seit 1992 NikeTown-Filialen in zwölf amerikanischen Städten sowie in London und Berlin eröffnet (in Berlin lautet der Slogan: „Our first NikeTown outside the U.S. May these walls never come down" - vgl. www.nikebiz.com/retail).

Neben dem Vertrieb der Produkte dienen die NikeTowns als Orte der symbolischen Selbstdarstellung der Marke. Sie sind Teil einer umfassenden Kommunikationspolitik, die durch den Einsatz von Weltstars des Sports (Michael Jordan, Andre Agassi, Tiger Woods etc.) den simplen Turnschuh zu einem begehrenswerten Statusobjekt erhöhen (vgl. GOLDMAN/PAPSON 1998). Speziell für Jugendliche, bei denen sich eine hohe Markenorientierung nachweisen lässt (vgl. STEINECKE 2000a, S. 12-15), werden sie zu Wallfahrtsstätten des Konsums. Durch eine professionelle Inszenierung der Produkte wird den Konsumenten suggeriert, den von ihnen verehrten Stars ganz nahe zu sein: So betrachten sie die Basketballschuhe von Michael Jordan mit der gleichen Ehrfurcht, mit der sich gläubige Katholiken dem Reliquienschrein im Kölner Dom nähern. Dieses Element der Fixierung auf Stars und Prominente wird auch in anderen Erlebnis- und Konsumwelten eingesetzt (z. B. in den Planet Hollywood-Restaurants, in denen man bei Filmstars wie Demi Moore, Sylvester Stallone oder Arnold Schwarzenegger zu Gast zu sein scheint).

Im touristischen Sinn sind die NikeTowns sicherlich als Einzelstandorte zu betrachten, die allerdings eine erhebliche Bedeutung als Tourismusattraktionen aufweisen und damit einen eigenständigen Beitrag zur Destinationsentwicklung leisten: So verzeichnet NikeTown Chicago mehr als eine Million Kunden pro Jahr; die Einrichtung gilt inzwischen als wichtigster Sightseeing-Punkt Chicagos.

Einen Schritt weiter gehen die Brand Destinationen wie z. B. die Autostadt Wolfsburg, die über ein integriertes hochrangiges Unterkunftsangebot verfügt, oder das Audi Forum für Tradition und Vision in Ingolstadt, in dessen Konzept die Kooperation mit der Stadt und der Region eine zentrale Rolle spielt.

3.3 Brand Destinationen: Beispiel Audi Forum für Tradition und Vision

Ausgangspunkt für die Entwicklung dieser Industrieerlebniswelt (die noch nicht abgeschlossen ist), war im Jahr 1992 die Eröffnung des Audi Center - eines Zentrums, in dem die Kunden ihre neuen Fahrzeuge selbst abholen konnten. Die Zahl der Abholungen stieg - mit Schwankungen - von 13.566 im Jahr 1992 auf ca. 41.000 im Jahr 1999 (vgl. MEINICKE 2000, S. 206). Parallel zur Selbstabholung entwickelte sich ein Werkstourismus: An Werksbesichtigungen nahmen im Jahr 1992 69.400 Personen teil, bis zum Jahr 1999 stieg die Zahl auf ca. 110.000.

Aufgrund des hohen Status der Audi-Produkte und auch der starken Gefühle, die der Konsument beim Kauf eines Audi-Fahrzeugs empfindet, verfügten die Selbstabholung und auch die Werksbesichtigungen bereits bisher über ein ausgeprägtes Erlebnispotential. Diese außergewöhnliche emotionale Situation wird von der Firma Audi in nächster Zukunft noch umfassender genutzt werden, um den Kunden an das Produkt sowie Unternehmen zu binden und ihn zum begeisterten Werbeträger zu machen.

Das Konzept des Audi-Unternehmensauftritts in Ingolstadt formiert unter dem Label Audi Forum für Tradition und Vision. Im Gegensatz zu neu geschaffenen Brand Destinationen (wie z. B. der Autostadt Wolfsburg) handelt es sich um die Bündelung, Neugestaltung und Erweiterung bestehender Einrichtungen des Unternehmens am Standort Ingolstadt - also um die Entwicklung vom Unternehmensstandort zur Brand Destination. Das Angebotsspektrum wird folgende Attraktionen umfassen:
- Audi Center mit Fahrzeugselbstabholung (mehr als 250 Fahrzeuge pro Tag),
- Firmenmuseum mit Exponaten zur Unternehmensgeschichte,
- Besucherweg (Neukonzeption der bisherigen Werksführungen),
- Gebäude „Markt und Kunde" (Ort des Dialogs mit den Kunden),
- Gastronomie,
- Reisebüro (für Mietwagen- und Übernachtungsbuchungen).

Der High-Tech-Auftritt des Unternehmens Audi soll dabei künftig mit den touristischen Zielen der Stadt Ingolstadt und des Tourismusverbandes des Naturparks Altmühltal abgestimmt werden; ein entsprechendes Tourismuskonzept wird in Zusammenarbeit mit dem Fachbereich Geographie der Universität Eichstätt und dem Deutschen Wirtschaftswissenschaftlichen Institut für Fremdenverkehr an der Universität München zur Zeit erarbeitet (vgl. MEINICKE 2000, S. 209-210). Dabei ist u. a. die Einrichtung einer regionalen Empfangs-Agentur im Gespräch, in der Touristen, aber auch Audi-Besucher Informationen über Veranstaltungen, Tickets etc. erhalten sollen.

Diese regionale Kooperation zwischen öffentlichen und privaten Trägern (Public-Private-Partnership) steht allerdings gegenwärtig erst am Anfang: So findet sich zwar auf der Homepage der Audi AG ein Hinweis auf das firmeneigene Reisebüro und das Angebot, Reisen in die Region zu organisieren (vgl. www.audi.de), auf den Homepages der Stadt Ingolstadt und des Naturparks Altmühltal wird hingegen nur auf die klassischen touristischen Sehenswürdigkeiten verwiesen (vgl. www.ingolstadt.de; www.altmuehltal.de).

Ungeachtet solcher Anlaufschwierigkeiten stellen die Brand Destinationen sicherlich den Typ von Industrieerlebniswelt dar, der aufgrund seines komplexen und vielfältigen Angebotsspektrums (einschließlich Unterkünften), seines Erlebnischarakters und seiner leichten Buchbarkeit künftig die Standards in diesem Marktsegment definieren wird - auch für die öffentlichen Industrieerlebniswelten (vgl. Abb. 2 zur Dynamik dieser Einrichtungen). Er entspricht dem Wunsch der neuen Hyperkonsumenten nach Abwechslung, Entertainment, Thrill, Vergnügen, Fun etc. (vgl. STEINECKE 2000b). Über den Kernnutzen des Produktes oder der Dienstleistung hinaus erwarten sie einen Zusatznutzen - materieller Art (Gimmicks, Specials etc.) und/oder emotionaler Art (Staunen, Status etc.): Sie wollen mehr als ein Museum, mehr als eine Betriebsbesichtigung, mehr als einen Turnschuhkauf und mehr als eine Fahrzeugabholung.

Dieser Erlebnishunger der Konsumenten und diese „Mehr-Kultur" zählen zu den zentralen Erfolgsfaktoren für den Boom und die Akzeptanz der thematisierten Erlebnis- und Konsumwelten generell - und damit auch der Industrieerlebniswelten.

4 Erfolgsfaktoren öffentlicher und privatwirtschaftlicher Industrieerlebniswelten

Mehr als 300.000 Besucher im Zeppelin Museum Friedrichshafen, über 400.000 Gäste im Imhoff-Stollwerck-Museum Köln und mehr als 1 Mio. Kunden in NikeTown Chicago - diese großen Besucherzahlen, aber auch hohe Zufriedenheitswerte und Wiederbesuchsquoten sind deutliche Belege dafür, dass es sich bei den Industrieerlebniswelten (wie auch bei den anderen Typen der Mixed-Use-Centers) um marktgerechte Einrichtungen handelt.

Der Erfolg dieser Einrichtungen, die sich alle an der Schnittstelle von Wirtschaft, Unterhaltung, Geschichte, Konsum und Freizeit positionieren, basiert dabei auf dem Zusammenspiel mehrerer Faktoren, die hier noch einmal zusammenfassend dargestellt werden sollen (vgl. Abb. 3):

- **Marken**
  In gesättigten Konsumgüter- und Freizeitmärkten gelingt es den Industrieerlebniswelten, den Kunden ein klares und attraktives Profil zu signalisieren. Sie entwickeln sich damit zu eigenständigen Marken, die den Konsumenten zum einen Orientierung und Markttransparenz bieten, zum anderen aber auch eine starke emotionale Bindung an die Einrichtungen schaffen (z. B. durch Maskottchen wie den Sarotti-Mohr im Imhoff-Stollwerck-Museum). Die privatwirtschaftlichen Industrieerlebnis-

welten nehmen dabei den Bekanntheitsgrad des Unternehmens bzw. der Produkte auf und verstärken ihn (z. B. in den NikeTowns).

- **Illusionen**
Nachdem die Phase des ausschließlichen Versorgungskonsums für breite Teile der Bevölkerung abgeschlossen ist, suchen die Kunden - in Verbindung mit der Einkaufssituation - nach neuen Erlebnissen und Erfahrungen. Dabei wollen sie sich für kurze Zeit in Traumwelten bewegen, die ihren Lebensalltag überhöhen. Jenseits der Produkt-, Technik- und Geschichtsinformationen, die in Industrieerlebniswelten vermittelt werden, bieten sie aufgrund ihrer Inszenierungen immer auch illusionäre Welten (z. B. die Hochzeiten im viktorianischen Stil im Iron Gorge Museum).

- **Normung**
Die Vielzahl der Konsum- und Dienstleistungsangebote wirkt beunruhigend und verwirrend auf die Verbraucher: Einerseits wollen sie nichts Wesentliches verpassen, andererseits suchen sie planbare Konsumsituationen mit klaren Standards (vor diesem Hintergrund erklärt sich die große Popularität der zahlreichen *Rankings* und Gütesiegel). Der Erfolg von Industrieerlebniswelten basiert deshalb u. a. auf der Reduktion von Informationen und auf der klaren Struktur des Angebots (z. B. mit Hilfe von Ankerpunkten bei der „Route des Industriekultur").

- **Dramaturgie**
In den neuen Konsumsituationen wird das Besondere und das Einmalige gesucht (*once-in-a-lifetime-events*). Diese Gegenwelten zum Alltag müssen von den Anbietern mit theatralischen Mitteln inszeniert werden: mit Kulissen, mit Spezialeffekten und schließlich mit *cast members* - also Mitarbeitern, die ihre jeweilige Rolle spielen (z. B. bei den *hands-on-workshops* im Iron Gorge Museum). Zu den Inszenierungszielen gehören u. a.: die Kundenerwartungen verstehen, die Sinne ansprechen, Überraschungen bieten, emotionale Betroffenheit anregen, Begeisterung erreichen (vgl. FONTANARI/WEID 1999, S. 24; STEINECKE 1997).

- **Stories/Themen**
Generell bestehen die neuen Welten des Konsums häufig aus Kulissen, in denen dann mit dramaturgischen Mitteln Geschichten erzählt werden - von der Macht der Musik (Hard Rock Café), vom Glanz Hollywoods (Planet Hollywood) oder von der Schönheit des Regenwaldes (Rainforest Café). Industrieerlebniswelten beziehen sich auf authentische historische Entwicklungen von Unternehmen bzw. Regionen; für sie besteht die Herausforderung, diese Geschichte lebendig und anschaulich zu vermitteln - orientiert an den Interessen der Besucher (z. B. durch ehemalige Mitarbeiter der Unternehmen, die den Arbeitsalltag schildern und traditionelle Techniken vorführen wie in der Völklinger Hütte).

- **Cocktails**
Ein zentraler Bestandteil der „Mehr-Kultur" zu Beginn des 21. Jahrhunderts ist der Wunsch, an einem Ort aus zahlreichen Optionen nach eigenem Geschmack auswählen zu können (Multioptionalität). Synonyme für diese Konsumhaltung sind die Büfetts in Hotels und Restaurants sowie die TV-Fernbedienungen. Diese Erwartungshaltung müssen die Industrieerlebniswelten durch ein multifunktionales Angebot befriedigen, das flexibel gestaltet sein muss, um es kurzfristig den aktuellen Bedürfnissen anpassen zu können (z. B. die Neugestaltung des Imhoff-Stollwerck-Museums).

Abb. 3: Erfolgsfaktoren von Erlebniswelten

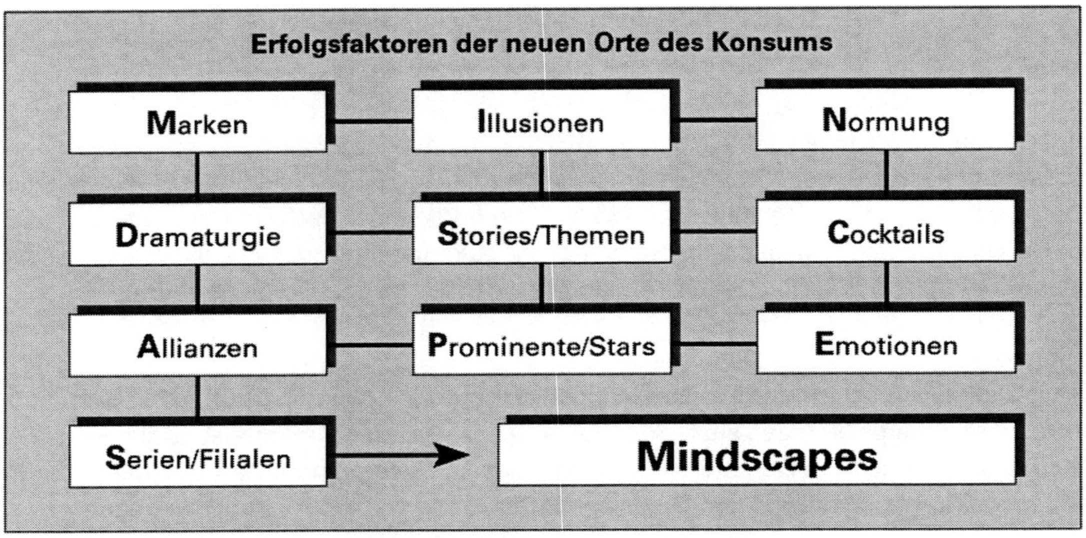

```
Erfolgsfaktoren der neuen Orte des Konsums

  Marken  ──  Illusionen  ──  Normung
    │
  Dramaturgie ── Stories/Themen ── Cocktails
    │
  Allianzen ── Prominente/Stars ── Emotionen
    │
  Serien/Filialen ──────▶ Mindscapes
```

Quelle: STEINECKE 2000, S. 23

- **Allianzen**
Nachdem sich die klassischen Instrumente der Werbung zunehmend als ineffektiv erweisen, suchen die Konsumgüterindustrie, aber auch die Tourismusbranche nach neuen Formen der Kommunikation mit den Kunden. Dabei stellen Mixed-Use-Centers - als Standorte mit hoher Besucherfrequenz - generell ideale Partner für strategische Allianzen dar. Obwohl die privatwirtschaftlichen Industrieerlebniswelten vorrangig der Kommunikation eines Unternehmens dienen, sind auch hier Allianzen mit Firmen aus anderen Wirtschaftszweigen denkbar (z. B. Ravensburger Spieleland mit Partnern wie Langnese, Daimler-Chrysler, Steiff Knopf im Ohr etc.).

- **Prominente**
Wichtige Motoren der Mediengesellschaft sind die Stars - und der Wunsch der Masse, den Stars einmal nahe zu sein. Speziell die Themenrestaurants mit ihren Videoclips und Memorabilia-Sammlungen basieren auf diesem Prinzip. Die NikeTowns sind Beispiele dafür, dass Stars auch im Rahmen der Kommunikationspolitik von Industrieerlebniswelten erfolgreich eingesetzt werden können. Hier besteht vor allem bei den öffentlichen Industrieerlebniswelten noch ein deutlicher Nachholbedarf.

- **Emotionen**
Die Inszenierung von Themen und Stories in den Mixed-Use-Centers haben das zentrale Ziel, bei den Kunden positive Gefühle zu erzeugen. Solche Konsumsituationen stellen zum einen das geeignete Umfeld für Hochpreis-Produkte dar, zum anderen bieten sie die Möglichkeit, die Nachfrager intensiv an die Einrichtung zu binden. Als wichtige Elemente der dauerhaften Emotionalisierung haben sich - neben Maskottchen und *characters* - vor allem Merchandising-Produkte erwiesen: Sie bieten den Kunden die Möglichkeit, das positive Erlebnis in der Erlebniswelt symbolisch in den eigenen Alltag mitzunehmen (in den Themenrestaurants werden bis zu 50% des Umsatzes durch Merchandising erwirtschaftet - vgl. BOSSHART 1997, S. 222).

- **Serien/Filialen**
Bei vielen neuen Freizeit-/Konsumangeboten (Musicals, Themenrestaurants, Mega-Shows) lässt sich ein Trend zur Filialisierung beobachten. Die Minimierung der unternehmerischen Entwicklungskosten und der Wunsch der Kunden nach Produktsicherheit sind die zentralen Steuerfaktoren dieser Entwicklung. Bei öffentlichen Industrieerlebniswelten ist die Möglichkeit der Filialisierung

zumeist stark eingeschränkt (nicht zuletzt aufgrund des Heritage-Gedankens und der damit verbundenen regionalen Fixierung). Privatwirtschaftliche Industrieerlebniswelten weisen vor allem dann eine Filialisierungstendenz auf, wenn sie vorrangig Vertriebs- und Absatzzwecken dienen (wie z. B. die NikeTowns mit 15 Filialen weltweit); aber auch das Audi Forum für Tradition und Vision war mit einer Filiale auf der EXPO 2000 in Hannover vertreten.

Der Erfolg der Mixed-Use-Centers generell und speziell der Industrieerlebniswelten basiert also auf dem Zusammenwirken zahlreicher Faktoren - vom Markencharakter der Einrichtungen über die Dramaturgie und die Stories/Themen bis hin zur Standardisierung in Form von Filialen.

Durch die Integration dieser Bausteine entstehen aus Sicht der Kunden mit diesen Industrieerlebniswelten nicht nur Informationseinrichtungen über das industriekulturelle Erbe, die Geschichte eines Unternehmens oder die Herstellungsverfahren der Produkte, sondern zugleich auch Mindscapes, also
- Traum- und Gegenwelten zum Alltag, in die man temporär abtauchen kann,
- Räume, in die man Konsum- (und vielleicht Lebens)träume projizieren kann,
- Bühnen, auf denen man sich in selbst gewählten Rollen präsentieren kann,
- Märkte, die man nutzen kann, um andere Menschen zu treffen,
- Schauplätze, auf denen man etwas Ungewöhnliches erleben kann.

Die *Mindscapes* entwickeln sich damit zu den neuen Bühnen des Konsums und zu sozialen Treffpunkten - weit über den Milleniumswechsel hinaus. Wie in einem Brennglas manifestieren sich hier die Konsum- und Freizeitwünsche der Hyperkonsumenten:
- die Sucht nach Erlebnissen,
- der Wunsch nach Wahlfreiheit,
- die Hoffnung auf Geselligkeit,
- das Interesse am Zusatznutzen,
- das Bedürfnis nach Markttransparenz,
- die Suche nach dem Besonderen.

Professionell inszenierte Industrieerlebniswelten werden - wie andere Erlebnis- und Konsumwelten - zu einer Wiederverzauberung der Welt (vgl. RITZER 1999) beitragen: Industriegeschichte und soziale Lage, Produkte und Waren, Unternehmensentwicklungen und Produktionsverfahren werden spektakulärer und dramatischer dargestellt, schöner und größer erscheinen, sicherer und sauberer wirken als die realen Vorbilder in der Vergangenheit oder in der Gegenwart.

Der Erfolg von Industriewelten wird davon abhängen, ob sie sich als Kathedralen des Konsums und als neue Orte der Sinngebung positionieren können, die Erinnerungen an Handelskontore, Fliessbänder, Montagehallen und Unternehmervillen wecken, die in dieser Perfektion nie tatsächlich existiert haben - aber die geheimsten Wünsche der Konsumenten nach Staunen, Spannung, Faszination, Schaudern etc. erfüllen.

Literatur

BAETZ, U./HERING, S. (1997): Lust auf Schokolade - Neues von der Schokoladenseite der Kölner Museen. In: STEINECKE, A./TREINEN, M. (Hrsg., 1997): Inszenierung im Tourismus, Trier. S. 155-173 (= ETI-Studien, Bd. 3).

BAUMANN, B. (1999): Bestandsanalyse des Industrietourismus zu produzierenden Unternehmen im Südwesten Deutschlands. In: FONTANARI, M. L./TREINEN, M./WEID, M. (Hrsg., 1999): Industrietourismus im Wettbewerb der Regionen, Trier. S. 79-103 (= ETI-Texte, H. 14).

BECKER, CHR./STEINECKE, A./HÖCKLIN, S. (1997): KulturTourismus: Strukturen und Entwicklungsperspektiven, Hagen (Weiterbildendes Studium „KulturTourismus Management").

Besichtigungsmöglichkeiten noch bescheiden. In: industriekultur, 10 (2000) 1, S. 43.

BOSSHART, D. (1997): Die Zukunft des Konsums. Wie leben wir morgen? Düsseldorf/München.

BRAUN, A. (1996): Symbolische Reisen in neue Orte - am Beispiel der Swarovski-Kristallwelten. In: STEINECKE, A. (Hrsg., 1996): Der Tourismusmarkt von morgen - zwischen Preispolitik und Kultkonsum, Trier. S. 103-108 (= ETI-Texte, H. 10).

EBERT, W. (1999): Industrietourismus - am Beispiel des Ruhrgebietes. In: FONTANARI, M. L./TREINEN, M./WEID, M. (Hrsg., 1999): Industrietourismus im Wettbewerb der Regionen, Trier. S. 59-77 (= ETI-Texte, H. 14).

FONTANARI, M. L./WEID, M. (1999): Industrietourismus als Instrument zur Positionierung im Wettbewerb der Destinationen. In: FONTANARI, M. L./TREINEN, M./WEID, M. (Hrsg., 1999): Industrietourismus im Wettbewerb der Regionen, Trier. S. 11-26 (= ETI-Texte, H. 14).

GOLDMAN, R./PAPSON, S. (1998): Nike culture - The sign of the swoosh, London/Thousand Oaks/New Delhi (Core Cultural Icons).

HATZFELD, U. (1997): Die Produktion von Erlebnis, Vergnügen und Träumen. In: Archiv für Kommunalwissenschaften (1997) II, S. 282-308.

HAUSER, S. (1999): Zur Musealisierung der Industriegeschichte: Der Fall Ironbridge. In: Forum Industriedenkmalpflege und Geschichtskultur, 1 (1999), S. 9-18.

JANSEN-VERBEKE, M. (1999): Industrial heritage: a nexus for sustainable development. In: Tourism Geographies 1/1999, S. 70-85.

KREFT, M. (2000): Europa-Park - von der Unternehmervision zum Marktführer. In: STEINECKE, A. (Hrsg., 2000): Erlebnis- und Konsumwelten, München/Wien. S. 133-144.

MAIER, J. (1994): Regionales Marketing als Resultat von industrietouristischem Potential und regionaler Entwicklungspolitik. In: MAIER, J. (Hrsg., 1994): Touristische Straßen - Beispiele und Bewertung, Bayreuth. S. 35-50 (= Arbeitsmaterialien zur Raumordnung und Raumplanung, H. 137).

MEIGHÖRNER, W. (2000): Zeppelin Museum Friedrichshafen - ein traditionelles Museum auf neuen Wegen. In: STEINECKE, A. (Hrsg., 2000): Erlebnis- und Konsumwelten, München/Wien. S. 251-263.

MEINICKE, B. (2000): Audi-Unternehmensauftritt am Standort Ingolstadt. In: STEINECKE, A. (Hrsg., 2000): Erlebnis- und Konsumwelten, München/Wien. S. 200-210.

RITZER, G. (1999): Enchanting a disenchated world. Revolutionizing the means of consumption, Thousand Oaks/London/New Delhi.

Route der Industriekultur im Ruhrgebiet. In: industriekultur, 4 (1998) 1, S. 1-5.

SKALECKI, G. (1999): Die Alte Völklinger Hütte: Von der Eisenhütte zum Weltkulturerbe - Denkmalpflege und Tourismus. In: FONTANARI, M. L. /TREINEN, M./WEID, M. (Hrsg., 1999): Industrietourismus im Wettbewerb der Regionen, Trier. S. 27-38 (= ETI-Texte, H. 14).

SOYEZ, D. (1993): Kulturtourismus in Industrielandschaften. In: BECKER, CHR./STEINECKE, A. (Hrsg., 1993): Kulturtourismus in Europa: Wachstum ohne Grenzen? Trier. S. 40-63 (= ETI-Studien, Bd. 2).

STEINECKE, A. (1997): Inszenierung im Tourismus: Motor der künftigen touristischen Entwicklung. In: STEINECKE, A./TREINEN, M. (Hrsg., 1997): Inszenierung im Tourismus, Trier. S. 7-17 (= ETI-Studien, Bd. 3).

STEINECKE, A. (2000a): Tourismus und neue Konsumkultur: Orientierungen - Schauplätze - Werthaltungen. In: STEINECKE, A. (Hrsg., 2000a): Erlebnis- und Konsumwelten, München/Wien. S. 11-27.

STEINECKE, A. (2000b): Auf dem Weg zum Hyperkonsumenten: Orientierungen und Schauplätze. In: ISENBERG, W./SELLMANN, M. (Hrsg., 2000b): Konsum als Religion? Über die Wiederverzauberung der Welt, Mönchengladbach. S. 85-94.

STEINECKE, A. (Hrsg., 2000): Erlebnis- und Konsumwelten, München/Wien.

WILHELM, L. (2000): Industrietourismus gestern und heute. In: Integra, 1, S. 2-4.

www.altmuehltal.de
www.audi.de
www.industriekultur.de

www.ingolstadt.de
www.ironbridge.org.uk
www.nikebiz.com
www.route-industriekultur.de
www.ruhrgebiettouristik.de
www.saargebiet.de/saarland/ausflug/ausstellungen.htm
www.schokoladenmuseum.de
www.themata.com
www.virtual-shropshire.co.uk
www.zeppelin-museum.de

Jagdtourismus und nachhaltige Entwicklung in Zimbabwe: Widerspruch oder Komplementarität?

Karl Vorlaufer

1 Jagdtourismus: Ein Instrument des Artenschutzes?

Bis zu den innenpolitischen Unruhen im Zusammenhang mit den Parlamentswahlen und illegalen Landbesetzungen von Farmen und Ranches der weißen Minderheit im Frühjahr 2000 war der Jagdtourismus in Zimbabwe ein wichtiges Segment des boomenden Tourismus. Ausländische Jagdkunden stellen zwar nur einen sehr kleinen Teil der ausländischen Besucher, ihr Beitrag zu den Deviseneinnahmen Zimbabwes aus dem Tourismus ist jedoch sehr hoch. Während die Zahl ausländischer Touristen von 1989 bis 1998 von 0,47 auf 2,09 Mio. zunahm,[1] stieg die Zahl der Jagdtouristen nur von 1.239 auf 2.146 (vgl. Tab. 1).[2]

Tab. 1: Entwicklung des Jagdtourismus und des gesamten Tourismus in Zimbabwe (ausgewählte Jahre)

	Jagdtourismus (1)		Gesamttourismus (2)	
	Brutto-Deviseneinnahmen (in Mio. US$)	Jagden[1]	Brutto-deviseneinnahmen (in Mio. US$)	ausländische Touristen (in 1.000)
1987	7,12	966	32,0	372
1988	7,06	1.006	24,0	449
1989	9,28	1.239	40,0	474
1990	9,37	1.234	64,0	606
1991	7,73	1.032	75,0	664
1993	12,83	1.286	96,0	951
1998	22,30	2.146	177,0	2.090
1999	20,99	2.121	145,0[2]	2.328[2]

[1] Zahl entspricht weitgehend der Zahl der Jagdtouristen, da Jagden in der Regel nur mit einem ausländischem Klienten durchgeführt werden; bei der gemeinsamen Jagd von zwei ausländischen Jagdkunden werden statistisch (i. d. R.) zwei Jagden erfasst.
[2] Vorläufige Zahlen

Quelle: (1) Department of National Parks and Wildlife Management, Harare; (2) World Tourism Organisation, Madrid

Jagdtouristen stellten z. B. im Jahr 1998 höchstens 0,3% aller ausländischen Besucher, ihr Beitrag zu den touristischen Deviseneinnahmen Zimbabwes betrug jedoch ca. 12,6%. Diese Werte unterstreichen die relativ große außenwirtschaftliche Bedeutung des Jagdtourismus.

Ein wichtiges, mit der Förderung des Jagdtourismus verbundenes wirtschaftliches Ziel wurde somit realisiert. Zudem geht die Regierung - wenngleich mit unterschiedlichen Prioritäten und Realisierungsbemühungen der einzelnen Ministerien im Verlaufe der letzten 20 Jahre (HILL 1994) - davon aus, dass der Jagdtourismus mittelbar ein besonders effizientes Instrument

- zur Sicherung der Biodiversität und insbesondere des großen und artenreichen Wildbestandes ist und sogar dazu beitragen kann, dass bereits wildfreie oder -arme Räume wieder mit Wild bestockt werden, da Wild über die Nutzung durch den Jagdtourismus einen neuen Wert als ökonomische Ressource erhält, die es aus wirtschaftlichem Interesse langfristig zu sichern gilt;
- zur Milderung sozialer und regionaler Disparitäten ist, da die für den Jagdtourismus besonders attraktiven wild- und artenreichen Jagdreviere vornehmlich in peripheren, dünnbesiedelten und für eine agrarische Nutzung kaum oder gar nicht geeigneten Räumen liegen, deren daher in der Regel sozioökonomisch extrem marginalisierte Bevölkerung über einen am Ziel nachhaltiger Nutzung des Wilds ausgerichteten Jagdtourismus auch langfristig Einkommen erzielen kann;
- zum Aufbau einer ökologisch angepassten und ökonomisch ertragreichen Wildtierbewirtschaftung auf Großbetrieben (Ranches) ist, die bisher vornehmlich oder sogar ausschließlich auf einer den marginalen Ressourcen der Betriebsstandorte ökonomisch nicht optimal angepassten extensiven Weidewirtschaft ausgerichtet waren.

Diese Erwartungen können jedoch nur dann realisiert werden, wenn der Jagdtourismus einmal ein so hohes Einkommen ermöglicht, dass eine nachhaltige Nutzung des Wildes die wirtschaftlich optimale Landnutzung darstellt und die durch die Einschränkung anderer Nutzungen in den Jagdrevieren entstehenden Opportunitätskosten kompensiert werden können. Namentlich die Anrainerbevölkerung der Jagdreviere muss an den Einkommen so partizipieren, dass sie Wild als eine zu schützende Ressource betrachtet und die bisher noch weitverbreitete Wilderei aufgibt oder zumindest einschränkt und auch bereit ist, die oft sehr großen Wildschäden, den Verlust von Ernten, Nutztieren und selbst von Menschenleben in gewissem Maße als Preis für einen großen und artenreichen Wildbestand zu akzeptieren.

Wie in allen Ländern Afrikas (VORLAUFER 1997) hatte auch in Zimbabwe bzw. im vormaligen Südrhodesien insbesondere die afrikanische Bevölkerung in der Kolonialzeit keine Nutzungsrechte an Wild; die Eigentums- und Nutzungsrechte lagen ausschließlich beim Staat. Afrikanern war die Jagd grundsätzlich verboten, nur bei einigen, von der Fleisch- und Subsistenzjagd seit jeher lebenden Ethnien, wie z. B. den (sehr wenigen) San (Buschmännern) im Südwesten des Landes, wurde die Fortführung ihrer überkommenen Wirtschafts- und Lebensweise geduldet. Die Folge war, dass die von der Kolonialregierung verfolgte Politik der Sicherung des Wildbestandes aus ökologischen bzw. ethischen Gründen oder zur Schaffung wildreicher Jagdreviere für europäische Trophäenjäger bei der afrikanischen Bevölkerung auf Ablehnung oder im günstigsten Falle auf Gleichgültigkeit stieß. Wild wurde nicht als zu schützende, ihnen zugute kommende Ressource betrachtet, sondern als Konkurrent um knappe Weiden und Tränken sowie als Verursacher von Wildschäden. Auch deshalb konnte (und kann bis heute noch weithin) die illegale Fleischjagd nicht unterbunden werden. Mit der insbesondere seit ca. 1970 stark steigenden Nachfrage vor allem nach Elfenbein und den Hörnern der Nashörner weitete sich die Wilderei auch massiv auf die Trophäenjagd aus.

In den Räumen der europäischen Siedler, den Großfarm- und Ranchgebieten (vgl. Karte 1) war Wild im Zuge der Landnahme ohnehin weitestgehend vernichtet worden, da die Farmer und Rancher, aber auch die Kolonialverwaltung Wild als lästigen Konkurrenten um Land, Weiden und Tränken sowie als Überträger gefährlicher Krankheiten und Seuchen (z. B. Maul- und Klauenseuche, Ostküstenfieber) auf Nutztiere und Menschen betrachtete.

Karte 1: Jagdgebiete und Landeigentumskategorien in Zimbabwe (1998)

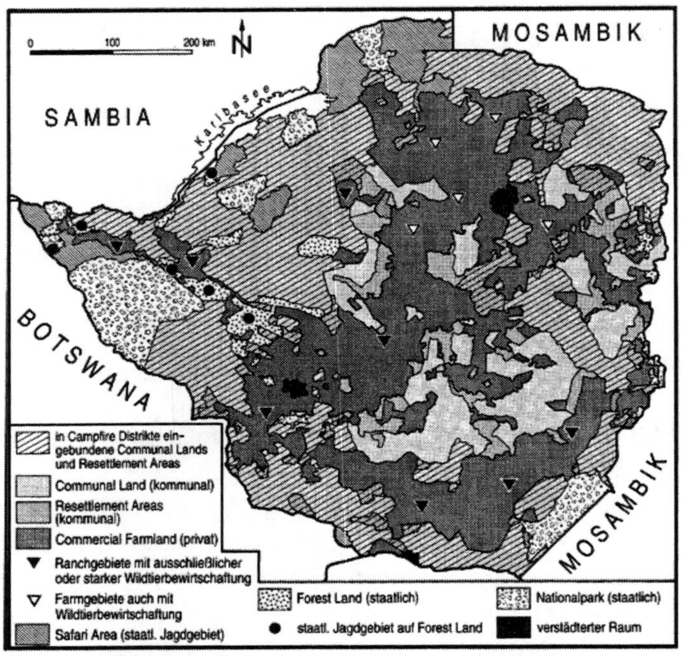

Quelle: Daten und Angaben aus Karten des Surveyor General of Zimbabwe; WWF Programme Office Harare, Zimbabwe; eigene Erhebungen
Entwurf: K. Vorlaufer; Kartographie: U. Beha

Noch vor der Unabhängigkeit Zimbabwes (1980) erfolgte mit dem "Parks and Wildlife Act" von 1975 eine Neuorientierung der Wildschutz- und Wildnutzungspolitik. Dieses mehrmals (zuletzt 1996) revidierte, jedoch im Kern noch heute gültige Gesetz übertrug (mit der sog. Appropriate Authority) den jeweiligen Landeigentümern - mit gewissen Einschränkungen für besonders gefährdete oder durch das Washingtoner Artenschutzabkommen geschützte Wildtiere - das Recht der Wildnutzung. Demnach können (bisher noch fast ausschließlich weiße) Farmer/Rancher als Privateigentümer des sog. Commercial Farmland und Kommunen als Eigentümer des sog. Communal Land (vormals Tribal Trust Land) in den Siedlungsräumen der afrikanischen Bevölkerung Wild wirtschaftlich nutzen und vermarkten. Mit der Übertragung der Appropriate Authority und der damit verknüpften Erwartung eines forcierten Aufbaus einer nachhaltigen Wildtierbewirtschaftung auf privatem und kommunalem Land war zunächst bei internationalen Naturschutz-Organisationen die Befürchtung verbunden, dass ein nichtkontrollierbarer Jagdtourismus zur beschleunigten Dezimierung des Wildbestandes beitragen könne. Diese Gefahr wird jedoch schon seit längerem auch durch die Mitwirkung internationaler Nichtregierungsorganisationen, wie vor allem des World Wide Fund for Nature (WWF), am kontrollierten Aufbau eines Jagdtourismus insbesondere über die Festlegung von jährlichen Jagdquoten auf der Basis des Wildbestandes und des Ziels seiner langfristigen Sicherung entgegengewirkt.

2 Muster und Bedeutung des Jagdtourismus

Die "Hunting Industry" Zimbabwes ist ein seit Jahren boomender Wirtschaftszweig und in weiten, insbesondere in den arideren, für den Regenfeldbau gar nicht und selbst für die extensive Weidewirtschaft nur bedingt geeigneten Räumen die dominierende oder sogar einzige Landnutzung (vgl. Karte 1 und 2, Tab. 2). Der Jagdtourismus wird auf folgenden Landkategorien durchgeführt:
1. Auf Communal Land, d. h. in den von afrikanischen Kleinbauern besiedelten und in das weltweit beachtete Programm CAMPFIRE (Akronym für Communal Areas Management Program for Indigenous Resources) eingebundenen Distrikten (ALEXANDER/MCGREGOR 2000; HECHT/WEISS 1999;

MURINDAGOMU 1990); hier werden bevölkerungsarme, aber wildreiche Jagdreviere an Jagdveranstalter für in der Regel ein bis fünf Jahre verpachtet (Beispiel Hwange District, vgl. Karte 3); nur in einzelnen Fällen treten die Rural District Councils (RDC), die administrativen und politischen Organe der Distrikte, selbst als Jagdveranstalter auf.

Karte 2: Die agrarökologischen Räume (Natural Regions) in Zimbabwe

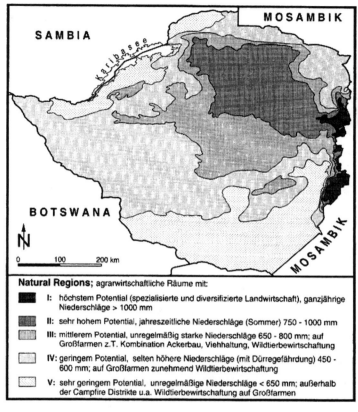

Quelle: Daten und Angaben aus Karten des Surveyor General of Zimbabwe; eigene Erhebunge
Entwurf: K. Vorlaufer; Kartographie: U. Beha

2. In den staatlichen, dem DNPWLM unterstehenden siedlungsleeren Safari Areas; hier werden die Jagdreviere entweder langfristig an Jagdveranstalter verpachtet oder - zunehmend häufiger - kurzfristig, oft nur für eine Woche, auf öffentlichen Auktionen versteigert. Die meisten Safari Areas werden nur an Jagdveranstalter mit einer internationalen Klientel und nur wenige Reviere werden zu günstigeren Konditionen ausschließlich, z. T. über Veranstalter, z. T. direkt an heimische Sportjäger verpachtet (z. B. Doma Safari Area, Charara Safari Area).
3. Auf Forest Land (vgl. Karte 1), das der Forstbehörde (Forest Commission) untersteht, die mit ihrem Tochterunternehmen Ngamo Safaris selbst als Jagdveranstalter für die Reviere Ngamo/Sikumi, Sijarira, Gwai/Bembezi und Kazuma/Pandamasuie auftritt, das Revier Fuller Forest (vgl. Karte 4) jedoch für fünf Jahre (1998) an einen anderen Veranstalter verpachtet hat.
4. Auf privaten Ranches/Farmen des Commercial Land. Die Jagdrechte werden unter sehr unterschiedlichen Bedingungen (z. B. fixe Pachtsummen, Beteiligung an den Einnahmen) an Jagdveranstalter verpachtet; häufiger übernehmen jedoch die Rancher/Farmer die Vermarktung und Durchführung der Jagden selbst.

Tab. 2: Die Landbesitzkategorien und Natural Regions in ihrer Bedeutung für die konsumtive und nichtkonsumtive Wildtiernutzung

Natural Regions[4]	Commercial Land[1]		Communal Land[2]		National Parks, Safari Areas, Forest Land		Gesamt		Land unter Wildtiernutzung	
	km²	%	km²	%	km²	%	km²	%	km²	%
I	3.524	2,7	2.556	1,2	1.190	2,1	7.000	1,8	} 2.165	} 3,3
II	39.690	30,7	18.850	9,2	60	0,1	58.600	15,0		
III	27.332	21,1	39.007	19,0	6.561	11,7	72.900	18,7	11.372	15,6
IV	31.097	24,1	87.143	42,4	29.560	52,6	147.800	37,8	65.475	44,3
V	27.651	21,4	57.957	28,2	18.792	33,5	104.400	26,7	13.572	13,0
Gesamt	129.294	100,0	205.513	100,0	56.163	100,0	390.700	100,0	92.584	23,7
Land unter Wildtiernutzung[3]	31.000	33,5	15.084	16,3	46.500	50,2	92.584	100,0		

[1] Large and Small Scale Commercial Farm Land einschl. Urban Land (ca. 2.000 km²)
[2] Einschl. Resettlement Areas (durch Kleinbauern aufgesiedelte Großfarmen
[3] Konsumtiv und nichtkonsumtiv
[4] Zur Definition siehe Karte 2

Quellen: MURINDAGOMO 1990; STATISTICAL YEARBOOK 1997; HILL 1994. Anmerkung: Bei diesen und weiteren Quellen werden z.T. (insgesamt geringfügig) unterschiedliche Daten angegeben. Die hier vorliegenden Daten wurden durch Interpolierung und auf der Grundlage eigener Erhebungen und Schätzungen gewonnen.

Drei unterschiedliche Jagdarten werden angeboten:

1. Die Big Game-(Großwild-)Jagd (vor allem Elefanten, Büffel) wird nur in Revieren der Safari Areas, des Forest Land und der CAMPFIRE-Distrikte, jedoch selten und dann nur nach ausdrücklicher behördlicher Genehmigung auf Ranches durchgeführt.
2. Die Plains Game-(vor allem Antilopen-, aber auch Giraffen-)Jagd kann in allen Revieren mit entsprechendem Besatz, jedoch auf Ranches nur mit einer Größe von mindestens 6.000 ha und ausschließlicher Wildtierbewirtschaftung (zumindest in einer eigenen Game Section) durchgeführt werden.
3. Die Ranch-Jagd erfolgt auf Betrieben auch mit weidewirtschaftlicher oder sogar evtl. ackerbaulicher Nutzung. Verschiedene Antilopenarten, Warzen- und Buschschweine werden hier vornehmlich gejagt.

Mit der Buchung einer Jagdart ist in der Regel eine Mindestdauer der Jagd verbunden (Big Game berwiegend 15-21 Tage; Plains Game 7-10 Tage; Ranch-Jagd 5-7 Tage). Die Jagden werden im Allgemeinen in einem "Paket" verkauft, das den Abschuss verschiedener Tiere ermöglicht. Mit der Buchung einer Big Game-Jagd ist so z. B. auch eine Jagd auf Antilopen erlaubt. Für Großwildjagden werden die höchsten, für Ranch-Jagden die geringsten Tagessätze und Trophäengebühren berechnet. Die Jagd ist nur am Tage mit (nicht Maschinen-)Gewehren sowie mit Pfeil und Bogen auf Ranches und auf Antrag auch in begrenzter Zahl in staatlichen Revieren unter Leitung eines speziell lizenzierten Berufsjägers erlaubt. Die Jagd von Fahrzeugen, im Umkreis von 1 km um ein Wasserloch sowie in einem 400 m breiten Streifen beiderseits von Durchgangsstraßen ist verboten. Auch um die Einhaltung dieser jagdethischen Prinzipien zu gewährleisten, muss jeder Jagdkunde von einem lizenzierten Professional Hunter begleitet werden. Der Professional Hunter muss zudem die Einhaltung der Jagdquoten und der Grenzen der Jagdreviere gewährleisten.

Karte 3: Die Jagdreviere im Hwange Distrikt (1999)

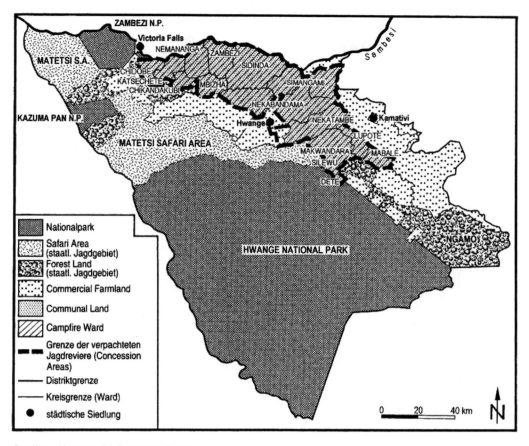

Quelle: Hwange RDC; eigene Erhebungen
Entwurf: Karl Vorlaufer; Kartographie: U. Beha

3 Direkte Einkommeneffekte durch den Jagdtourismus

Öffentliche und private Haushalte profitieren direkt in einem sehr unterschiedlichen Maße vom Jagdtourismus. Das DNPWLM sowie die Forest Commission als für die Jagdreviere in den Safari Areas bzw. Forest Lands zuständige Organisationen erzielten ihre Einnahmen bis 1995 überwiegend über fünfjährige Verpachtungen der Jagdreviere auf der Basis öffentlicher Ausschreibung. Die lange Pachtdauer soll(te) den Jagdveranstaltern eine langfristige Vermarktung ermöglichen und deren Verantwortung für eine nachhaltige Sicherung des Wildbestandes stärken. Die Pachtsummen variieren je nach Laufzeit, Wildbesatz und Quoten extrem; sie können z. B. für großwildreiche Reviere (z. B. Matetsi Safari Area, vgl. Karte 4) bis zu 100.000 US$ erreichen. In den letzten Jahren wurden mehr und mehr Jagdrechte und -quoten für einzelne Tierarten nur noch für eine begrenzte Zeit, in der Regel für 7-14 Tage über Auktionen meistbietend versteigert. So können generell höhere Preise erzielt werden, v. a. auch deshalb, weil Jagdzeiten in Ferienmonaten der Jagdkunden und/oder mit guten Wetterbedingungen in Zimbabwe infolge erhöhter Nachfrage höhere Preise erzielen. Die z. B. im Sambesital gelegenen acht Jagdlager (vgl. Karte 5) wurden an auf dem Auslandsmarkt arbeitende Jagdveranstalter für 10-14 Tage mit dem Recht versteigert, die in einem Paket aufgeführten Tiere jagen zu können. Zudem können Rechte zum Abschuss weiterer einzelner Tiere ersteigert werden. Beispielhaft belegen Tab. 3 und 4 die für zeitlich befristete "Jagdpakete" sowie die über die Versteigerung zusätzlicher Tiere erzielten Erlöse für ein Jagdrevier.

Hierbei ist bemerkenswert, dass die Erlöse in der heimischen Währung seit 1988 spektakulär gestiegen, in US$ jedoch - vor allem hinsichtlich der durchschnittlich erzielten Beträge pro Tier - massiv zurückgegangen sind. Hierin spiegelt sich der starke Verfall des Außenwertes des ZW$ wider. Mit anderen Worten: Ähnlich wie im Warenexport muss Zimbabwe stetig mehr jagdbare Tiere an ausländische Jäger "veräußern" und erzielt doch zurückgehende Devisenerlöse. Das starke Wachstum in heimischer Währung hat demgegenüber, die - wenngleich hohe - Inflation, den Verfall des Binnenwertes des ZW$, mehr als kompensieren können. Da die erzielten Erlöse direkt überwiegend für Lohnzahlungen oder Naturschutzmaßnahmen im Inland verwendet werden (sollten), ergibt sich unter diesem Aspekt eine positive Entwicklung der Einnahmen, die zudem über die Multiplikatorwirkungen der Ausgaben weitere positive Arbeitsplatz- und Einkommenseffekte bewirken.

Karte 4: Landnutzung und Landeigentumskategorien im Raum Victoria Falls - Matetsi (1998)

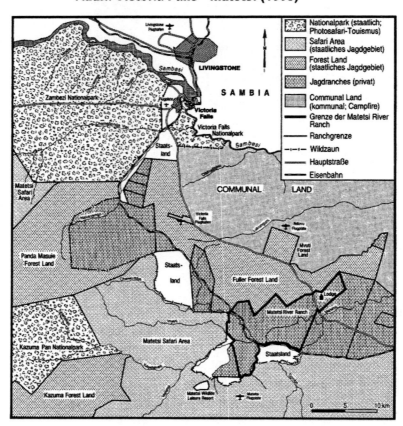

Quelle: Hwange and Victoria Falls 1:250 000, Harare 1993; eigene Erhebungen
Entwurf: K. Vorlaufer; Kartographie: K. Massoud

Tab. 3 belegt zudem, dass für das gleiche Jagdpaket, jedoch für unterschiedliche Jagdzeiten unterschiedliche Erlöse erzielt wurden. Dies belegen die positiven Einkommenseffekte von Auktionen gegenüber einer langfristigeren Pauschalverpachtung der Jagdrechte: Die Erlöse passen sich flexibel der jeweiligen Nachfrage an. Die Bieter (Jagdveranstalter) auf Auktionen ersteigern die Jagdrechte oft im direkten Auftrag eines Kunden, mit dem sie seit kurzem auch zunehmend während der Versteigerung über Mobilfunk verbunden sind und so dessen Terminwünsche und Kostenvorstellungen berücksichtigen können. Die von den Jagdveranstaltern ersteigerten Jagdrechte können nach eigener Preisgestaltung an ihre Jagdkunden weiter veräußert werden.

Tab. 3: Die erzielten Auktionserlöse für zeitlich befristete Jagdrechte sowie Zahl und Art der „ersteigerten" Tiere (1999[1], 1998[1] sowie 1988[2]). Beispiel ‚H' Kampote Camp/ Sapi Safari Area (Jagdreviere auch für Ausländer)

Jagdzeiten	Erlöse (in 1.000 US$ bzw. ZW$)							
	1999[3]		1998[3]		1997[3]		1988[3]	
	US$	ZW$	US$	ZW$	US$	ZW$	US$	ZW$
01.05. – 14.05.	6,8	260[a]	6,8	110[a]	4,6	52[a]	8,8	4,5[c]
18.05. – 31.05.	6,3	240[a]	6,2	100[a]	4,3	48[a]	11,2	5,7[d]
04.06. – 17.06.	6,6	250[a]	6,8	110[a]	4,4	50[a]	10,0	5,1
21.06. – 04.07.	7,1	270[a]	6,8	110[a]	8,0	90[a]	19,6	10,0[e]
08.07. – 21.07.	7,6	290[a]	8,1	130[a]	5,9	66[a]	10,2	5,2[d]
25.07. – 07.08.	7,1	270[b]	5,6	90[b]	5,0	56[b]	9,0	4,6
11.08. – 24.08.	7,1	270[b]	8,4	135[b]	5,1	58[b]	13,1	6,7[e]
28.08. – 10.09.	7,1	270[b]	6,2	100[b]	4,3	48[b]	9,4	4,8
14.09. – 27.09.	7,3	280[b]	7,1	115[b]	5,1	58[b]	10,0	5,1
Gesamt	63,3	2.400	62,0	1.000	46,7	526	101,3	51,7
Veränderung 1997-99	+34,9%	+356%						
Veränderung 1988-99	-38,8%	+4.542%						

[1] "Jagdpaket": 1 Büffel (m), 2 Impala (m), 2 Impala (w), 1 Duckerantilope, 1 Greisböckchen, 3 Frankoline, 10 Tauben, 1 Hyäne, 4 Paviane, 3 Perlhühner
[2] "Jagdpaket": 1 Büffel (m), 1 Büffel (w), 7 Impala (m), 6 Impala (w), 1 Duckerantilope, 1 Greisböckchen, 4 Frankoline, 12 Tauben, 4 Paviane, 4 Perlhühner
[3] Wechselkurse: März 1999: 1 US$ = 38,15 ZW$; März 1998: 1 US$ = 16,14 ZW$; März 1997: 1 US$ = 11,27 ZW$; Dez. 1988: 1 US$ = 0,51 ZW$
[a] Zusätzlich zum „Standardpaket": 1 Büffel (m); [b] 1 Kuduantilope (m); [c] 1 Warzenschwein; [d] 1 Hyäne; [e] 1 Löwe (w)

Quelle: Auktionshaus Ferreira, Harare, Auktionen im März d.J., bzw. Dez. 1988

Für die einheimischen (fast nur weißen) Sportjäger werden - losgelöst von der erdrückenden Konkurrenz der ausländischen Nachfrage - separate Auktionen insbesondere für die Safari Areas Charara, Teile Hurungwes, Hartley und Umfurudzi (vgl. Karte 1) durchgeführt, um auch Zimbabwern eine *relativ* kostengünstige Jagd zu ermöglichen. Zimbabwern konnten zwar z. B. die Jagdrechte für einzelne Tiere deutlich günstiger ersteigern als die oft im direkten Auftrag ihrer ausländischen Klienten bietenden Jagdveranstalter (vgl. Tab. 5), jedoch sind die Einnahmen des Staates auch aus diesem Segment des Jagdsports innerhalb weniger Jahre selbst unter Berücksichtigung der Inflation spektakulär gestiegen.

Da über den Jagdtourismus ausländischer Klienten die vom DNPWLM festgelegten Jagdquoten ohnehin nicht voll ausgeschöpft werden, stehen in- und ausländische Jäger in keiner Konkurrenz um die Ressource Wild. Die Einnahmen des Staates durch die Vergabe von Jagdrechten an Zimbabwer ergänzen so die Erlöse aus dem internationalen Jagdgeschäft und erleichtern der Regierung die Legitimation zur Schließung der Wildschutz- und Jagdgebiete für evtl. mögliche alternative Nutzungen. Zudem werden alle Auktionspreise generell mit einer Sales Tax (17,5%) belegt.

In Anbetracht starken Bevölkerungswachstums und steigenden Landmangels ist die Schließung der Jagdgebiete für alternative Nutzungen und damit auch eine Sicherung der Biodiversität politisch nur noch durchsetzbar, wenn weiter steigende Erlöse aus der Nutzung des Wilds erzielt werden. Die Verwendung dieser Einnahmen war bisher allerdings nicht befriedigend. Korruption, Nepotismus und eine massive Mittelverschwendung für unproduktive oder gar destruktive Aktivitäten (z. B. militärischer Einsatz in der D.R. Kongo seit 1998) sind ein Problem. Die in Nähe der staatlichen Jagdreviere lebende Bevölkerung, die die hohen Opportunitätskosten für den Erhalt der Reviere und den Artenschutz tragen muss, ist weithin an diesen Einnahmen - abgesehen vom CAMPFIRE - überwiegend gar nicht beteiligt.

Tab. 4: Art, Zahl und Gesamterlös der zusätzlich zu den Standardpaketen versteigerten Tiere in de Sapi Safari Area sowie in der Nyakasanga Section der Hurungwe Safari Area (1999, 1998 und 1988)

Tierart	Zahl			Erlös (in 1.000 US$ bzw. ZW$)[2]						Veränderung 1988-99 (in %)		durchschnittlicher Erlös pro Tier (in 1.000 US$ bzw. ZW$)						Veränderung 1988-99 (in %)	
				1999		1998		1988				1999		1998		1988			
	1999	1998	1988	US$	ZW$	US$	ZW$	US$	ZW$	für US$	für ZW$	US$	ZW$	US$	ZW$	US$	ZW$	für US$	für ZW$
Elefanten-bulle	5	13	10	47,2	1.800,0	98,5	1.590,0	267,6	136,5	-82,4	1.218,7	9,4	360,0	7,6	122,3	26,8	13,7	-64,9	2.527,7
Büffel (m)	6	10	6	14,7	560,0	35,5	573,0	39,0	19,9	-62,3	2.714,1	2,4	93,3	3,6	57,3	6,5	3,3	-63,1	2.727,3
Flusspferd	13	23	3	9,3	356,0	16,8	271,0	5,9	3,0	+57,6	11.766,7	0,7	27,4	0,7	11,8	2,0	1,0	-65,0	2.640,0
Löwe (m)	1	2	3	8,5	325,0	18,6	300,0	61,8	31,5	-86,2	931,7	8,5	325,0	9,3	150,0	20,6	10,5	-58,7	2.995,2
Leopard	4	15	9	9,3	355,0	30,3	489,0	48,8	24,9	-80,9	1.325,7	2,3	88,8	2,0	32,6	5,4	2,8	-57,4	3.071,4
Nyalaantilope (m)	-	2	4	-	-	2,2	35,0	13,5	6,9	-	-	-	-	1,1	17,5	3,4	1,7	-	-
Zebra	7	11	-	2,9	110,0	4,7	76,0	-	-	-	-	0,4	15,7	0,4	6,9	-	-	-	-
Krokodil[1]	6	8	-	5,0	190,0	12,0	194,0	-	-	-	-	0,8	31,7	1,5	24,3	-	-	-	-
Warzen-schwein (m)	8	8	-	1,5	56,5	1,4	22,9	-	-	-	-	0,2	7,1	0,2	2,9	-	-	-	-
Kuduantilope (m)	6	13	-	2,8	108,5	5,8	94,0	-	-	-	-	0,5	18,1	0,4	7,2	-	-	-	-
Wasserbock	11	11	2	8,8	335,0	9,2	148,0	11,2	5,7	-21,4	5.777,2	0,8	30,5	0,8	13,5	5,6	2,9	-85,7	951,7
Impala (m)	32	13	-	1,5	59,0	0,5	8,4	-	-	-	-	0,05	1,8	0,04	0,6	-	-	-	-
Impala (w)	-	7	-	-	-	0,2	4,0	-	-	-	-	-	-	0,04	0,6	-	-	-	-
Buschbock (m)	5	5	-	2,2	85,0	2,2	36,0	-	-	-	-	0,4	17,0	0,4	7,2	-	-	-	-
Gesamt	104	141	37	113,7	4.340,0	237,9	3.841,3	447,8	228,4	-74,6	869,2								

[1] Abschuss nur erlaubt bei einer Länge von mehr als 3,25 m.
[2] Wechselkurse: März 1999: 1 US$ = 38,15 ZW$; März 1998: 1 US$ = 16,14 ZW$; Dezember 1988: 1 US $ = 0,51 ZW$

Quelle: Auktionshaus Ferreira, Harare; Auktionen jeweils im März des Jahres bzw. Dezember 1998

Karte 5: Die Lage der über Auktionen des Department of National Parks and Wildlife Management versteigerten Jagdlager und -reviere des Sambesitals

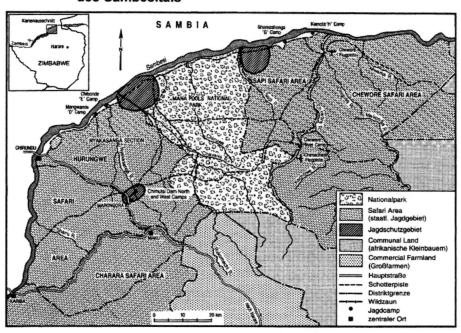

Quelle: Zimbabwe Land Classification 1 : 1 000 000, Harare 1995; Unterlagen des DNPWLM; eigene Erhebungen
Entwurf: K. Vorlaufer; Kartographie K. Massoud

In den CAMPFIRE-Distrikten werden die wesentlichen Einnahmen zunächst über die Vergabe von in der Regel fünfjährigen Jagdkonzessionen an Jagdveranstalter erzielt. Etwa 40% der von den Veranstaltern erzielten Erlöse fließen den Rural District Councils (RDC) zu, den obersten politischen und administrativen Organen der Distrikte. Nach den CAMPFIRE-Zielen sollen die Einnahmen überwiegend den "Kreisen" (Wards) und Dorfgemeinschaften (Villages) zukommen, in deren Verwaltungsbereich die Jagd durchgeführt bzw. die über die Quotenfestlegung veräußerten Tiere erlegt wurden. In den meisten Distrikten flossen den Wards und Villages jedoch höchstens 40%, oft nur 20% der Einnahmen der RDCs zu. In den ersten Jahren des CAMPFIRE-Programms, von etwa 1989 bis 1995, wurde den Privathaushalten in den Räumen, in denen Tiere erlegt wurden, eine sog. Dividende direkt ausbezahlt.

Infolge dieses "Gießkannenprinzips" erhielten die Haushalte jedoch überwiegend so geringe Beträge (in der Regel deutlich weniger als umgerechnet 20,00 DM/Jahr), dass hierdurch keine Verbesserung der Lebenssituation der Bevölkerung erreicht wurde.

Die Einnahmen (in ZW$) der RDCs sind in den CAMPFIRE-Distrikten (vgl. Abb. 1, 2, 3) seit 1989, seit der Implementierung des Programms, durchaus stetig gestiegen und sie lösten in den überwiegend subsistenzwirtschaftlich ausgerichteten, durch eine extreme Armut der großen Bevölkerungsmehrheit gekennzeichneten Distrikte einen nicht zu vernachlässigenden Bargeldzufluss aus, jedoch konnten sie bisher nicht zu einer spürbaren Verbesserung der wirtschaftlichen Lage der Peripherieräume beitragen.

Tab. 5: Die erzielten Auktionserlöse für zeitlich befristete Jagdrechte ausschließlich für Bürger Zimbabwes und Zahl sowie Art der „ersteigerten" Tiere in den „Standard-Jagdpaketen". Beispiel: Charara Camp/ Charara Safari Area (jeweils drei Jäger gleichzeitig erlaubt)

Jagdzeiten	Erlöse (in 1.000 ZW$)		
	1999	1998	1997
01.05. – 14.05.[3]	290	130	98
18.05. – 27.05.[1]	195	66	44
30.05. – 12.06.[3]	195	140	111
15.06. – 24.06.[2]	200	70	51
27.06. – 10.07.[3]	190	135	90
13.07. – 22.07.[2]	190	71	62
25.07. – 07.08.[1]	115	37	36
11.08. – 24.08.[3]	400	130	132
28.08. – 10.09.[4]	215	145	90
15.09. – 28.09.[3]	270	105	102
Gesamterlös	2.260	1.029	816
Zunahme 1997-99	177%		

[1] Jagdpaket: 1 Büffel (m), 1 Buschbock (m), 2 Impala (m), 2 Impala (w), 1 Greisbock, 3 Paviane, 3 Perlhühner, 2 Frankoline, 5 Tauben
[2] Jagdpaket: 2 Büffel (m), 1 Warzenschwein, 1 Hyäne, 2 Impala (m), 2 Impala (w), 3 Paviane, 2 Perlhühner, 2 Frankoline, 5 Tauben
[3] Jagdpaket: 1 Elefant (m), 1 Büffel (m), 2 Impala (m), 2 Impala (w), 1 Pavian, 2 Perlhühner, 2 Frankoline, 5 Tauben
[4] Jagdpaket: 1 Löwe (m), 1 Büffel (m), 1 Büffel (w), 2 Impala (m), 2 Impala (w), 1 Hyäne, 1 Pavian, 2 Perlhühner, 2 Frankoline, 5 Tauben

Quelle: Auktionshaus Ferreira, Harare

Abb. 1: Die Entwicklung der CAMPFIRE-Einnahmen aus dem Jagdtourismus und insgesamt (1989-1998)

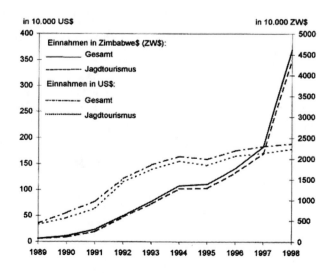

Quelle: Unterlagen des WWF, Harare

Abb. 2: Die Entwicklung der CAMPFIRE-Einnahmen (1989-1998; in ZW$)

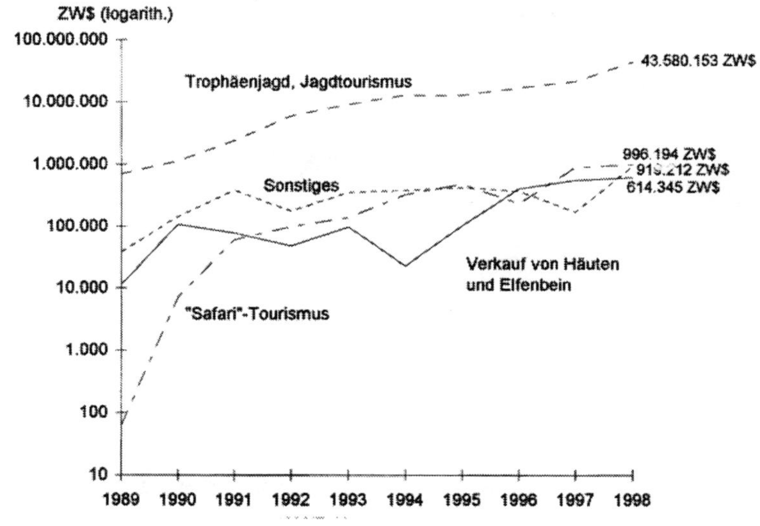

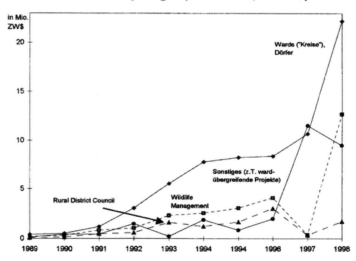

Quelle: Unterlagen des WWF, Harare

Abb. 3: Die Entwicklung der CAMPFIRE-Einnahmen verschiedener Empfänger (1989-1998; in ZW$)

Quelle: Unterlagen des WWF, Harare

Der Anteil der unter der extremen Armutsgrenze lebenden Bevölkerung hat sich vielmehr dramatisch erhöht (vor allem allerdings infolge hohen Bevölkerungswachstums, zunehmenden Landmangels, steigender Massenarbeitslosigkeit). Die wirtschaftliche Lage der Bevölkerung, die die hohen Kosten (Opportunitätskosten) für den Wildschutz und den Jagdtourismus zu tragen haben, hat sich so durch das CAMPFIRE-Programm nicht nachhaltig verbessert.

Seit einigen Jahren werden die erzielten Einnahmen fast in allen Distrikten nur noch für den Ausbau der Infrastruktur in den Kreisen und Dörfern verwendet, wie u. a. für die Errichtung von Lehrerwohnungen, den Ausbau und die Ausstattung von Schulen sowie die Errichtung von Maismühlen und von kleinen Gemischtwarenläden in bisher unterversorgten Räumen. Diese Mittelverwendung schafft zwar für die weitere Entwicklung der ländlichen Peripherieräume günstigere Voraussetzungen, konnte jedoch bisher aufgrund des geringen Volumens der Erlöse keine nennenswerten Entwicklungsimpulse schwachen Distrikten, wie z. B. Nyaminyami, machen die CAMPFIRE -Einnahmen bei Berücksichtigung der vorherrschenden Subsistenzproduktion deutlich weniger als 4% des Bruttoinlandproduktes aus. Dementsprechend sieht die bäuerliche Bevölkerung im CAMPFIRE -Programm und damit im Jagdtourismus weit überwiegend kein wirkungsvolles Instrument zur Verbesserung ihrer Lage; der prioritären Sicherung des Wildbestandes im Interesse der Jagdtouristen steht die Mehrheit der Bevölkerung nach meinen Befragungen skeptisch, ja vornehmlich ablehnend gegenüber. Diese Einstellung wird dadurch verstärkt, dass durch den Jagdtourismus auch kaum Arbeitsplätze für die heimische Bevölkerung geschaffen werden.

Wichtigste Arbeitgeber der Hunting Industry sind die vornehmlich in Städten und vor allem in Harare und Bulawayo ansässigen Jagdveranstalter (vgl. Karte 6), die weit überwiegend nur zwischen vier und acht Arbeitskräfte - z. T. zudem nur für die sehr kurze Jagdsaison - beschäftigen. Hinzu kommt, dass diese stets von einem lizenzierten Berufsjäger geführten Unternehmen noch fast ausschließlich Weiße sind. Von den in der Zimbabwe Professional Hunters and Guides Association zusammengeschlossenen 72 Jagdveranstalterunternehmen (1999) werden mindestens 67 von Weißen geführt. Infolge der Dominanz dieses Sektors durch Weiße steht die große Mehrheit der schwarzen Bevölkerung dem Jagdtourismus eher zurückhaltend gegenüber.

Karte 6: Standorte, Zahl und Jagdangebote der Jagdveranstalter in Zimbabwe (1999)

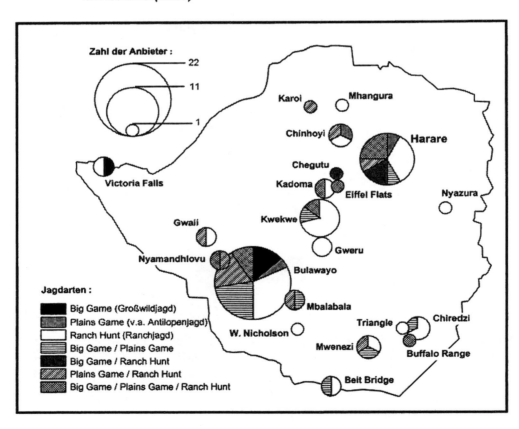

Insgesamt dürften in der gesamten Hunting Industry ca. 300 bis max. 500 Personen und zudem nur überwiegend als Teilbeschäftigte tätig sein. Auch alle Professional Hunters sind nicht vollberuflich als Jäger tätig, viele von ihnen sind Rancher und Farmer. In Anbetracht dieser Bedingungen ist der Jagdtourismus kein wirkungsvolles Instrument zur Milderung der dramatischen Massenarbeitslosigkeit und damit in dieser Hinsicht auch kein Faktor nachhaltiger Entwicklung. Unter dem wachsenden Druck der

Arbeitslosigkeit stellt sich namentlich für die bereits zahlreichen, auf die Wildtierbewirtschaftung und Ranchjagd zumindest mit Teilflächen ausgerichteten Farmen/Ranches in den agrarökologisch günstigeren Räumen (vgl. Karten 1 und 2) die Frage, ob der Jagdtourismus die optimale Landnutzungsform hinsichtlich der Schaffung von Arbeitsplätzen ist. Die Regierung sieht im flächenextensiven Jagdtourismus höchstens in der arideren Natural Region V eine optimale Landnutzungsform. In der Natural Regions I, II, III und weithin auch noch IV möchte die Regierung - allerdings mit (bis in den 1990er Jahren) widersprüchlichen Positionen (HILL 1994; BOND 1993) - dem Anbau des Grundnahrungsmittels Mais und damit der Ernährungssicherung sowie einer Optimierung der Einkommens- und Arbeitsplatzeffekte Priorität einräumen. Demgegenüber steht das DNPWLM auch aus ökologischer Sicht einer Beibehaltung oder sogar einem Ausbau der Wildtierbewirtschaftung und damit des Jagdtourismus in den für den Regenfeldbau nur eingeschränkt geeigneten Räumen der Natural Regions V und auch noch IV eher positiv gegenüber.

Auch auf diesem Hintergrund kam es im Frühjahr 2000 im Zuge der Konflikte um die Landreform und die Enteignung weißer Großbetriebe zugunsten der schwarzen Bevölkerung, zu umfangreichen Landbesetzungen auf Farmen/Ranches auch in den Natural Regions V und IV, in denen ein kleinbäuerlicher Regenfeldbau gar nicht möglich oder aber mit hohen Risiken verbunden ist. Obwohl auch auf den oft mehrere 10.000 ha großen, auf Wildtierbewirtschaftung und damit vorrangig auf den Jagdtourismus ausgerichteten Ranches ebenfalls oft nur fünf bis max. zehn Personen im eigentlichen Jagdgeschäft und auch nur saisonal beschäftigt sind und somit auf 1.000-2.000 ha Wildareal oft nur eine Arbeitskraft, erscheint zumindest in den ariden Räumen der Jagdtourismus aufgrund fehlender Landnutzungsalternativen als eine sinnvolle Landnutzung.

4   Die Deviseneffekte des Jagdtourismus

Obwohl Zimbabwe im Vergleich zu den meisten anderen Entwicklungsländern dank einer relativ starken Exportwirtschaft (vor allem Tabak, aber auch andere Agrarprodukte) in den meisten Jahren eine vergleichsweise günstige Handelsbilanz und nach den Angaben des Internationalen Währungsfonds[3] sogar positive Salden im Warenhandel aufweist (vgl. Tab. 6), ist die Auslandsverschuldung sehr hoch, sie stieg z. B. von 1985 bis 1997 von 2,47 Mrd. auf 4,96 Mrd. US$,[4] der Schuldendienst belastet die Wirtschaft des Landes dementsprechend extrem (vgl. Tab. 6). Vor diesem Hintergrund wird die relativ große Bedeutung des Jagdtourismus deutlich, der nicht nur einen beachtlichen Anteil aller touristischen Deviseneinnahmen erwirtschaftet, sondern auch die drückende Last des Schuldendienstes mitmildern kann.

Der positive Deviseneffekt des Jagdtourismus ist um so höher zu bewerten, als die sog. Sickerrate, der Abfluss von Devisen zur Einfuhr von Gütern und Dienstleistungen für dieses touristische Segment auch im Vergleich zum sonstigen Tourismus sehr niedrig ist.

Die Jäger leben in überwiegend verhältnismäßig einfachen, in der Regel ausschließlich aus heimischen Materialien erstellten Unterkünften (Camps, Zeltlager). Auch ein großer Teil der von Jagdtouristen nachgefragten Güter kommt aus der heimischen Produktion auch deshalb, weil Zimbabwe im Vergleich zu vielen anderen Fernreiseländern (VORLAUFER 1996) eine relativ diversifizierte und breite Produktionsstruktur aufweist: Nahrungsmittel, Getränke, Weine, Tee, Kaffee, aber auch Safaribekleidung werden überwiegend im Lande erzeugt; lediglich der Import von (oft von den Jägern aus der Heimat schon mitgebrachten) Waffen, Munition sowie von Fahrzeugen und Treibstoffen bedingt eine Minderung der Nettodeviseneinnahmen. Nach meinen Schätzungen dürften höchstens rd. 10-15% der über den Jagdtourismus erzielten Deviseneinnahmen wieder für die Einfuhr von Gütern und Dienstleistungen für die Hunting Industry ins Ausland zurückfließen. Diese relativ niedrige Sickerrate wird vom sonstigen Tourismus nicht erreicht, u. a. weil die sonstigen Touristen überwiegend z. B. in luxuriöseren Unterkünften nächtigen als Sportjäger.

Tab. 6: Die außenwirtschaftliche Bedeutung des Jagdtourismus (JT) im Vergleich mit dem Tourismus (T) insgesamt, dem Warenhandel und der Auslandsverschuldung (Angaben in Mio. US$)

	1991	1993	1998	1999
Deviseneinnahmen				
Jagdtourismus (JT)[1]	7,73	12,83	22,30	20,99
Tourismus, ges. (T)[2]	75,00	96,00	177,00	145,00
Anteil JT an T (%)	10,30	13,40	12,6	14,50
Warenexport[3]	1.785	1.610	2.047	1.925
Devisenausgaben				
Warenimport[3]	1.700	1.512	1.968	1.675
Handelsbilanz	+85	+98	+79	-250
Ausländischer Schuldendienst (SD)[3]	455	576	577	k. A.
Beitrag des JT zum SD (in %)	1,7	2,2	3,9	-

k. A. = keine Angaben

Quellen:
[1] Department of National Parks & Wildlife Management, Harare;
[2] World Tourism Organisation (WTO), Madrid, gerundete Werte;
[3] International Monetary Fund (1991-99); 1999:Standard Chartered Bank Zimbabwe
http://www.inf.org./external/pubs/ft/ser/1999/cr9949.pdf
Länderkurzberichte Simbabwe 1990-95; Stat. Bundesamt Wiesbaden

5 Jagdtourismus und Wildtierbewirtschaftung - eine optimale Landnutzungsform?

Der Jagd- und Tierbeobachtungs-/Safari-Tourismus stellt - oft in Kombination mit anderen Formen der Wildtierbewirtschaftung (u. a. Game Cropping zur Fleisch-, Häutegewinnung, Lebendtierverkäufe etwa für den Wiederbesatz bereits wildarmer Räume) - in den trockneren Landesteilen, in den Natural Regions V und noch überwiegend in der Natural Region IV die wirtschaftlich und ökologisch optimale Landnutzung. Regenfeldbau ist hier weit überwiegend nicht möglich.[5] Auch die über Jahrzehnte auf oft bis zu 100.000 ha großen Ranches von weißen Siedlern betriebene extensive kommerzielle Rinderhaltung erwies sich schon seit 1972 (Dürrejahr) als eine langfristig nicht ertragreiche Landnutzung (BOND 1993; KREUTER/WORKMAN 1997). Um überhaupt wirtschaftlich leben zu können, wurde auf den in den trockensten Räumen gelegenen Ranches vor allem im südöstlichen sog. Lowveld (National Region V), aber auch u. a. auf Betrieben am Kwai oder Matetsi River (vgl. Karte 4) im Westen Zimbabwes (National Region IV) der Rinderbesatz in Relation zur Tragfähigkeit exzessiv erhöht mit der Folge massiver Vegetations- und Bodendegradation: Eine nachhaltige Entwicklung ist hier selbst über eine extensive Nutztierhaltung nicht erreichbar. In den wildreichen, z. T. von Subsistenzbauern sehr dünn bzw. nur punktuell besiedelten Räumen des Communal Land südlich des Sambesi bzw. des Kariba Sees (vgl. Karte 1) erschwert oder verhindert die - trotz starker Zurückdrängung schon seit der Kolonialzeit - weite Verbreitung der Tsetse-Fliege, der Überträgerin der Schlafkrankheit (Trypanosomiasis) auf Nutztiere (und Menschen) einen zur Existenzsicherung der Bevölkerung notwendigen

Nutztierbesatz.[6] Im Unterschied zu Nutztieren haben sich Wildtiere im Zuge der Evolution anatomisch, physiologisch und in ihrem Verhalten den ökologischen Bedingungen dieser Räume besser angepasst. Das Nahrungsspektrum des Wildes ist weit vielfältiger, während Nutztiere die Vegetation nur selektiv nutzen mit der Folge, dass sich die nicht genutzten Pflanzen sehr schnell auf Kosten der von Rindern genutzten Vegetation (vor allem Gras) ausbreiten. Das Nahrungsangebot der Nutztiere wird daher tendenziell kleiner; die Überstockung mit ihren ökologischen Negativfolgen beschleunigt sich. Aufgrund höherer Mobilität können sich Wildtiere zudem schneller der häufigen Verlagerung der Weide- und Tränkpotenziale anpassen; sie weisen (vor allem viele Antilopenarten) eine höhere Reproduktionsrate als Rinder auf und können so nach hohen, etwa dürre- oder seuchenbedingten Verlusten schneller wieder ihre alte Bestandsstärke erreichen (KRUG 1999). Wild ist zudem generell resistenter gegen Parasiten und Seuchen. Die Biomasse des Wildes pro ha ist daher in der Regel und vor allem unter langfristiger Perspektive größer als die der Nutztiere. Deshalb ist der Wildbesatz anstatt einer Nutztierhaltung in der Regel auch ökonomisch optimaler - allerdings nur unter der Voraussetzung, dass der Wildbestand etwa infolge zu rigider Schutzbestimmungen sich nicht so stark erhöht, dass die Tragfähigkeit überschritten und die ökologische Stabilität dieser Räume gefährdet wird. Der Jagdtourismus kann daher auch als ein ökologisch notwendiges Regulativ zur Anpassung des Wildbestandes an das natürliche Potential angesehen werden.

Tab. 7: Umfang der (Brutto-) Deviseneinnahmen Zimbabwes durch den internationalen Jagdtourismus (1998 und 1999)

	1998	1999
Einnahmen (in 1.000 US$)		
Tagessätze[1] (Daily rates)	11.164,5	10.528,1
Gästesätze[2] (Guest rates)	865,1	848,4
Trophäengebühr	9.537,0	9.008,9
Sonstige	745,5	609,4
Gesamte Bruttoeinnahmen	22.303,1	20.994,8
abzüglich Kommissionskosten für ausländische Vermarkter	1.699,1	2.434,0
Nettoeinnahmen	20.604,0	18.560,8

[1] Entgelte für Unterkunft, Verpflegung, Transport, Jagdbegleitung (Berufsjäger, Abbalger, Fährtensucher usw.) des Jagdkunden
[2] Entgelte für Dienste für die den Jagdkunden begleitenden nichtjagenden Besucher (z. B. Familienmitglieder)

Quelle: Department of National Parks and Wildlife Management, Harare (Basis: Angaben der Jagdveranstalter im NP9-Formular)

Infolge auch der größeren, vor allem durch den Jagdtourismus bedingten wirtschaftlichen Rentabilität der Wildtierbewirtschaftung haben schon seit 1975 und mit hoher Dynamik vor allem in den 1990er Jahren mehr und mehr großbetriebliche Farmen/Ranches die Nutztierhaltung gänzlich oder zumindest teilweise aufgegeben und ihr Land mit Wild wiederbestockt. Von den rd. 5.100 Großbetrieben waren 1999 ca. 700 in der Wildlife Producers' Association zusammengeschlossen, von denen wiederum rd. 250 im Jagd- oder/und Fotosafari-/Tierbeobachtungstourismus, der Rest mit ihrer Wildtierbewirtschaftung ausschließlich in der Fleisch-/Häute-/Fellgewinnung (u. a. Straußen-, Krokodilfarmen) engagiert sind. Bei den Farmen in den Natural Regions I, II und III stellt Wild in der Regel nur die Basis eines nachgeordneten (nicht selten nur als Hobby des Farmers geführten) Betriebszweiges. Die (ausschließlich Groß-)Betriebe in den Natural Regions IV und vor allem V haben sich entweder vollständig (Beispiel Matetsi River Ranch; vgl.Tab. 8 und Karte 4) oder zumindest mit einem Großteil ihrer Betriebsfläche (Beispiel Liebig Ranch; vgl. Tab. 9) auf Wild als wirtschaftliche Ressource ausgerichtet. Allerdings: Auch viele dieser Betriebe wurden im Jahr 2000 von "Kriegsveteranen"[7] und Kleinbauern besetzt; der Wildbestand (einschließlich hochgefährdeter Arten wie dem Nashorn) wurde durch Wilderei stark dezimiert.

Die mit hohem materiellen und ideellen Aufwand von den Ranchern und Farmern vorgenommene Wiederbestockung mit Wild in Erwartung der zukünftigen Erwirtschaftung höherer Erträge über den Tourismus sind weithin in absehbarer Zukunft nicht mehr realisierbar.

Tab. 8: Die Entwicklung der von dem Jagdveranstalter Matetsi River Safaris[1] erhobenen Trophäengebühren je Abschuss für ausgewählte Tierarten (in US$)

	1991	1995	1998		1991	1995	1998
Pavian	10	35	50	Impala	20	60	100
Büffel (m)	900	1.000	1.500	Kudu (m)	400	550	750
Buschbock	100	150	200	Leopard	1.000	1.500	2.000
Krokodil	600	800	1.000	Löwe (m)	1.000	1.500	3.000
Elenantilope	900	1.000	1500	Rappenantilope	1.000	1.500	2.000
Elefantenbulle	6.000	9.000	10.000	Warzenschwein	100	150	200
Giraffe	900	1.000	1.500	Wasserbock	800	1.000	1.500
Greisbock	30	50	100	Zebra	600	650	750
Hyäne	50	150	200				

[1] Jagdreviere der ca. 22.000 ha großen Matetsi River Ranch sowie des (für 7 Jahre) von der Forest-Commission gepachteten Fuller Forests (vgl. Karte 4)

Quelle: Matetsi River Safaris

6 Jagdtourismus und ökologische Nachhaltigkeit

Das DNPWLM sieht nach Auskunft seines Chefökologen die unmittelbar benachbarten National Parks (Jagdverbot) und staatlichen (Safari Areas, Forest Lands; vgl. Karte 1) sowie kommunalen Jagdreviere als ökologische Einheit. Die Parks mit ihrem in der Regel (zu) großen Wildbesatz dienen als genetischer Pool - als Grundlage des Artenschutzes. Die pflanzliche Biomasse ist jedoch nicht stets - so z. B. bei langen Dürren - ausreichend, um den hier großen Wildbesatz zu ernähren. In dieser Stresssituation wechselt Wild verstärkt in die durch eine geringere Besatzdichte und damit auch noch ausreichend Futter aufweisenden Jagdreviere, in denen dann, über den zudem devisen- und einkommenschaffenden Jagdtourismus, eine notwendige Bestandsregulierung im Ökosystem erfolgen kann. Um eine Bestandsgefährdung durch die Jagd zu verhindern, werden für jede Tierart und jedes Jagdkonzessionsgebiet jährliche Abschussquoten festgelegt. Nach dem Washingtoner Artenschutzabkommen (CITES)[8] beantragt Zimbabwe zudem jährlich die zu genehmigenden Jagdquoten für Elefanten, Leoparden, Geparde und Krokodile. Nashörner, Lichtensteins Kuhantilopen, Pferdeantilopen und Hyänenhunde dürfen aufgrund geringer Bestände grundsätzlich nicht gejagt werden.[9] In den Schutzgebieten sowie in den staatlichen und kommunalen Jagdrevieren werden über (möglichst) regelmäßige (aber aus finanziellen Gründen nicht stets durchgeführte) Befliegungen und/oder Bodenzählungen (z. B. an Wasserstellen in der Trockenzeit) die Besatzzahlen der verschiedenen Tierarten erfasst und dann unter Berücksichtigung der Reproduktionsraten und der Tragfähigkeit der Parks und Jagdreviere die Abschussquoten festgelegt. Die Jagdveranstalter müssen zudem schriftliche Angaben über die Qualität der Trophäen der von ihren Klienten erlegten Tiere machen; diese Angaben werden allerdings weithin unvollständig gemacht, sollen aber dazu dienen, den Alters- und Geschlechteraufbau der Population der einzelnen Wildarten angenähert zu erfassen. Kenntnisse über Zahl, Alter und Geschlechterstruktur erleichtern die Festlegung bestandssichernder Jagdquoten. Nach Auskunft der mit den Zählungen und Quotenfestlegungen befassten Experten basiert der Bestand aber letztlich auf Schätzungen, die in der Regel um 10-20% nach oben oder unten von der Realität abweichen können. Die Quoten gehen jedoch vom niedrigsten zu erwartenden Bestand aus, um so jede Übernutzung auszuschließen, und sie liegen stets deutlich unter der Reproduktionsrate einer Wildart. Sehr häufig werden zudem die Jagdquoten (landesweit in den letzten Jahren jeweils nur 30-50%) nicht realisiert. Tab. 9-11 belegen für die CAMPFIRE-Distrikte insgesamt, am Beispiel der Liebig Ranch sowie der kommunalen und staatlichen Jagdreviere im Hurungwe District, dass die vorgegebenen Quoten nur sehr eingeschränkt realisiert wurden. Ein illegales Überschreiten der Quoten wird auch deshalb weitgehend verhindert, weil die einzelnen Jagdveranstalter in das Heimatland des Jagdkunden nur die Trophäen ausführen können, die durch die Quoten vorgegeben sind. Die meisten Jagdkunden streben den Abschuss von Tieren mit möglichst stattlichen Trophäen an. Hierbei handelt es sich in der Regel um schon ältere und männliche Tiere, die oft ohnehin ihrem natürlichen Tode nahe sind, aber nicht selten auch um genetisch wertvolle Tiere, die durch den Abschuss der weiteren Reproduktion vorzeitig entzogen werden.

Tab. 9: Wildbestand (Schätzung des Ranchers), Jagdquoten, gejagte Tiere und Trophäengebühr/Tier (1997; in US$) der Liebig Ranch (240.000 ha; 180.000 ha Wildareal: 60.000 ha Nutztierareal: Rinder ca. 40.000; Schafe ca. 600; 40 ha: Maisanbau); Lage: Natural Region V; Jagdtourismus (seit 1995); Game Viewing-Tourismus (seit 1999); Anteil am Betriebseinkommen: Jagdtourismus 30% (rd. 7 Mio. ZW$), Wildbret, Felle: 1,5%; Nutztierverlust durch Raubtiere: ca. 1-2% p.a.

Tierart	Bestand	Quote	gejagte Tiere	Trophäengebühr/Tier	Gesamteinnahmen[1]
Büffel	200	6	6	2.000	12.000
Buschbock	300	-	-	-	-
Buschschwein	900	-	-	-	-
Gepard	60	3	-	2.000	-
Duckerantilope	800	10	6	150	900
Elenantilope	5.000	50	50	1.000	50.000
Giraffe	3.600	50	50	600	30.000
Kuduantilope	4.000	50	50	1.000	50.000
Hyäne	50	5	-	750	-
Impala	10.000	300	8	150	1.200
Klippspringer	100	5	-	250	-
Leopard	250	-	-	-	-
Nyalaantilope	100	-	-	-	-
Riedbock	80	-	-	-	-
Rappenantilope	300	7	7	2.000	14.000
Steinbock	300	20	10	150	1.500
Leierantilope	150	7	7	700	4.900
Warzenschwein	1.000	-	-	-	-
Wasserbock	300	7	-	1.500	-
Gnu	3.800	50	50	800	40.000
Zebra	2.600	50	-	1.000	-
Gesamt					204.500

[1] Ohne die sog. Hunting Fees (Tagessätze)
Quelle: Unterlagen der Ranch

Auf den mit Wild wiederbestockten Ranches obliegt die Quotenfestlegung ausschließlich dem Landeigentümer, dem Rancher, der seit dem Parks and Wildlife Act 1975 grundsätzlich die Kontrolle über das Wild auf seinem Land hat und es dementsprechend auch nutzen kann, unter der Maßgabe, dass er nicht die oben erwähnten besonders geschützten Tierarten erlegt. In den an Schutzgebiete grenzenden Ranches (vgl. Karte 4), in die evtl. Wild in großer Zahl in Trockenzeiten oder bei Dürren aus Schutzgebieten migriert, kann das DNP-WLM bei Kenntnis eines zu starken Abschusses Beschränkungen erlassen.

Tab. 10: Die für 1998 festgelegten und die durch die Trophäenjagd in den CAMPFIRE-Distrikten realisierten Jagdquoten (ausgewählte Tierarten)

	Quote	gejagte Tiere	Quotenrealisierung (in %)
Elefant (m)	150	43	28,7
Büffel (m)	376	139	37,0
Leopard (m)	130	18	13,8
Hyäne (m)	168	8	4,8
Krokodil (m)	53	9	17,0
Rappenantilope (m)	55	13	23,6
Elenantilope	43	5	11,6
Kudu (m)	142	35	24,6
Schirrantilope (m)	125	26	20,8
Zebra (m)	103	25	24,3
Impala (m)	733	133	18,1
Duckerantilope (m)	180	12	6,7
Klippspringer (m)	89	11	12,4

Quelle: Department of National Parks and Wildlife Management, Harare; WWF-Programme Office, Harare

Tab. 11: Die in den Hunting Concession Areas Mukwichi[1] und Chewore[2] des Hurungwe District vorgegebenen oberen und die realisierten Jagdquoten (1997)

	Mukwichi		Chewore	
	Vorgabe	realisiert	Vorgabe	realisiert
Elefant (m)	3	2	4	4
Elefant (w)	20	3	0	0
Büffel (m, w)	15	15	30	30
Löwe	1	0	0	0
Leopard	6	5	6	2
Rappenantilope	4	1	6	4
Krokodil	4	3	0	0
Schirrantilope	6	1	8	4
Buschschwein	20	2	0	0
Pavian	20	10	10	1
Ducker	5	1	5	0
Elenantilope	2	1	2	0
Greisbock	3	1	3	0
Flußpferd	3	3	0	0
Hyäne	3	2	2	1
Schakal	3	0	0	0
Klippspringer	2	1	2	1
Kudu	2	1	2	2
Wasserbock	2	1	3	1
Warzenschwein	6	2	8	0
Zebra	2	1	3	1

[1] Mukwichi: Jagdkonzessionsgebiet auf Communal Land
[2] Chewore: Jagdkonzessionsgebiet in der staatlichen Safari Area Chewore

Quelle: Hurungwe RDC

Die Einhaltung einer nachhaltigen Wildtierbewirtschaftung auf den Ranches wird zudem durch die Conservation Commitees (CC) der sog. Intensive Conservation Areas (ICA) überwacht, in denen in der Regel 60-80 benachbarte Ranches zusammengeschlossen sind. Ihnen wurden bereits 1941 im damaligen Rhodesien durch den Natural Resources Act (bestätigt in der revidierten Fassung 1996) Aufgaben v. a. hinsichtlich des Boden- und Naturschutzes im weitesten Sinne übertragen. Nach dem Park and Wildlife Act (revidierte Ausgabe 1996) haben die CC das Recht und die Pflicht darauf zu achten, dass keine bestandsgefährdende Jagd erfolgt und auf den Ranches das generelle Jagdverbot für die sog. Specially Protected Animals (u. a. Erdwolf, Löffelhund, Geparde, Gemsbock, Lichtensteins Kuhantilope, Pferdeantilope), aber auch für seltene Vögel (u. a. Adler, Kraniche, Störche) oder die Pythonschlange beachtet wird. Überwiegend sind die CC daran interessiert, eine den Bestand gefährdende Jagd zu verhindern, schon deshalb, um die Basis ihrer wirtschaftlichen Existenz, das Wild als Grundlage des Jagdtourismus, langfristig zu sichern.

Mit der Vergabe einer Jagdkonzession in kommunalen und staatlichen Revieren sind Jagdveranstalter in der Regel verpflichtet, in ihrem Revier die Wilderei aktiv zu bekämpfen. Da auch in den CAMPFIRE-Distrikten die Bevölkerung Wild zunehmend als eine zu schützende, wenngleich nachhaltig zu nutzende Ressource betrachtet und die Wilderei zumindest eingeschränkt hat, konnte sich der Wildbestand in den letzten Jahren weithin stark erhöhen. Insbesondere der Elefantenbestand ist in den Parks und angrenzenden Räumen so stark gewachsen (insbesondere im und in Nähe des Hwange N. P.), dass die Tragfähigkeit dieser Räume überschritten wurde, die Vegetations- und Bodendegradation hierdurch oft weit fortgeschritten und zudem massive Wildschäden die Existenz der Anrainerbevölkerung zunehmend gefährden. In und um den Hwange N. P. lebten 1999 nach Schätzungen etwa 40.000 bis 50.000 Elefanten, die Tragfähigkeit dieses Raumes beträgt jedoch nur rd. 20.000 Tiere. Über die sog. Problem Animal Control (PAC) erfolgt ein behördlicher Abschuss wildernder Tiere. Die Zahl der so erlegten Tiere ist jedoch sehr gering; eine Bestandsgefährdung durch diese Jagd erfolgt nicht (z. B. bei Elefanten in den letzten Jahren ca. 1-2% des Bestandes). Die für den Wildschutz verantwortlichen Ökologen Zimbabwes plädieren daher (in inoffiziellen Gesprächen) für einen deutlich stärkeren Abschuss von Elefanten, aber auch von anderen, zu zahlreich vertretenen Tierarten, da nur dann eine nachhaltige Sicherung natürlicher Ressourcen und damit auch des Wilds für den Jagdtourismus möglich ist.

Eine deutliche Erhöhung der Quoten ist nach Expertenansicht kein wirkungsvolles Instrument zur oft nur regional notwendigen Reduzierung des Wildbesatzes, u. a. da schon die bisher in Relation zum Bestand zu niedrigen Jagdquoten trotz starker Expansion des Jagdtourismus nicht voll ausgeschöpft werden. Das in Nachbarländern (Südafrika, Sambia) praktizierte Culling, der Abschuss zahlreicher und ganzer Herden, v. a. von Elefanten, bietet sich zwar an, wurde aber angeblich aufgrund der beschränkten, nach dem Washingtoner Artenschutzabkommen Zimbabwe zugestandenen Abschussquoten (z. B. 1998 max. 500 Elefanten) sowie v. a. auch aus Furcht vor dem Druck einer empörten Weltöffentlichkeit mit negativen Rückwirkungen u. a. auch auf den Safari-Tourismus, unterlassen. Aufgrund des CITES-Verbots des Elfenbeinhandels[10] seit 1989 kann Zimbabwe schon jetzt die vorhandenen Elfenbeinbestände nicht exportieren und so für den Wildschutz dringend benötigte Einkommen nicht realisieren.

Eine besondere Bedeutung für den Artenschutz kommt den seit den frühen 1990er Jahren entstandenen sog. Conservancies zu, in denen sich benachbarte Ranches zusammengeschlossen haben, um auf ihrem Areal den Wildbesatz über Bestockungs- und Hegemaßnahmen zu erhöhen und um durch Wilderei besonders gefährdeten Arten ein Refugium zu bieten. Die größten Conservancies liegen im trockenen Südosten des Landes, im sog. Lowveld. Die größte dieser "Hegegemeinschaft" ist die Save Valley Conservancy mit 26 Ranches und einer Gesamtfläche von 3.387 qkm.[11] In Zusammenarbeit mit dem DNPWLM und u. a. dem WWF wurden hier u. a. einzelne überlebende Exemplare des durch Wilderei in den 1980er und frühen 1990er Jahren fast vernichteten Spitz- und Breitmaulnashornbestandes aus dem gefährdeten Sambesital und von 1992 bis 1993 über 500 Elefanten aus dem durch Dürre gefährdeten, benachbarten Gonarezhou N. P. (vgl. Karte 1) "eingebürgert". Bis 1999 hatte sich der Nashornbestand hier auf rd. 60 Tiere in etwa verdoppelt; er wurde aber - ebenso wie der sonstige Wildbestand - im Zuge der Landbesetzungen im Frühjahr 2000 dezimiert. Durch die Beseitigung aller Zäune innerhalb der Conservancy wird die ökologisch notwendige Migration des Wilds über große Räume ermöglicht und so eine höhere Besatzzahl ohne Gefährdung der ökologischen Stabilität erreicht. Während in den ersten Jahren des Bestehens dieses weltgrößten privaten Wildschutzgebietes die Rancher Einkommen vorrangig aus dem Foto-, Safari-, Tierbeobachtungstourismus erzielten, erfolgte mit wachsendem Wildbesatz eine zunehmende Ausrichtung auf den ertragreicheren Jagdtourismus, der die wirtschaftliche Voraussetzung für die nachhaltige Sicherung einer großen und artenreichen Fauna ist (bzw. bis 2000 war?).

7 Das Fazit: Chancen und Risiken nachhaltiger Entwicklung durch den Jagdtourismus

Die über den Jagd-, aber auch über den sich verstärkenden Foto-Safari-/Tierbeobachtungs-Tourismus verbesserte Sicherung des Wildbestands außerhalb der Schutzgebiete auf privatem und kommunalen Land hat die Lebensräume vieler Wildtiere gesichert und oft erweitert. Durch die Ausweisung großräumiger Conservancies auf privatem Farmland, von kommunalen Jagdrevieren, oft in Angrenzung an Nationalparks oder den Safari Areas bzw. dem Forest Land des Staates, wurde die Gefahr der Bildung von Inselpopulationen des Wildes nur in Schutzgebieten gemildert und damit die langfristige Sicherung der Biodiversität erleichtert. Die Isolation von Wildtieren auf den relativ kleinen Arealen der Nationalparks führt nämlich aufgrund fehlender Kontakte zu anderen Populationen zur genetischen Verarmung, zur Verminderung der Überlebenschancen vieler Arten. Zudem wird die an das räumlich und zeitlich oft extrem schwankende Nahrungsangebot angepasste Migration der Wildtiere durch die Isolation eingeschränkt; die zum Überleben vieler Tiere notwendigen Migrationen auch über größere Räume werden unterbunden. Heute sieht das DNPWLM Nationalparks als genetische Pools für Wildtiere, die jedoch im Falle eines Nahrungsdefizits auch in die angrenzenden staatlichen oder kommunalen Jagdreviere migrieren können und hier aufgrund ihres Wertes als ökonomische, d. h. unter kontrollierten Vorgaben nutzbare Ressource von der Anrainerbevölkerung gesichert werden. Infolge rasanten Bevölkerungswachstums und damit steigenden Landmangels wird sich der Nutzungsdruck zunächst auf die zahlreichen Jagdreviere und selbst auf die Nationalparks zukünftig verschärfen. In Anbetracht zunehmender Verelendung immer größerer Bevölkerungsgruppen steht vor allem die Landbevölkerung einer rigiden Naturschutzpolitik, die jegliche Nutzung des Wildes verbietet, mit Ablehnung gegenüber. Wildtiere werden dann als Nahrungskonkurrenten für Nutztiere und als Schädlinge für den Ackerbau, die Viehhaltung und auch für den Menschen gesehen und dementsprechend bekämpft. Ein kontrollierter, am Leitgedanken der Nachhaltigkeit ausgerichteter Jagdtourismus, dessen wirtschaftliche Erträge verstärkt der Bevölkerung zukommen müssen, ist ein wichtiges Instrument zur Abkehr von dem letztlich erfolglosen Konzept eines rigiden konservierenden Naturschutzes hin zu einer effizienten Naturnutzung. Wenn die Landbevölkerung nicht noch deutlich höhere Erträge aus der konsumtiven (Jagdtourismus) und nichtkonsumtiven (Foto-/Safaritourismus) Wildtiernutzung erzielt, ist schon in naher Zukunft mit dem Verschwinden vieler Wildtierarten Afrikas zu rechnen. Allein mit moralischen Appellen und auch mit rigiden Verboten ist eine Unterbindung der Wilderei durch eine verarmte Bevölkerung, die täglich um ihre nackte Existenz kämpfen muss, nicht zu erreichen. Meine detaillierten, für eine spätere Veröffentlichung vorgesehenen Ergebnisse meiner Untersuchungen über CAMPFIRE lassen jedoch bezweifeln, dass über den Jagdtourismus ein so hinreichend hohes Einkommen erzielt und zudem noch so gerecht auf die Anrainerbevölkerung verteilt werden kann, dass auf eine verstärkte Nutzung der Jagdreviere durch andere ökonomische Aktivitäten verzichtet wird.

Auch die jüngste politische Instabilität Zimbabwes hat den Jagdtourismus stark betroffen. Es ist zu befürchten, dass er erst nach einigen Jahren politischer Ruhe wieder den Stand von 1999 erreichen kann. Eine darüber hinausgehende, deutlich stärkere Ausweitung des Jagdtourismus ist jedoch mittelfristig mit Sicherheit gar nicht und auch langfristig nur bedingt zu erwarten. Schon seit Jahren konnten die festgelegten Jagdquoten nicht ausgeschöpft werden; theoretisch mögliche Einnahmen wurden so weithin nicht realisiert, da die Nachfrage dem steigenden Angebot nicht entspricht. Eine drastische Reduzierung der Trophäengebühren mit dem Ziel einer Ausweitung der Nachfrage ist aus ökologischen und wirtschaftlichen Gründen nicht sinnvoll und dürfte auch nicht zu einer steigenden Nachfrage führen. Die spezifische Situation Zimbabwes infolge der politischen Instabilität wird dadurch verschärft, dass auch andere Länder Afrikas, wie z. B. Tanzania (VORLAUFER 1998), vor allem aber die Nachbarstaaten Namibia, Botswana, Südafrika und Sambia ihren Jagdtourismus stark ausweiten und als leistungsstarke Konkurrenten auf dem Welttourismusmarkt auftreten.

Wenn die internationale Staatengemeinschaft und namentlich die Gesellschaften der reichen Ländern aus ethischen, biologischen und/oder touristischen Gründen die einzigartige Tierwelt Afrikas für zukünftige Generationen erhalten will, wird ein noch massiverer Transfer von Kapital aus den entwickelten Ländern in die wildreichen Räume Afrikas notwendig sein, da die Bevölkerung nur dann langfristig bereit und wirtschaftlich dazu in der Lage sein wird, die durch die eingeschränkte oder vollständig illegale Nutzung der Wildreviere bedingten hohen Opportunitätskosten zu tragen. Vor allem aber muss der Bevölkerung jener Räume, die schon heute einen die Tragfähigkeit übersteigenden Wildbesatz aufweisen, die stark auszuweitende Möglichkeit einer legalen, aber gleichwohl nachhaltigen Nutzung des Wilds etwa zur Fleisch-, Häute-, Fell- oder auch Elfenbeingewinnung gegeben werden.

Literatur

ALEXANDER, J./MC GREGOR, J. (2000): Wildlife and Politics: CAMPFIRE in Zimbabwe. In: Development and Change 31. S. 605-627.

BOND, I. (1993): The Economics of Wildlife and Land Use in Zimbabwe: An Examination of Current Knowledge and Issues. WWF-Project Paper No. 36, Harare.

HECHT, V./WEIS, CHR. (1999): Auf der Suche nach Synergien aus Entwicklung und Naturschutz. CAMPFIRE - ein Ansatz aus Zimbabwe. Bochum. (= Materialien und Kleine Schriften 168).

HILL, K.A. (1994): Politicians, Farmers, and Ecologists. Commercial Wildlife Ranching and the Politics of Land in Zimbabwe. In: Journal of African and Asian Studies 29. S. 226-247.

KRUG, W. (2000): Internationaler Artenschutz: Öko-Ökonomie oder Öko-Ideologie? In: Entwicklung und ländlicher Raum 34, H.6. S. 30-32.

JANSEN, D.J./BOND, I./CHILD, B.A. (1992): Cattle and Wildlife. Both or neither? A Survey of Commercial Ranches in the semi-arid Regions of Zimbabwe. WWF Working Paper 7, Harare.

METCALFE, S. (1994): The Zimbabwe Communal Areas Management Programme for Indigenous Resources (CAMPFIRE). In: D. WESTERN, D./WRIGHT, R.M./STRUM, S.C. (Hrsg., 1994): Natural Connections. Perspectives in Community-based Conservation. Washington D.C., S. 161-192.

MURINDAGOMU, F. (1999): Zimbabwe: Windfall and CAMPFIRE. In: KISS, A. (Hrsg., 1999): Living with Wildlife. Wildlife Resources Management with Local Participation in Africa. Washington D. C., S. 123-139.

MURPHREE, N.W./CUMMING, D.H.M. (1993): Savanna Land Use: Policy and Practice in Zimbabwe. In: YOUNG, M.D./SOLBRIG, O.T.: The World's Savanna: Economic Driving Forces, Ecological Constraints and Policy Options for Sustainable Land Use. Paris (= Man and the Biosphere Series 12), S. 139-178.

UNDP (ed.): Human Development Report 1999.

VORLAUFER, K. (1996): Tourismus in Entwicklungsländern. Möglichkeiten und Grenzen einer nachhaltigen Entwicklung durch Fremdenverkehr. Darmstadt.

VORLAUFER, K. (1997): Conservation, Local Communities and Tourism in Africa. Conflicts, Symbiosis, Sustainable Development. In: HEIN, W.: Tourism and Sustainable Development. Hamburg (= Schriften des Deutschen Übersee-Instituts 41), S. 53-123.

VORLAUFER, K.: Die Selous Game Reserve/Tanzania - Naturschutz, Jagdtourismus und zukunftsfähige Entwicklung in Afrikas größtem Wildreservat. In: Erdkunde 52, 1998, S. 314-329.

---

[1] Quelle: WTO 1999.

[2] Falls nicht ausdrücklich erwähnt, wurden alle nachfolgenden Daten unveröffentlichten Unterlagen des Department of National Parks and Wildlife Management (DNPWLM) in Harare entnommen oder sie basieren auf Gesprächen mit Experten des DNPWLM, WWF-Programme Office in Harare, der Commercial Farmers' Union (CFU), zahlreichen im CAMPFIRE tätigen Fachleuten oder mit den in der Wildtierbewirtschaftung engagierten Ranchern/Farmern. Die empirischen Erhebungen wurden 1998 und 1999 mit finanzieller Unterstützung der Deutschen Forschungsgemeinschaft durchgeführt, der hierfür gedankt sei.

[3] Nach den Angaben des Central Statistical Office, Harare (Zimbabwe Statistical Yearbook 1997, S. 174) wurden von 1990 bis 1996 demgegenüber jedes Jahr (in ZW$) hohe negative Salden erreicht.

[4] UNDP 1999.

[5] Nur auf sehr kleinen Arealen und sehr bedingt etwa an Berg- und Hügelketten mit orographisch bedingtem Steigungsregen.

[6] Allerdings: In Räumen, die mittels rigider Maßnahmen schon seit 1930 (Abschuss des Wilds; Anlage von vegetationslosen Schneisen, die von Tsetse-Fliegen nicht überflogen werden können; chemische und - jüngst - biologische Bekämpfung der Fliege) hat sich die subsistenzorientierte Nutztierhaltung der wachsenden Bevölkerung so stark ausgeweitet, dass auch hier große Areale in Nähe der Siedlungen ökologisch degradiert wurden.

[7] "War Veterans" haben am langjährigen Befreiungskampf gegen die südrhodesische Regierung (bis 1980) auch unter dem politischen Ziel teilgenommen, dass die Großbetriebe der Weißen nach der Unabhängigkeit vorrangig an Veteranen vergeben werden, was bisher nur sehr eingeschränkt verwirklicht wurde.

[8] Convention on International Trade in Endangered Species of Wild Fauna and Flora.

[9] In der speziell auf die Bestandssicherung von Nashörnern ausgerichteten Midlands Black Rhino Conservancy, einem Zusammenschluss von 17 Farmen/Ranches zu einer 941 km² großen Hegegemeinschaft, wurden einzelne Nashornbullen zum Abschuss für Jagdkunden deshalb "verkauft", weil ein Überbesatz männlicher Tiere zu blutigen Revierkämpfen mit kontraproduktiven Auswirkungen für den Artenschutz geführt hatte.

[10] Im Jahr 1999 durfte Zimbabwe erstmals rd. 20 t Elfenbein im Wert von ca. 2 Mio. US$ nach Japan exportieren (Mitteilung von Abel Khumalo, WWF-Office, Harare); 2000 wurde der Antrag Zimbabwes auf Aufhebung des Handelsverbotes auf der CITES-Konferenz in Nairobi abgelehnt.

[11] Daneben gibt es im Lowveld noch die Chiredzi River (rd. 800 qkm) und Bubiana Conservancy (1.275 qkm).

Sozialgeographische Ansätze eines Tourismus für Menschen mit Behinderung

Peter Weber/Peter Neumann
unter Mitarbeit von Andrea Mallas

1   Geographische Behindertenforschung in Deutschland - (k)ein Thema?

In der Geographie hat die fachwissenschaftliche Auseinandersetzung mit behinderten Menschen keine Tradition (vgl. NEUMANN/SCHWARZE 1999). In der früheren Disziplinentwicklung des 19. Jahrhunderts dominierte eine naturwissenschaftliche Orientierung, die im starken Maße auf den Vorstellungen von Charles Darwin basierte; dem „struggle of life" lag eine Vorstellung zugrunde, die zu der Gleichsetzung führte: „Gesund ist gut und krank ist schlecht".

Auch das seit Beginn des 20. Jahrhunderts in der deutschsprachigen Geographie sich etablierende Interesse an der Landschaft zielte dahin, die Raumstrukturen im Rahmen von Feldforschung, Geländearbeit und Exkursion durch optische Wahrnehmung zu erschließen. Dies setzte optimale Mobilität voraus und begründete ein „Naturburschen-Image", das mobilitätsbehinderte Menschen praktisch vom Geographie-Studium ausschloss. Als charakteristisch kann in diesem Zusammenhang der Diskussionsbeitrag von Karl-Heinz Hottes 1969 auf dem Kieler Geographentag angesehen werden, der damals innerhalb der Fachdisziplin wahrscheinlich weitestgehende Zustimmung fand: „Ich meine: Der Geograph ist Naturbursche. Ich vertrete nun zwar Wirtschafts- und Sozialgeographie und habe vielleicht äußerlich nicht mehr das Format eines Naturburschen. Aber (...) ich mache jeden Studenten, der sich bei mir vorstellt, darauf aufmerksam, daß eine gute körperliche Kondition Vorbedingung ist, wenn man Geograph oder Geographin zu werden gedenkt" (HOTTES 1969).

Auch in der Sozialgeographie, die sich in den 1960er Jahren etablierte, wurden Menschen mit Behinderung nicht registriert, obgleich die Gruppe der behinderten Menschen sicherlich spezifische Ansprüche an den Raum hat, die Daseinsgrundfunktionen in besonderer Weise wahrnimmt und ihre Umwelt in besonderer Weise perzipiert. Schließlich weist auch die moderne handlungstheoretisch orientierte Sozialgeographie in dieser Hinsicht erhebliche Defizite auf. Zwar wurden ansatzweise spezielle gesellschaftliche Teilsegmente wie Kinder (vgl. MONZEL 1995) untersucht, aber das „Geographie-Machen" von Menschen mit Behinderung ist bisher in dieser Richtung nicht thematisiert worden.

In diesem Kontext wurden seit Anfang der 1990er Jahre vom Institut für Geographie der Universität Münster theoretische und praktische Ansätze entwickelt, die sich unter sozialgeographischen Aspekten mit Menschen mit Behinderung befassen. Unter anderem wurde in Kooperation mit der Stiftung Siverdes der Stadt Münster ein internetbasiertes System entwickelt, das vor allem für Menschen mit Behinderung Kommunikations- und Orientierungshilfen bietet. Darauf bauen derzeit weitere Projekte auf, die auch auf die touristische Nutzung der Stadt und des ländlichen Raumes ausgerichtet sind, die im Folgenden (vgl. Kap. 4.2) näher beschrieben werden.

2 Das touristische Marktsegment „Tourismus für Menschen mit Behinderung"

2.1 Vom karitativen Reisen zur touristischen Zielgruppe - die Entwicklung des Tourismus für Menschen mit Behinderung

Die Entwicklung des Tourismus für Menschen mit Behinderung war in Deutschland sehr langwierig und lief in der zweiten Hälfte des 20. Jahrhunderts auch nur schleppend an. Bis in die 1950er Jahre gab es in Deutschland für Menschen mit Behinderung so gut wie keine Chance, individuell zu verreisen. Es fehlte sowohl in der Öffentlichkeit als auch auf politischer Ebene das Problembewusstsein, dass auch behinderte Menschen ein Recht darauf haben, am allgemeinen Urlaubsbetrieb teilzunehmen. In der Reisebranche fehlten entsprechende Angebote. So übernahmen die Behindertenverbände bis in die 1980er Jahre die Aufgabe, für Menschen mit Behinderung Reiseangebote (meist in Gruppen) zu organisieren. Dass damit für die Betroffenen oft ein Urlaub in einer sog. „Ghettosituationen" verbunden war, war nur schwer zu vermeiden.

Als „Stein des Anstoßes" wird in der folgenden Entwicklung der als „Frankfurter Urteil" bekannt gewordene Richterspruch von 1980 angesehen. In diesem Richterspruch wurde der Klage einer Rentnerin auf Minderung des Reisepreises recht gegeben, weil sie sich durch die Anwesenheit einer Gruppe von Rollstuhlfahrern bei den Mahlzeiten in ihrem Urlaubsgenuss beeinträchtigt fühlte. Dieses Urteil rief laute Empörung hervor und es wurde erstmalig „die Benachteiligung behinderter Menschen im Bereich Urlaub einer breiten Öffentlichkeit bewußt" (ZEIMETZ 1990, S. 56) gemacht. Insofern wird dieses Urteil von ZEIMETZ auch als „(Meilen-)Stein des Anstoßes mit positiver Wirkung" (S. 56) bewertet.

Abb. 1: Die Entwicklung des Tourismus für Menschen mit Behinderung

Im Jahr 1980 wurde auch eine erste deutsche Reiseanalyse vom STUDIENKREIS FÜR TOURISMUS durchgeführt, die sich mit Aspekten des Themas „Behinderte und Reisen" befasste und unter anderem erstmals auch die Reaktionen auf die Präsenz behinderter Miturlauber mit einbezog. In dieser Analyse kam man u. a. zu dem Ergebnis, dass 88% der Befragten eine mögliche Anwesenheit behinderter

Miturlauber nicht als störend empfinden würde. Bei der gleichen Frage kam man 1986 bereits auf einen Prozentsatz von 92% (WILKEN 1993).

Seitdem gewinnt das Thema mehr und mehr Bedeutung und Anerkennung. Vertreter der BUNDESABEITSGEMEINSCHAFT DER CLUBS BEHINDERTER UND IHRER FREUNDE machen auf die Bedürfnisse behinderter Menschen im Urlaub auf allen großen Reisemessen in Deutschland aufmerksam. Mit der Aufnahme des Benachteiligungsverbotes in das Grundgesetz 1995 (Art. 3 (3) GG) sollte 1995 auch das „Bürgerrecht auf Reisen" für Menschen mit Behinderung verfassungsrechtlich untermauert werden. Dieser grundgesetzliche Auftrag soll nun noch durch ein sog. Gleichstellungsgesetz ausgestaltet werden.

Nicht zuletzt die Beharrlichkeit der Betroffenenverbände, die immer wieder auf die unbefriedigende Situation reisewilliger behinderter Menschen hingewiesen haben, war der Auslöser für die Bundesregierung, Ende 1996 ein umfassendes Forschungsprojekt in Auftrag zu geben (vgl. PAULY 2000). Ziele des Projektes waren:
- Ermittlung der Bedürfnisstruktur reisewilliger behinderter Menschen,
- Darstellung der vorhandenen Erschwernisse und möglicher Ansatzpunkte für Verbesserungen,
- Entwicklung einer Angebotsplanung, die es touristischen Anbietern erleichtert, das Marktsegment „mobilitätseingeschränkte Menschen" erfolgreich anzusprechen,
- Erarbeitung eines Handbuches für Planer und Praktiker, das konkrete Handlungsweisen beschreibt, wie Barrierefreiheit für alle Menschen vor Ort erreicht werden kann.

Das Forschungsvorhaben wurde in drei Teilprojekte aufgegliedert, die jeweils von dem fachlich zuständigen ministeriellen Ressort betreut wurden:

Teilprojekt 1
„Sozialpsychologische Untersuchung zu den Bedürfnissen und Aktivitäten behinderter/mobilitätseingeschränkter Ferien- und Geschäftsreisender sowie zu den vorhanden Erschwernissen". Projektträger: Bundesministerium der Gesundheit (vgl. TREINEN 1999).

Teilprojekt 2
„Erarbeitung einer Anleitung für die Angebotsplanung und -umsetzung sowie die zugehörige Öffentlichkeitsarbeit für Ferien- und Geschäftsreisen behinderter/mobilitätseingeschränkter Menschen". Projektträger: Bundesministerium für Wirtschaft (vgl. GUGG/HANK-HAASE 1998).

Teilprojekt 3
„Erarbeitung einer Anleitung zur behindertengerechten Planung, Herrichtung und Ausstattung von Verkehrsmitteln und -anlagen, der Verkehrs- und Wanderwegeinfrastruktur sowie der Beherbergungsbetriebe und öffentlicher Einrichtungen". Projektträger: Bundesministerium für Verkehr (vgl. BUNDESMINISTERIUM FÜR VERKEHR, BAU- UND WOHNUNGSWESEN 1998).

Mittlerweile werden Menschen mit Behinderung durchaus als touristische Zielgruppe angesehen, dennoch stößt man in der Praxis heute immer noch auf ein geringes Problemverständnis und „Scheinargumente", die durch mangelndes Wissen und durch die „Barrieren in den Köpfen" der touristischen Anbieter und Entscheidungsträger begründet sind.

2.2 Definitionen der touristischen Zielgruppe „Menschen mit Behinderung"

2.2.1 Behinderungsbegriff

Die Definition von Behinderung ist maßgeblich dafür, wie eine Gesellschaft mit Menschen mit Behinderung umgeht. Eine einheitliche Abgrenzung des Begriffes der Behinderung zu finden, ist schwierig. Vielfach wird bewusst auf eine konkrete Definition von Behinderung verzichtet. Grundsätzlich unterschieden werden muss zwischen einer sehr eng gefassten Legaldefinition und offeneren Begriffsbestimmungen in der Fachliteratur.

Arbeitet man mit den Zahlen des Statistischen Bundesamtes, muss auf die bundesdeutsche Legaldefinition zurückgegriffen werden. In der bundesdeutschen Gesetzgebung wird der Behindertenbegriff im Schwerbehindertengesetz (SchwbG) wie folgt definiert: „Behinderung im Sinne dieses Gesetzes ist die Auswirkung einer nicht nur vorübergehenden Funktionsbeeinträchtigung, die auf einem regelwidrigen körperlichen, geistigen oder seelischen Zustand beruht. Regelwidrig ist der Zustand, der von dem für das Lebensalter typischen abweicht. Als nicht nur vorübergehend gilt ein Zeitraum von mehr als sechs Monaten" (§3(1) SchwbG) (http://www.bma.bund.de/download/gesetze/SchwbG.htm).

Das Bundesversorgungsgesetz bestimmt Maßstäbe zur Ermittlung der Schwere der Behinderung. Dazu heißt es im Schwerbehindertengesetz: „Die Auswirkung der Funktionsbeeinträchtigung ist als Grad der Behinderung (GdB) nach Zehnergraden abgestuft, von 20 bis 100 festzustellen." (§3(2) SchwbG) (http://www.bma.bund.de/download/gesetze/SchwbG. htm). Als Schwerbehinderte gelten nach §1 SchwbG Personen mit einem Grad der Behinderung von mindestens 50. Nur sie werden in den Schwerbehindertenstatistiken des Statistischen Bundesamtes und der Statistischen Landesämter erfasst.

Diese Definitionen folgen weitgehend dem Ansatz eines „medizinischen Modells von Behinderung", nach dem hauptsächlich Funktions- und Leistungseinschränkungen der Menschen mit Behinderung im Vordergrund der Betrachtung stehen. Im Gegensatz weist dazu das „soziale Modell von Behinderung" auf die besondere Verantwortung des Gemein- und Sozialwesens (vgl. GLEESON 1997). Diesem Ansatz folgt auch die Deklaration von Barcelona.[1] Dort heißt es in den Ziffern 3 und 5, „daß das Wort Behinderung ein dynamischer Begriff ist, das Ergebnis der Interaktion zwischen individueller Begabung und umweltbedingten Einflüssen, die wiederum diese Begabung prägen. Folglich sind das Gemeinwesen und das Sozialwesen dafür verantwortlich, daß sich die Entwicklung der Bürgerinnen und Bürger zu den bestmöglichen Konditionen vollzieht, was wiederum bedeutet, daß alle Ursachen vermieden bzw. beseitigt werden, die dieser Entwicklung im Wege stehen oder sie verhindern; (...) daß die Grenzen zwischen Normalität und Behinderung so gut wie nicht begrifflich festgelegt sind, und deshalb die Unterschiede zwischen den Bürgerinnen und Bürgern als Teil der Vielfalt verstanden werden müssen, die die Gesellschaft ausmacht, und entsprechend die Strukturen und Dienstleistungen so zu begreifen sind, daß sie von der ganzen Bevölkerung genützt werden können, was in den meisten Fällen die Existenz einer spezifischen Terminologie für Behinderte überflüssig macht." (AJUNTAMENT DE BARCELONA 1995).

Bezogen auf die Terminologie Mobilitätsbehinderung ist in einer Veröffentlichung des Bundesministeriums für Verkehr eine sehr umfassende Definition zu finden (vgl. Abb. 2). Diese sehr weit gefasste Definition zählt alle Personen mit in die Gruppe der mobilitätsbehinderten Menschen, die Probleme bei der Bewegung und Orientierung im Raum haben. Zudem wirkt dieser Erklärungsansatz der Aussage, „behinderte Menschen entsprechen nicht der Norm" entgegen, weil sich alle Menschen in dieser Definition wiederfinden können, zumindest für den Zeitabschnitt der Kindheit (und des Alters).

Abb. 2: Definition der Mobilitätsbehinderung

- Bewegungsbehinderte Menschen
- Wahrnehmungsbehinderte Menschen
- Sprachbehinderte Menschen
- Personen mit geistiger Behinderung
- Personen mit psychischer Behinderung
- Ältere Menschen
- Übergewichtige Menschen
- Kleinwüchsige und großwüchsige Menschen
- Schwangere
- Personen mit vorübergehenden Unfallfolgen
- Personen mit postoperativen Beeinträchtigungen
- Personen mit Kinderwagen oder schwerem Gepäck
- Analphabeten
- Kinder

Quelle: BUNDESMINISTERIUM FÜR VERKEHR 1997

2.2.2 Anteil mobilitätsbehinderter Menschen an der Gesamtbevölkerung

Konkrete Zahlen über die Gruppe der behinderten Menschen festzulegen, ist genauso schwierig, wie eine einheitliche Definition über Behinderung zu finden. Es wird geschätzt, dass 20-30% der Bevölkerung in irgendeiner Form mobilitätsbehindert sind. Die Europäische Verkehrsministerkonferenz geht für die planbare Zukunft sogar von einem Anteil von 30-35% der Bevölkerung aus (vgl. ZEIMETZ/ NEUMANN 2000).

Gesicherte Daten liefert für Deutschland allein die Schwerbehindertenstatistik des Statistischen Bundesamtes. Im Jahr 1997 waren bei den Versorgungsämtern 6,6 Mill. Personen als schwerbehindert registriert. In den alten Bundesländern (inkl. Ost-Berlin) waren durchschnittlich jeder 12. und in den alten Bundesländern jeder 15. Einwohner von einer Schwerbehinderung betroffen. Im früheren Bundesgebiet hat sich die Anzahl der Schwerbehinderten im Vergleich zu 1995 um 1,4%, in den neuen Ländern um 5,5% erhöht (SBA 1999). Bezogen auf das Bundesgebiet finden sich Unterschiede in der räumlichen Verteilung der Schwerbehinderten (vgl. Abb. 3).

Bemerkenswert an der räumlichen Verteilung ist, dass in den bevölkerungsstarken Bundesländern der Anteil der schwerbehinderten Personen besonders hoch ist. Zurückzuführen ist dies u. a. auf den hohen Bedarf an behinderungsorientierten Organisationsformen, z. B. sozialer oder infrastruktureller Art, die in Gebieten mit hoher Bevölkerungsdichte am besten ausgebaut sind.

Eine Aussagekraft über den tatsächlichen Anteil behinderter Menschen haben diese Angaben jedoch nicht. Bezüglich der Menschen mit Schwerbehinderung gibt es einen gewissen Grad der Untererfassung, da sich nicht alle Betroffenen bei den zuständigen Versorgungsämtern melden. Unter diese sog. "Dunkelziffer" fallen auch diejenigen, deren Grad der Behinderung unter 50% liegt. Bezogen auf die oben genannte, sehr weit gefasste Definition des Begriffes der Mobilitätsbehinderung nimmt die Dimension der Untererfassung eine erhebliche Größe ein (vgl. KREITER 1999).

Abb. 3: Schwerbehinderte nach Bundesländern (1995)

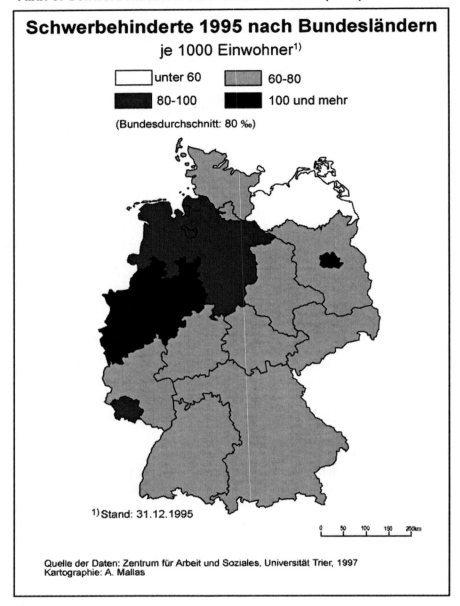

2.2.3 Soziodemographische und -ökonomische Merkmale

Der demographische Alterungsprozess wird in Zukunft eine beträchtliche Steigerung der Anzahl älterer Menschen mit sich bringen und somit auch zu einer wachsenden Zahl behinderter Menschen in der Altersgruppe über 60 Jahre führen. Demzufolge ist es angebracht, zumindest auch dort, wo ältere Menschen als touristische Zielgruppe angesprochen werden, auf eine barrierefreie Angebotsgestaltung zu achten.

Es ist allerdings davon abzuraten, behindertengerechtes Reisen nur auf die Bedürfnisse von älteren Menschen abzustellen, da einerseits natürlich nicht alle älteren Menschen von einer Behinderung betroffen sind und andererseits sich auch das Reiseverhalten der zukünftigen Senioren in verstärktem Maße unterscheiden wird von der heutigen Situation. Die Zielgruppe der „neuen oder jungen Alten" weist nicht nur eine veränderte Freizeitgestaltung auf, sondern hat auch eine größere Reiseerfahrung, als die Generation vor ihnen. „Während die Tourismusbranche versucht, in ihrer Angebotsgestaltung mit den allgemeinen Freizeittrends Schritt zu halten, werden behindertengerechte Angebote zumeist immer noch mit althergebrachten Seniorenangeboten in Verbindung gebracht. Es wächst jedoch in zunehmendem Maß eine Generation in das Seniorenalter hinein, die über jahrzehntelange Reiseerfahrung verfügt und auch im fortgeschrittenen Alter Anspruch auf eine aktive Urlaubsgestaltung erhebt.

Abb. 4: Schwerbehindertenquote nach Altersklassen

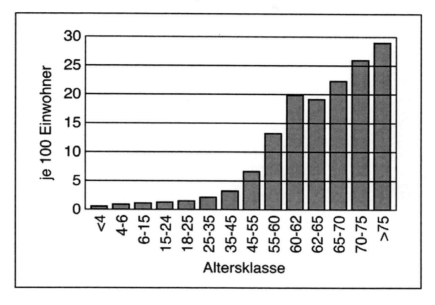

Quelle: HRUBESCH 1998, S. 41

Nicht nur jungen behinderten Gästen sind daher aktive und sportive Freizeitangebot zu eröffnen, sondern auch dem stetig steigendem Anteil behinderter, aber in ihren Ansprüchen jung gebliebener Senioren" (HRUBESCH 1998, S. 54).

Kenntnisse über die Einkommenssituation der Zielgruppe sind für eine touristische Angebotsgestaltung insofern interessant, da sie Rückschlüsse auf das Preisniveau des zu generierenden Angebotes und dessen Auslastung erlauben. Die Angaben zum individuellen Einkommen nichtbehinderter und behinderter Menschen, die sich in Abb. 5 mehr oder weniger ähnlich darstellen, lassen jedoch wenig Schlussfolgerungen auf die materiellen Lebensverhältnisse zu. Vergleichbare Nettoeinkommen stehen oft verschiedenen Haushalten (mit unterschiedlicher Haushaltsgröße) zur Verfügung. Außerdem muss auch hier beachtet werden, dass „insbesondere behinderte Menschen mit einem hohen Hilfebedarf oft höhere, behinderungsbedingte Ausgaben haben als Nichtbehinderte" (HRUBESCH 1998, S. 45).

Für eine touristische Angebotsgestaltung ist wesentlich, dass barrierefreie Angebote für jede Einkommensschicht interessant sind und es nicht sinnvoll ist, durch ein bestimmtes Preisniveau von vornherein bestimmte Einkommensschichten behinderter Menschen auszuschließen.

Abb. 5: Individuelles Nettoeinkommen behinderter und nichtbehinderter Menschen

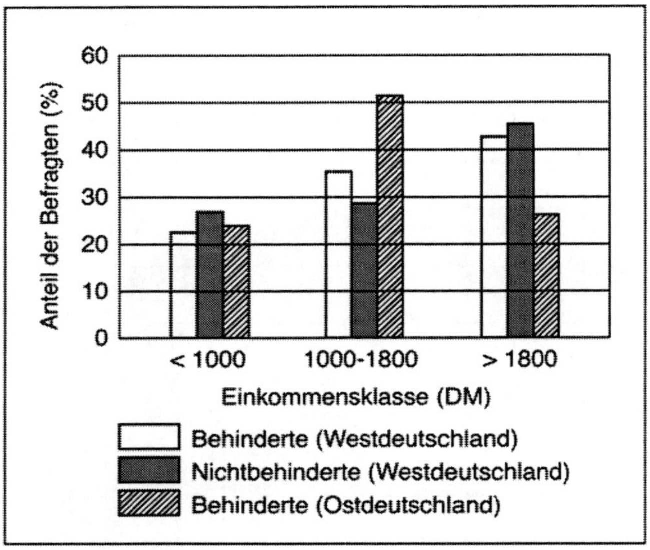

[Balkendiagramm: Anteil der Befragten (%) nach Einkommensklasse (DM): <1000, 1000-1800, >1800; Legende: Behinderte (Westdeutschland), Nichtbehinderte (Westdeutschland), Behinderte (Ostdeutschland)]

Quelle: HRUBESCH 1998, S. 45

3 Menschen mit Behinderung als touristische Zielgruppe

3.1 Reiseverhalten

Bei den 20-49-Jährigen ist die Reiseintensität behinderter Menschen durchaus vergleichbar ist mit derjenigen der Gesamtbevölkerung (vgl. Abb. 6). Allerdings ist bei den noch nicht volljährigen behinderten Jugendlichen und den behinderten Senioren über 60 Jahre eine geringere Reiseintensität festzustellen: Sie „(...) darf nicht mit Reiseunlust und einem geringen Nachfragepotential verwechselt werden. Sie ist vielmehr Ausdruck unzureichender Reisemöglichkeiten (...)" (HRUBESCH 1998, S. 47). Deshalb ist hier eher mit einem verborgenen touristischen Potential zu rechnen, durch dessen Ansprache eine erhöhte Nachfrage generiert werden könnte.

Abb. 6: Reiseintensität nach Altersgruppen

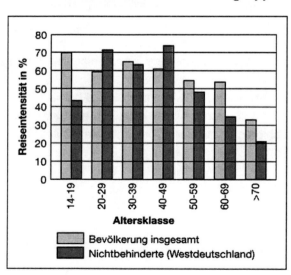

Quelle: HRUBESCH 1998, S. 47

3.2 Urlaubsmotive

Die Urlaubsmotive von behinderten Menschen wurden 1989 erstmals von ZEIMETZ umfassend untersucht. Die in ihrer Arbeit festgestellten Ergebnisse zu den Urlaubsmotiven (von vorwiegend Rollstuhlfahrern) werden in Tab. 1 denen der Reiseanalyse (RA) 1988 und denen der Untersuchung zum Freizeitverhalten des BAT Freizeitforschungsinstitutes von 1987/88 gegenübergestellt. Es wird deutlich, dass die Motive für eine Urlaubsreise bei behinderten wie bei nichtbehinderten Menschen vergleichbar sind. Deutlich wird allerdings, dass das Motiv „Zeit für sich, die Familie, den Partner haben" bei der Gesamtbevölkerung an dritter, bei den von ZEIMETZ befragten behinderten Urlaubern an achter Stelle steht. Eine umgekehrte Relevanz fällt beim Motiv „neue Eindrücke gewinnen" auf. „Offenbar haben die befragten behinderten Urlauber ein noch weit größeres Bedürfnis als Nichtbehinderte, neue Anregungen zu erhalten, neue Eindrücke zu sammeln" (ZEIMETZ 1990, S. 64).

Tab. 1: Die wichtigsten Urlaubsmotive von Behinderten und Nichtbehinderten

Urlaubsmotive	Rang		
	ZEIMETZ	RA 88	BAT 87/88
aus Alltagstrott herauskommen	1.	1.	4.
gutes Wetter, Sonne, Wärme	2.	6.	1.
neue Eindrücke gewinnen	3.	8.	9.
Natur erleben, um sich haben	4.	2.	6.
Spaß und Unterhaltung haben	5.	5.	6.
Abwechslung, viel erleben	6.	7.	10.
tun, was gefällt / frei sein	7.	9.	2.
Zeit für sich / Partner haben	8.	3.	5.
andere Länder / Welt sehen	9.	10.	---
ausschlafen, ausruhen, nichts tun	10.	6.	2.

Quelle: ZEIMETZ 1990, Anhang, Tab. 17

Dies lässt wiederum Rückschlüsse auf die Angebotsgestaltung in der Art zu, dass Menschen mit Behinderung keine „besonderen" Angebote verlangen, sondern dass ihnen nur eine Teilnahmemöglichkeit an den bereits vorhandenen Angeboten ermöglicht werden sollte.

Aus den genannten Urlaubsmotiven wird weiterhin deutlich, dass Menschen mit Behinderung „ihre Urlaubszeit aktiv gestalten (wollen), um vielleicht sogar mehr als nichtbehinderte Menschen einen Mangel an vielseitigen Betätigungsmöglichkeiten im Alltag während des Urlaubs zu kompensieren" (HRUBESCH 1998, S. 49).

3.3 Saisonale Verteilung von Urlaubsreisen

Eine weitere Besonderheit des Reiseverhaltens von Menschen mit Behinderung ist die Verteilung der Reisen im Jahresverlauf. Wie die Abb. 7 zeigt, liegen hier die Spitzenwerte zwar auch in den Sommermonaten - jedoch nicht in solchen Ausmaßen wie die der Durchschnittsbevölkerung. Auch in der Vor- und Nachsaison ist bei den behinderten Menschen eine - im Vergleich zur Durchschnittsbevölkerung - hohe Reisehäufigkeit zu verzeichnen. Bedeutsam ist diese Erkenntnis insofern, als bei einer

Anpassung an die Bedürfnisse behinderter Menschen eine höhere Auslastung der touristischen Infrastruktur - auch in der Vor- und Nachsaison - gegeben sein dürfte.

Abb. 7: Saisonale Verteilung von Urlaubsreisen in Deutschland (1995)

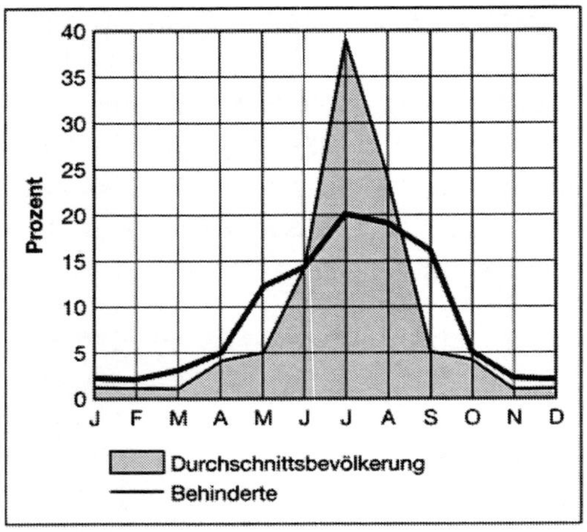

Quelle: GUGG/HANK-HAASE 1998, S. 24

3.4 Ökonomische Bedeutung

Die Untersuchung von GUGG/HANK-HAASE (1988) zur Intensivierung und Optimierung von Ferien- und Geschäftsreisen behinderter/mobilitätseingeschränkter Menschen, liefert folgende Ergebnisse: Es wird insgesamt davon ausgegangen, dass 60-65% aller behinderter oder mobilitätseingeschränkter Menschen jedes Jahr in Urlaub fahren (dazu im Vergleich: 78% aller Deutschen). Etwa 55% der Urlaubsreisen entfallen dabei auf Deutschland (alle Deutschen nur 34%). Das entspricht einem Volumen von ca. 2,5 Mio. Urlaubsreisen pro Jahr oder jeder 10. Urlaubsreise in Deutschland. Dazu kommen noch ungefähr 1,5 Millionen Kurzurlaubsreisen und 500.000 Geschäftsreisen behinderter Menschen. Das errechnete Umsatzvolumen für die deutsche Tourismusbranche beläuft sich auf insgesamt etwa 3,1 Mrd. DM pro Jahr.

Tab. 2: Gesamtumsatz Kurz-, Urlaubs- und Geschäftsreisen behinderter Menschen

2,5 Mio.	Urlaubsreisen	x DM 1.000,-	= DM 2,5 Mrd.
1,5 Mio.	Kurzurlaubsreisen	x DM 300,-	= DM 0,45 Mrd.
0,5 Mio.	Geschäftsreisen	x DM 300,-	= DM 0,15 Mrd.
Umsatzvolumen			**DM 3,10 Mrd.**

Quelle: GUGG/HANK-HAASE 1998, S. 27

Nicht mitgerechnet ist hierbei das Umsatzvolumen, dass aus dem sog. Multiplikatoreffekt, also der Tatsache, dass behinderte Menschen häufig in Begleitung von nichtbehinderten Personen verreisen, resultiert.

Da sich eine Reise, egal ob Urlaubs-, Kurzurlaubs- oder Geschäftsreise, nicht nur auf die Bereiche von Unterkunft und Gastronomie bezieht, kommen aus dem Gesamtumsatz auch den anderen, mit dem Tourismus verflochtenen Branchen Anteile zu. Hier aufgeführt sind die Einnahmen aus den Kosten für An- und Abreise, für Freizeit- und Kulturunternehmungen und die mit der Reise verbundenen Ausgaben für Einkäufe und die Nutzung lokaler Verkehrsmittel.

Die Einnahmen aus dem Tagestourismus sind ebenfalls in die Rechnung noch nicht mit eingeflossen. Hier rechnen GUGG/HANK-HAASE mit durchschnittlichen Ausgaben von 40 DM je Ausflug. Hochgerechnet auf die jährlich geschätzten 2,8 Mrd. Tagesausflüge der Gesamtbevölkerung (das entspricht 35 Tagesausflügen pro Einwohner) und einem Anteil der Gruppe der Menschen mit Behinderung an der Gesamtbevölkerung von 8%, ergibt sich ein zusätzliches Umsatzvolumen von 2,5-3 Mrd. DM pro Jahr (Berücksichtigung findet hier auch die Altersstruktur und die eingeschränkte Mobilität der behinderten Menschen, indem nur 2-3% des Tagesausflugsaufkommens, von insgesamt 2,8 Mrd. Tagesausflügen, gerechnet werden) (GUGG/HANK-HAASE 1998).

Tab. 3: Branchenanteile am Gesamtumsatz Kurzurlaubs-, Urlaubs- sowie Geschäftsreisen

Beherbergungsbetriebe	Mit ca. 42%	= DM	1,30 Mrd.
Gastronomie	Mit ca. 40%	= DM	1,24 Mrd.
Einzelhandel	Mit ca. 7%	= DM	0,22 Mrd.
Freizeit und Unterhaltung	Mit ca. 5%	= DM	0,15 Mrd.
Reise- und lokale Transportmittel	Mit ca. 6%	= DM	0,19 Mrd.
Ausgaben für Urlaubs-, Kurzurlaubs- und Geschäftsreisen gesamt	**100%**	**DM**	**3,10 Mrd.**

Quelle: GUGG/HANK-HAASE 1998, S. 29

Diese Ergebnisse zeigen, dass die ökonomischen Effekte des Reisens behinderter Menschen nicht zu unterschätzen sind. Bereits zum derzeitigen Stand der Angebotsanpassung für die Erfordernisse behinderter Reisender werden beachtliche Umsätze für die an der Touris-musbranche beteiligten Leistungsträger erbracht. So kommt die Untersuchung von GUGG/HANK-HAASE zu dem Ergebnis, dass allein durch die Ausflugs-, Kurzurlaubs-, Urlaubs- und Geschäftsreisen behinderter Menschen in Deutschland insgesamt rund 90.000 Arbeitsplätze gesichert werden können.

Bedenkt man zusätzlich, wie viel mehr durch eine entsprechende touristische Produktanpassung für diese Zielgruppe getan werden kann, erschließt sich die Steigerungsfähigkeit des Marktpotentials und der damit verbundenen ökonomischen Bedeutung des Tourismus für Menschen mit Behinderung von selber.

Tab. 4: Brachenanteile am Gesamtumsatz Tagesausflugsfahrten

Gastronomie	mit ca. 42%	= DM	1,176 Mrd.
Einzelhandel	mit ca. 40%	= DM	0,120 Mrd.
Freizeit und Unterhaltung	mit ca. 8%	= DM	0,224 Mrd.
Reise- und lokale Transportmittel	mit ca. 10%	= DM	0,280 Mrd.
Ausgaben für Tagesausflüge gesamt	**100%**	**DM**	**2,800 Mrd.**

Quelle: GUGG/HANK-HAASE 1998, S. 30

4 Entwicklungsimpulse durch das Internet

Aus der Sicht der Menschen mit Behinderung ergeben sich im Zusammenhang mit dem Themenfeld Urlaub und Reisen einige wesentliche Problemfelder: Grundsätzlich muss die Nutzbarkeit von Verkehrsmittel und -systemen und deren Anlagen auf dem Weg zum und im Zielgebiet gewährleistet sein. Im Zielgebiet selbst ist die Zugänglichkeit von öffentlichen sowie privaten Einrichtungen und Gebäuden (z. B. Beherbergungsbetriebe, Gastronomie) und die der touristischen Infrastruktur unabdingbar. Auch erleichtern bestimmte soziale Rahmenbedingungen (Kenntnisse der Mitarbeiter im Tourismus,

Aufgeschlossenheit) den Aufenthalt vor Ort. Weiterhin sind neben versierten Reiseanbietern und Reisemittlern insbesondere verlässliche Informationsquellen und Informationsmedien erwünscht.

Wie die Untersuchung im Auftrag des Bundesgesundheitsministeriums zeigt, besteht ein besonderer Informationsbedarf in folgenden Bereichen (nach Häufigkeit der Nennungen) (TREINEN 1999):
1. Unterkunft (Zugang, Ausstattung, Erreichbarkeit etc.)
2. Umfeld (Zugang, Infrastruktur etc.)
3. Reisemöglichkeiten (Anreise, Nahverkehr, Zugang etc.)
4. Gesundheitliche Risiken und Angebote
5. Allgemeine Informationen (Freizeit, Kultur, Sport etc.)
6. Dienstleistungsangebote (Transfer, Assistenz etc.)
7. Angebote für seh- und hörbehinderte Menschen
8. Ernährung (Diät- und allergenarme Angebote etc.)
9. Dienstleistungsangebote (Transfer, Assistenz etc.).

Reiselustige mobilitätsbehinderte Menschen scheitern oft schon an den Problemen der Informationsgewinnung und Reisebuchung. Informationen für behinderte Reisende können jeder touristischen Zielgruppe nützlich sein. So kommen zuverlässige (Zugangs-)Informationen über Unterkünfte oder Freizeiteinrichtungen nicht nur mobilitätsbehinderten Menschen zugute, sie können allen Menschen eine sinnvolle Hilfe bei der Freizeit- und Urlaubsplanung sein und die Mobilität insgesamt erleichtern.

4.1 Zugangsinformationen im Internet

Für mobilitätsbehinderte Menschen ist es bisher sehr schwer, aus einer Hand gezielte Informationen über eine touristische Destination zu erhalten. Dabei verfügt kein anderes Land in Europa über so viele Informationen für Menschen mit Behinderung wie Deutschland. Hier gibt es zur Zeit über 160 spezielle Städteführer. Zusätzlich können etwa weitere 50 Führer mit Informationen zu Regionen, Autobahnen, dem ÖPNV usw. bezogen werden (vgl. MUGGLI 1998).

Man muss aber feststellen, dass im Zusammenhang mit dieser Art von Zugangsinformation für mobilitätsbehinderte Touristen zahlreiche Probleme bestehen (vgl. CLAUSS 1998):

a) schwieriger Zugang zu den Informationen:
Das Vorhandensein eines Stadtführers und die Bezugsadresse sind in der Regel höchstens den Ortsansässigen, nicht aber den Reisenden bekannt. Dazu kommt, dass nicht alle Stadtführer oder Stadtpläne von den Herausgebern versendet werden und nur wenige Städte internetbasierte Stadtführer mit Zusatzinformationen für mobilitätsbehinderte Menschen anbieten.

b) Informationen für "Outsider" kaum erhältlich:
Über Existenz und Funktion von Stadtführern wissen "Outsider", also Menschen, die nicht dauerhaft in irgendeiner Form behindert sind, in der Regel nicht Bescheid, da Zugangsinformationen nicht in "gewöhnlichen" Stadtführern, Reiseprospekten, Restaurantführern usw. erscheinen.

c) geringe Standardisierung und Vergleichbarkeit der Informationen:
Einheitliche (deutschland- oder europaweite) Standards der Dokumentation von Mobilitätsbarrieren gibt es bislang nicht. Dementsprechend sind die Informationen von Stadt zu Stadt unterschiedlich aufgebaut und detailliert.

d) Qualität und Zuverlässigkeit der Daten nicht beurteilbar

Aus den Stadtführern ist nur selten ersichtlich, wie zuverlässig die erhobenen Daten sind. Eine große Hilfe bieten hier die neuen Medien und insbesondere das Internet. Es stellt einen völlig neuen Vertriebsweg dar, der den entscheidenden Vorteil hat, relativ „barrierefrei" zu sein und, insbesondere für „informationsbedürftige" Zielgruppen, weitaus mehr Informationen transportieren zu können als herkömmliche Informationsmedien. Gerade mittels des Internets kann der extrem hohe Informationsbedarf behinderter Touristen gedeckt werden, da sich vielschichtige Informationen im Internet sehr viel übersichtlicher ablegen lassen als in einem Printmedium (vgl. HOFFMANN 1998).

4.2 Das KOMM-Projekt

Hier setzt die Idee von KOMM („Kommunikations- und Orientierungshilfen für Mobilitätsbehinderte Menschen") an. Abgeleitet aus einem gedruckten „Stadtplan für Behinderte" wurde KOMM im Jahr 1996 als „Kommunikations- und Orientierungshilfen für Menschen mit Behinderungen in Münster" vom Institut für Geographie der Universität Münster entwickelt und seit Sommer 1997 gemeinsam umgesetzt mit der städtischen Stiftung Siverdes, eine der bedeutendsten Sozialstiftungen in Münster, die auch einen Teil der Projektfinanzierung übernommen hat.

Von Beginn an ist KOMM konzipiert als integrativer Bestandteil eines lokalen oder regionalen internetbasierten Informationssystems. In der Stadt Münster hat KOMM mit der Internet-Adresse "http://www.muenster.de/komm/" einen für alle Internetnutzer zugänglichen Standort und kann nicht nur von privaten PCs, sondern auch von öffentlichen Computerterminals kostenfrei aufgerufen werden. Als KOMM-Network wurde das System weiterentwickelt; es bietet mittlerweile ein Gesamtkonzept für den individuellen Auftritt einer Stadt oder Region im Internet (http://www.komm-network.com) an. So ist z. B. die Stadt Bern Mitglied im KOMM-Network und präsentiert sich mit einem auf die Stadt Bern angepassten KOMM-Internet-Portal (http://www.kommbern.ch).

KOMM bietet ein Gesamtkonzept für die lokale oder regionale Vernetzung und geographische Zuordnung von Informationen. Ein internetbasiertes Informationssystem liefert dazu lokale oder regionale Informationen zur Bewältigung von Planungs-, Organisations- und Orientierungsprobleme für mobilitätsbehinderte Touristen. So werden in KOMM Informationen angeboten, die viele Details über die Zugänglichkeit von z. B. öffentlichen oder gastronomischen Einrichtungen, Kultur- und Freizeitangeboten, Arztpraxen und Apotheken sowie öffentlichen Toiletten enthalten. Eine Datenbank beinhaltet dazu Informationen über den Grad der Zugänglichkeit der einzelnen Einrichtungen. So ist z. B. Angaben zur Breite der Türen sowie zu Aufzügen und behindertengerechten Toiletten abrufbar. Der Nutzer der Datenbank kann - je nach seinen persönlichen Anforderungen an die Zugänglichkeit - auch Filter setzen, um sich nur diejenigen Einrichtungen anzeigen zu lassen, die seinen individuellen Bedürfnissen entsprechen.

Da Zugangsinformationen möglichst in allen Städten und Ländern die gleiche Aussagekraft haben sollen, nutzt KOMM seit Anfang 1999 zur Erfassung der Daten eine im Rahmen des EU-Projektes BARRIER INFO (vgl. CLAUSS 1998) speziell entwickelte Software (you-too), die europaweite Standards sicherstellt. Die erhobenen Daten werden von der DIAS GmbH in Hamburg für KOMM aufbereitet und in einer mehrsprachigen und komfortablen Internet-Datenbank (www.you-too.net) eingestellt, die für die Nutzung als Web-Service über KOMM zur Verfügung steht.

Abb. 9: Die Homepage von KOMM-Münster

Abb. 10: Die Datenbank von you-too.net

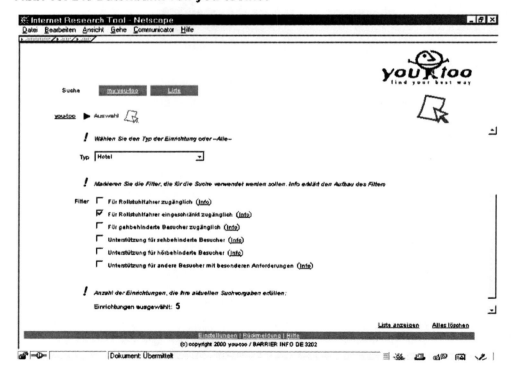

Ein eigens für KOMM entwickeltes interaktives Stadtplansystem ergänzt die schriftlichen Informationen und erleichtert das Zurechtfinden im Stadtgebiet. Der Stadtplan ermöglicht die lagegenaue kartographische Darstellung der in der Datenbank eingestellten Einrichtungen. Zu den weiteren Standardfunktionen des Stadtplansystems zählen benutzerdefiniertes Vergrößern und Verkleinern, das freie Verschieben des Kartenausschnittes sowie das automatische Auffinden von Einrichtungen. Weiterhin wird auch die (räumliche) Darstellung der Einrichtungen selbst (in Form von z. B. Etagenplänen bzw. Grundrissen) und der dort erfassten Zugangsinformationen möglich. Mit Hilfe von KOMM können mobilitätsbehinderte Touristen sich schon vor ihrem Besuch einer touristischen Destination einen persönlichen Reiseführer zusammenstellen und damit den Weg innerhalb des Reisegebietes - ihren Bedürfnissen entsprechend - optimal planen.

5 Fazit: Tourismus (auch) für Menschen mit Behinderung: „Tourismus für Alle"

Der Mensch, egal ob behindert oder nicht, hat das Bedürfnis zu Reisen, Entspannung und Erholung vom Alltag zu erlangen und neue Eindrücke zu sammeln. Gerade für Menschen mit Behinderung, die versuchen, ein selbstbestimmtes Leben zu führen, ist die Zugänglichkeit der touristischen Infrastruktur besonders wichtig.

Bereits seit mehreren Jahren wird versucht, die Zugänglichkeit der baulichen Umwelt für Menschen mit Behinderung als festen Bestandteil in Planungs- und Gestaltungsprozessen zu berücksichtigen. Hierbei stellen die Konzepte „Universal Design" bzw. „Design for all" die interessantesten Initiativen dar (vgl. ASLAKSEN 2000): „Unter Universellem Design versteht man das Design von Gegenständen und der Umwelt zur größtmöglichen Benutzung durch Alle, ohne die Notwendigkeit von benutzerspezifischen Modifizierungen. Ein wesentlicher Faktor hierbei ist, dass die Bedürfnisse aller möglichen Benutzer in technischer und praktischer Hinsicht weitestgehend im Gesamtdesign berücksichtigt werden" (S. 60).

Einen Teilaspekt der Bemühungen um ein Universelles Design stellt die weltweite Kampagne "Tourismus für Alle" dar. In Europa gilt der sogenannte „Baker-Report" als Auslöser der Kampagne. In diesem Bericht von 1989 ging es um die Aufforderung an die englische Tourismusindustrie, die Zugänglichkeit für alle Kunden sicherzustellen (TOUCHE-ROSS 1998).

Ausgehend von Großbritannien und spätestens mit dem europäischen Jahr des Tourismus (1991), hat sich die „Tourismus für Alle"-Initiative in weiten Teilen Europas ausgebreitet (TOUCHE-ROSS 1998). Unter den mitwirkenden Ländern sind mittlerweile u. a. Schweden, die Schweiz, Belgien, Luxemburg, Spanien, Italien, Frankreich, Niederlande, Großbritannien und Deutschland.[2]

Diese Entwicklung wurde unterstützt von dem EU-Programm Helios II. Helios II war das dritte Aktionsprogramm der Kommission der Europäischen Gemeinschaften zugunsten der Menschen mit Behinderung und lief von 1993 bis 1996. Das Programm sollte die Chancengleichheit und die Eingliederung von Menschen mit Behinderungen in die Europäische Gemeinschaft fördern. Innerhalb dieses Programmes wurde auch die Thematik „Tourism for all" bearbeitet. Ebenfalls von der EU wurde 1995 das Handlungsprogramm „Tourism for All" initiiert, woraufhin u. a. von der MOBILITY INTERNATIONAL das Handbuch „Making Europe Accessible for Tourists with Disabilities" veröffentlicht wurde.

Gemessen an einer sehr weitreichenden Definition des Begriffes der Mobilitätsbeeinträchtigung (vgl. Kap. 2.2) liegt die Erkenntnis nahe, dass eine barrierefreie Gestaltung der touristischen Infrastruktur eines Reisegebietes in der Tat Möglichkeiten für einen „Tourismus für Alle" schaffen kann. Auch der sozial-integrative Aspekt dieses Ansatzes ist offenkundig. Durch die Schaffung eines „Tourismus für Alle" wird letztlich niemand mehr von Urlaubsangeboten ausgeschlossen oder im Urlaub als „Kuriosum" betrachtet werden.

Auch ökonomische Aspekte sprechen dafür, „Tourismus für Alle" anstelle eines „Tourismus für Menschen mit Behinderung" zu propagieren. So haben es Unternehmer und Reisebüros, die sich ausschließlich auf Reisen für behinderte Menschen spezialisiert haben, im Vergleich zu herkömmlichen Veranstaltern erheblich schwerer, sich auf dem Markt zu etablieren und zu überleben (vgl. ESCALES 1998). Dies liegt zum einen an dem höheren (Kosten-) Aufwand für die Planung, Organisation und Durchführung der jeweiligen Reiseveranstaltungen. Zum anderen werden von Menschen mit Behinderung neben Gruppenreisen (verstärkt) auch Individualreisen nachgefragt: Gruppenreisen sind oft die ‚Schnupperlehrgänge eines Behinderten in Sachen Reise'", so W. GÖßMANN und J. KREITER (zitiert nach DÖRR 1999, S. 52), denn viele, die das getestet haben, reisen danach individuell.

Die Bedürfnisse behinderter Reisender müssen als eine wichtige Grundlage einer jeden touristischen Angebotsausgestaltung dienen. Die Anforderungen an ein touristisches Angebot lassen sich dabei auf die Leitprinzipien „Selbständigkeit", „Entscheidungsfreiheit" und „Freie Zeiteinteilung" fokussieren (vgl. HRUBESCH 1998). Für eine Tourismusentwicklung, die an alle Menschen angepasst ist, muss in allen Angebotsbereichen auch für Menschen mit Behinderung eine „größtmögliche Selbständigkeit und eine Entlastung ihrer Mitreisenden von Assistenz anstreben", „durch die Bereitstellung der notwendigen Informationen die Möglichkeit zu eigenverantwortlichen Entscheidungen geben" und die Schaffung und Erhaltung von „Dispositionszeiträumen, in denen sie frei von zeitlichen Zwängen ihren Interessen nachgehen können" gewährleisten (HRUBESCH 1998, S. 90-94).

Es muss davon ausgegangen werden, dass Barrierefreiheit bzw. Universelles Design weltweit ein immer bedeutenderer Aspekt im Wettbewerb zwischen den jeweiligen touristischen Destinationen sein wird (vgl. RICHTER/RICHTER 1999). Im Prozess auf dem Weg zu einer barrierefreien Umwelt für *alle* Menschen wird dann nicht mehr gefragt „Wie kann der Tourismus für behinderte Menschen erschlossen werden?", sondern: „Wie kann sich der Tourismus behinderte Menschen erschließen?" (ZEIMETZ 2000, o. S.).

Literatur

AJUNTAMENT DE BARCELONA (1995): Declaration ‚The City and the Disabled'. In: http://www.selbsthilfe-online.de/sonstiges/barcelona.shtml u. http://www.bcn.es/ciutat-disminucio.

ASLAKSEN, F. (2000): Zugänglichkeit für Alle - Universelles Design im Planungsprozess. In: NEUMANN, P./ZEIMETZ, A. (Hrsg., 2000): Attraktiv und Barrierefrei - Städte planen und gestalten für Alle. Arbeitsberichte der AAG 32. Münster, S. 57-67.

BUNDESMINISTERIUM FÜR VERKEHR, BAU- UND WOHNUNGSWESEN (Hrsg., 1998): Gästefreundliche, behindertengerechte Gestaltung von verkehrlichen und anderen Infrastruktureinrichtungen in Touristikgebieten. In: DIREKT Nr. 52, 1998. Bonn.

BUNDESMINISTERIUM FÜR VERKEHR (Hrsg., 1997): Bürgerfreundliche und behindertengerechte Gestaltung von Haltestellen des öffentlichen Nahverkehrs. In: DIREKT Nr. 51, 1997. Bonn.

CLAUSS, H. (1998): Vorstellung des EU-Projektes BARRIER INFO. In: http://www.dias.de/workshopclauss.html.

DÖRR, G. (1999): Viele Berührungsängste und zuwenig Informationen. Behindertenreisen mit hohem Marktpotential. In: FVW Management, 17/99, S. 52-53.

ESCALES, I. (1998): Turbulenzen auf dem Reisemarkt. In: Selbsthilfe 1/98, S. 12-13.

GLEESON, B. (1997): Stadt und behinderte Menschen - Ansätze für eine geographische Behindertenforschung. Erfahrungen aus Australien. In: KORDA, M./NEUMANN, P. (Hrsg., 1997): Stadtplanung für Menschen mit Behinderungen. Arbeitsberichte der AAG 28. Münster, S. 101-130.

GUGG, E./HANK-HAASE, G. (1998): Tourismus für Behinderte Menschen, Angebotsplanung, Angebotsumsetzung und Öffentlichkeitsarbeit. In: DEHOGA Gastgewerbliche Schriftreihe Nr. 83, 1998. Bonn.

HOFFMANN, J. (1998): Neue Medien - Entwicklungsimpulse für den Behindertentourismus. Vortrag im Rahmen des Workshops „Vom Stadtführer für Rollstuhlfahrer zur integrierten Zugänglichkeitsinformation. In: http://www.dias.de/workshophoffmann.html.

HOTTES, K.-H. (1969): Beitrag in: Diskussion zur Sitzung Der Geograph - Ausbildung und Beruf. In: Deutscher Geographentag Kiel/Tagungsbericht und wissenschaftliche Abhandlungen, Wiesbaden 1970, S. 208 - 232, hier: S. 224.

HRUBESCH, C. (1998): Tourismus ohne Barrieren. Rüsselsheim.

KREITER, J.N. (1999): Die ökonomische Bedeutung des Tourismus für Menschen mit Behinderungen. In: SCHNELL, P./POTTHOFF, K. (Hrsg., 1999): Wirtschaftsfaktor Tourismus. Vorträge einer Tagung der Arbeitsgemeinschaft Angewandte Geographie (AAG) und des Arbeitskreises Tourismus des Deutschen Verbandes für Angewandte Geographie in Münster 1998 (= Münstersche Geographische Arbeiten Nr. 42. Münster, S. 21-24).

MONZEL, S. (1995): Kinderfreundliche Wohnumfeldgestaltung. Eine sozialgeographische Untersuchung als Orientierungshilfe für Politiker und Planer. Zürich.

MUGGLI, S. (1998): Mobility International Schweiz und die Infothek-Datenbank. Vortrag im Rahmen des Workshops „Vom Stadtführer für Rollstuhlfahrer zur integrierten Zugänglichkeitsinformation. In: http://www.dias.de/workshop/muggli.html.

NATKO (1999): Die Entwicklung des Tourismus für behinderte Menschen. Eine Zusammenstellung der wichtigsten Stationen. Erarbeitet von der BAG cbf. Mainz. Manuskript.

NEUMANN, P. (2000): Die barrierefreie Stadt - Chancen durch das Internet. In: NEUMANN, P./ZEIMETZ, A. (Hrsg., 2000): Attraktiv und Barrierefrei - Städte planen und gestalten für Alle. Arbeitsberichte der AAG 32. Münster, S. 39-49.

NEUMANN, P./SCHWARZE, T. (1999): Geographische Behindertenforschung in Deutschland - (k)ein Thema? In: http://www.geofinder.de/aktuellesneues/schwerpunktthema/zursache1.htm.

NEUMANN, P./ZEIMETZ, A. (2000): Vorteile einer barrierefreien Umwelt für Alle. NEUMANN, P./ZEIMETZ, A. (Hrsg., 2000): Attraktiv und Barrierefrei - Städte planen und gestalten für Alle. Arbeitsberichte der AAG 32. Münster, S. 87-91.

PAULY, J. (2000): Grußwort zum Workshop „Münsterland für Alle - Impulse für einen integrativen und barrierefreien Tourismus im Münsterland" am 27.9.2000 in Münster. Manuskript.

RICHTER, L.K./RICHTER, W.L. (1999): Ethics Challenges: Health, Safety and Accessibility in International Travel and Tourism. In: http://www.independentliving.org/LibArt/Richter.html.

RÜTER, D. (2000): Kommunale Integrationspolitik in Münster In: NEUMANN, P./ZEIMETZ, A. (Hrsg., 2000): Attraktiv und Barrierefrei - Städte planen und gestalten für Alle. Arbeitsberichte der AAG 32. Münster, S. 27-38.

STATISTISCHES BUNDESAMT (SBA) (1999): Sozialleistungen, Schwerbehinderte 1997. In: Fachserie 13, Reihe 5.1. Wiesbaden.

TOUCHE-ROSS (1998): Tourism 2000 in Europe: Pro-fitting from opportunities; a new market for tourism. o. O.

TREINEN, H. et al. (1999): Reisen für behinderte Menschen. In: Schriftenreihe des Bundesministeriums für Gesundheit, Bd.113. Bonn.

WILKEN, U. (1993): Behindertentourismus. In: HAHN, H. et al. (Hrsg., 1993): Tourismuspsychologie und -soziologie. München, S. 346-350.

ZEIMETZ, A. (1990): Zur gesellschaftlichen Akzeptanz behinderter Menschen, untersucht im Bereich Tourismus (unveröffentlichte Magisterarbeit im Fach Philosophie, Pädagogik an der Universität Mainz).

ZEIMETZ, A. (2000): Wie können touristische Regionen für mobilitätseingeschränkte Menschen erschlossen werden? Arbeitspapier zum Workshop „Münsterland für Alle - Impulse für einen integrativen und barrierefreien Tourismus im Münsterland" am 27.9.2000 in Münster. Manuskript.

ZENTRUM FÜR ARBEIT UND SOZIALES, Universität Trier (Hrsg.): Dokumentationssystem Schwerbehinderte und Arbeitswelt. Teil II: Statistisches Archiv, Bd. 10, 1997. Trier.
http://www.bma.bund.de/download/gesetze/SchwbG.htm

---

[1] Die Erklärung von Barcelona "Die Stadt und die behinderten Menschen" ist 1995 anlässlich des gleichnamigen Kongresses in Barcelona verabschiedet worden. Ziel der Deklaration von Barcelona ist es, die Verpflichtung der Städte zu verankern, sich für das Recht auf Gleichbehandlung von Menschen mit Behinderung einzusetzen und die Voraussetzungen für ihre gleichberechtigte Teilnahme am Leben in der Gesellschaft zu schaffen (vgl. RÜTER 2000).

[2] Die Kampagnenträger finden sich zum Teil mit ihren einzelnen Beiträgen im Internet - u. a. unter: www.natko.de/ (Deutschland), www.turismforalla.se/ (Schweden), www.coinsociale.it/ (Italien), www.handitel.org (Frankreich), www.alpe.com (Spanien), http://www.mis-infothek.ch (Schweiz), http://www.disabilitynet.co.uk/groups/tourism/index.html (Großbritannien), http://www.ttfa.org (Niederlande).

Verzeichnis der Autorinnen und Autoren

Prof. Dr. Monika Echtermeyer
Fachhochschule der Wirtschaft
Hauptstraße 2
51465 Bergisch Gladbach
E-Mail: echtermeyer@fhdw.bib.de

Prof. Dr. Claudia Erdmann
Geographisches Institut der RWTH Aachen
Templergraben 55
52056 Aachen
E-Mail: erdmann@geophys.rwth-aachen.de

Elke Freitag, M. A.
Universität Paderborn
FB 1 - Fach Geographie
Warburger Str. 100
33095 Paderborn
E-Mail: Elke_Freitag@gmx.de

Univ.-Prof. Dr. Thomas Heinze
FernUniversität Hagen
58084 Hagen
E-Mail: Thomas.Heinze@FernUni-Hagen.de

Prof. Dr. Andreas Kagermeier
Universität Paderborn
FB 1 - Fach Geographie
Warburger Str. 100
33095 Paderborn
E-Mail: Andreas.Kagermeier@uni-paderborn.de

Prof. Dr. Silke Landgrebe
Fachhochschule Gelsenkirchen, Abteilung Bocholt
Fachbereich Wirtschaft - Tourismus
Münsterstraße 265
46397 Bocholt
E-Mail: silke.landgrebe@fh-gelsenkirchen.de

Susanne Leder, M. A.
Universität Paderborn
Lehrstuhl für Wirtschafts- und Fremdenverkehrsgeographie
Warburger Straße 100
33095 Paderborn
E-Mail: leder@hrz.uni-paderborn.de

Verzeichnis der Autorinnen und Autoren

Univ.-Prof. Dr. Norbert Meder
Universität Bielefeld
Fakultät für Pädagogik, AG 10
Postfach 10 01 31
33501 Bielefeld
E-Mail: norbert-meder@uni-bielefeld.de

Peter Neumann
Centre for Applied Spatial Analysis
Westfälische Wilhelms-Universität Münster
Robert-Koch-Straße 26
48149 Münster
E-Mail: casa.muenster@uni-muenster.de

Kai Pagenkopf
PANGEA-Reisen
Robert-Koch-Straße 26
48149 Münster
E-Mail: pangaea@uni-muenster.de

Prof. Dr. Heinz-Dieter Quack
FH Braunschweig/Wolfenbüttel, Standort Salzgitter
Karl-Scharfenberg-Str. 55-57
38229 Salzgitter
E-Mail: post@hd-quack.de
(zum Zeitpunkt der Ringvorlesung „Tourismusforschung in Nordrhein-Westfalen"
im SS 2000 Wissenschaftlicher Angestellter am Lehrstuhl für Wirtschafts- und
Fremdenverkehrsgeographie an der Universität Paderborn)

Dr. Peter Schnell, AOR
Institut für Geographie
Westfälische Wilhelms-Universität Münster
Robert-Koch-Straße 26
48149 Münster
E-Mail: schnell@uni-muenster.de

Univ.-Prof. Dr. Albrecht Steinecke
Universität Paderborn
Lehrstuhl für Wirtschafts- und Fremdenverkehrsgeographie
Warburger Straße 100
33095 Paderborn
E-Mail: astei1@hrz.uni-paderborn.de

Univ.-Prof. Dr. Karl Vorlaufer
Geographisches Institut der Heinrich Heine Universität Düsseldorf
Lehrstuhl für Kulturgeographie und Entwicklungsforschung
Universitätsstraße 1
40225 Düsseldorf
E-Mail: vorlaufe@uni-duesseldorf.de

Univ.-Prof. Dr. Peter Weber
Institut für Geographie der Westfälische Wilhelms-Universität Münster
Angewandte Sozialgeographie
Robert-Koch-Straße 26
48149 Münster
E-Mail: weberp@uni-muenster.de

PADERBORNER GEOGRAPHISCHE STUDIEN
ZU TOURISMUSFORSCHUNG UND DESTINATIONSMANAGEMENT

Bd. 12: BÖER, B. (1999): Ecosystems, Anthropogenic Impacts and Habitat Management Techniques in Abu Dhabi. 141 S., zahlr. Abb.

€ 21,-

Bd. 13: FISCHER, J. (2000): Die Bewässerung der Vega von Granada im Spannungsfeld zwischen Siedlungsdruck und Wassernutzungskonkurrenz. Konflikte bei der Ressourcenbewirtschaftung eines traditionellen Bewässerungsgebiets. 258 S., zahlr. Abb.

€ 22.,50

Bd. 14: QUACK, H.-D. (2001): Freizeit und Konsum im inszenierten Raum. Eine Untersuchung räumlicher Implikationen neuer Orte des Konsums, dargestellt am Beispiel des CentrO Oberhausen. Dissertation. 189 S., 84 Abb., 28 Tab.

€ 19,30

Bd. 15: STEINECKE, A. (Hrsg.) (2002): Tourismusforschung in Nordrhein-Westfalen. Ergebnisse – Projekte - Perspektiven. 204 S., zahlr. Abb.

€ 19,50

MATERIALIEN UND MANUSKRIPTE

Konzeption, Organisation und Durchführung einer Studienreise – Beispiel Republik Irland. Hrsg. von A. STEINECKE, 100 S., 2001.

€ 12,50

Bestellungen bitte an:

Paderborner Geographische Studien (PGS), Selbstverlag des Faches Geographie
Universität Paderborn, FB 1 (z.Hd. Frau Wienhusen), N 4.308
D-33095 Paderborn
e-mail: awien1@hrz.uni-paderborn.de

Restbestände (Lieferung solange Vorrat reicht)

Bd. 1: RÖGNER, K.J. (1989): Geomorphologische Untersuchungen in Negev und Sinai. 258 S. € 34.09

Bd. 2: BARTH, H.K., et al. (1990): Geographie der Bewässerungslandwirtschaft der Erde in 6 Teilbänden. Teile I: Ökologie. 418 S., II: Ökonomie. 515 S., III: Bewässerungstechnik. 786 S., IV: Agrarwissenschaft. 343 S., V: Sozialwissenschaft. 166 S., VI: Entwicklungspolitik. 176 S. **zus. € 175.44**

Bd. 2: Ergänzungsbd.: BARTH, H.K. et al. (1992): Geographie der Bewässerung: Mittelmeerraum. Annotierte Bibliographie zur Bewässerungslandwirtschaft. 300 S. € 19.05

Bd. 3: DÜSTERLOH, D. (Hrsg.) (1992): Paderborn - vom Werden und Wachsen unserer Stadt. Materialien, Unterrichtsentwürfe, Arbeitsmittel. 2. Auflage 1992, 161 S. € 16.04

Bd. 4: RUNGE, F. & J. SPÖNEMANN (Hrsg.) (1992): Landnutzung und Landschaftsdegradation im Tiefland von Kitui und in den Taita Hills (Kenia). Mit Beiträgen von F. Runge, S. Rehling, C. Etzler und F. Torkler. 120 S. € 14.54

Bd. 5: SCHLEGEL, W. (Hrsg.) (1993): Le Mans und Paderborn. Zwanzig Jahre Partnerschaft zwischen der Université du Maine und der Universität Paderborn. Mit Beiträgen von W. Schlegel, M. Hofmann, J. Gravier, J.-P. Larue & M. Rühlemann. 101 S. € 10.03

Bd. 6: SPÄTH, H.J. (Hrsg.) (1997): Landnutzung und Desertifikation in Nord- und Westafrika. Fallstudien aus Marokko, Niger und Togo. Mit Beiträgen von H.-J. Späth und J. Runge. 175 S. € 29.07

Bd. 7: DÜSTERLOH, D. (Hrsg.) (1994): Bad Lippspringe - Heilbad und heilklimatischer Kurort. Mit Beiträgen von M. Hofmann und E. Noyan. 108 S. € 16.54

Bd. 8: RUNGE, J. (Hrsg.) (1995): Waldschäden und Bodenerosion. Untersuchungen zu Folgen witterungsklimatischer Extremereignisse. Mit Beiträgen von H.-J. Barth, M. Keil und T. Jülich. 119 S. € 12.03

Bd. 9: SCHÄFER, K.-H. (1995): Reisen um zu lernen. Zur Funktion von Studienreisen in der Erwachsenenbildung. 150 S. € 9.02

Bd. 10: HERGET, W. et al. (1997): La Acequia de aynadamar y su entorno. Die Acequia de Aynadamar und ihr Umfeld. Die Opferung eines kollektiven Erbes auf dem Altar sektoraler Interessen. Spanischer Haupttext mit deutschen Zusammenfassungen jeweils am Ende der Kapitel. 150 S. € 14.54

Bd. 11: RUNGE, J. (Hrsg.) (1998): Geographische Forschungen in Afrika. Hans Karl Barth zum 60. Geburtstag. Mit Beiträgen von H. Blume, K. Müller-Koch, K. Rögner, F. Runge, J. Runge, K. Schliephake und R. Zeese. 122 S. € 11.03

MATERIALIEN UND MANUSKRIPTE

1. USA Bewässerungslandwirtschaft und ihre Grundlagen. Hrsg. von H.K. BARTH, 221 S., 1990. € 11.52

2. Humanökologie. Lokale, regionale und globale Probleme. Hrsg. von W. SCHLEGEL, 1995 € 2.51

3. Mensch und Umwelt - Entwurf einer geographischen Humanökologie. Vorlesungsskriptum, SS 1993, Hrsg. von W. SCHLEGEL, 87 S., 1993. € 6.02

4. Ruanda – Burundi. Chronik der Krise 1993-1996. Hrsg. v. J. RUNGE, 1995. € 5.12

5. Analoge Satellitenbildauswertung. LANDSAT-MSS Daten aus dem Südlichen Afrika.. Hrsg. von J. RUNGE, 185 S., zahlr. Abb. 1997. (2. Aufl.) € 12.53

6. Bibliographie der Phytolithkunde. 2. Auflage, Hrsg. v. F. RUNGE, 1998 € 2.51

7. Die Arabische Halbinsel. Seminarbeiträge und Materialien aus dem SS 1998 zur Vorbereitung einer Exkursion. Hrsg. v. H.K. BARTH, 218 S., 1999. € 9.02

8. United Arab Emirates. Report and materials of a field campaign from September 20-October 03, 1998. Hrsg. v. H.K. BARTH, 80 S., 1999. € 7.52

9. Mallorca vom 22.03.-03.04.1998. Aufsätze u. Exkursionsb. Hrsg. v. D. DÜSTERLOH, 135 S. 1999. € 7.52

10. Natur- und Kulturräume in Afrika südlich der Sahara. Hrsg. von J. RUNGE, 190 S., 2000. € 12.53